문화,
소통과 공감의
코드

문화,
소통과 공감의
코드

정병국의 우리 시대 문화 이야기

동랑서원

책을 펴내며

새로운 세기가 시작되던 지난 2000년, 나의 인생에 커다란 전환점이 찾아왔다. 제16대 국회의원 당선, 사십대 초반의 나이에 입법부의 일원이 된 것이다. 정말로 감당하기 어려운 무게감으로 다가왔다. 그리고 선택한 상임위는 문화관광위원회(이후 문화체육관광방송통신위원회, 문방위로 바뀜)였다. 당시 문화관광위원회는 정족수를 다 채우기도 힘들 정도로 인기가 없는 상임위였다. 하지만, 결국 문화관광위원회를 선택했다. 그리고 십여 년, 삼선의 국회의원을 하면서 오로지 문화관광위원회 한곳만 맡았다. 한 위원회만 십여 년 계속하는 경우는 처음 있는 일이라고 했다. 그리고 초선, 재선, 삼선 시절이 지나갔다. 이제 문방위는 국회에서 가장 인기 있는 상임위 가운데 하나가 됐다.

2011년이 시작되면서 나는 다시 새로운 계기를 맞게 됐다. 문화체육관광부의 장관으로 일하게 된 것이다. 비판과 감시의 역할만 하던 입법부의 국회의원에서 문화정책을 입안하고 집행하는 행정부의 대표자이자 국무위원이 된 것이다. 한편으로는 조심스러워하면서도, 한편으로는 누구보다도 의욕적으로 그 역할에 충실했다. 그리고, 지난 9월 장관직을 마무리하고 이제 국회로 다시 돌아왔다. 행정부의 경험을 거치며 공직사회에 대해서 그동안 가졌던 편견을 없애는 계기가 되었고, 정치인으로서 무슨 일을 해야 하는지 명확히 알게 됐다.

'문화'라는 이름을 앞에 달고 입법부와 행정부의 중책을 맡은 그 기간 동안 문화는 우리 사회 속에서, 그리고 전 세계적으로도 가장 중요한 영역으로 점점 부각되어 오고 있다. 문화는 명칭이 주는 느낌처럼 그런 유약하고 나약한 것이 아니었다. 경제력과 군사력, 정치외교력으로 겨루던 세계는 점차 문화의 힘으로 경쟁을 펼치는 시기가 되었다. 아니, 현재의 상황은 경쟁보다는 '문화 전쟁'의 장이 펼쳐졌다는 말이 더 적확한 표현일 것이다. 아무리 성능이 우수한 기계 혹은 상품이라도 거기에 문화 코드가 담기지 않으면 생명력이 길지 않은 것을 무수히 목격했다. 그리고 글로벌 콘텐츠의 경제적·외교적 가치가 점점 더 강화되면서, 문화는 그 자체로 이미 각국의 성장 동력으로 자리 잡고, 대표적 상품, 대표적 산업이 되었다. 문화예술에서 요구되는 창조력과 상상력이 정치와 경제, 사회의 모든 분야에서 요구되는 시대가 되었다.

우리나라에서도 문화는 대중들의 가장 큰 관심과 영향력을 가진 영역이 되었다. 한 사람의 문화예술인, 대중문화인, 그리고 스포츠 스타들의 일거수일투족이 주요 매체의 가장 큰 뉴스가 되고, 이들이 낳는 사회통합적·경제적·외교적인 가치들은 상상을 초월할 정도로 강력해졌다. 바야흐로 문화의 힘이 국력을 좌우하는 시대로 바뀐 것이다.

이 치열한 문화전쟁에서 우리는 어떻게 이길 수 있을까. 어떻게 우리 문화를 국력으로 연결할 것인가. 이 물음에 답을 얻기 위해 지난 십여 년간 무수히 많은 방법을 모색했다. 세계 문화 선진국가들을 찾아다니며 그들의 실상을 유심히 살피고, 우리나라 수백, 수천 명의 문화예술인들, 그리고 문화 현장에서 일하고 문화예술을 향유하는 국민들을 만나 이야기를 나누었다.

그 사이 많은 일도 있었다. 한국의 드라마와 케이팝(K-Pop)이 전 세계에 한류(韓流) 열풍을 창출했다. 천만 관객의 한국 영화들이 쏟아져 나왔다. 스크린쿼터제도 사수라는 힘겨운 싸움도 해야 했다. 인터넷의 발달로 음반시장이 몰락 직전까지 가는 현상도 목격했다. 숭례문(崇禮門)이 불타고 숱한 우리 문화재가 수난을 당하는 현장을 다녔다. 어려운 가운데에서도 오로지 문화예술의 외로운 길을 가는 이 땅의 수많은 보석 같은 분들도 만났다. 그런 시간들 속에서 깨달은 것은, 문화의 힘이 너무나 크고 위대하다는 것과, 우리 대한민국의 미래에 문화를 중심으로 한 리더십이 필요하다는 것이었다.

이 책은 지난 십여 년간의 문화에 대한 고민과 현장 답사의 흔적이다. 그 동안의 고민과 노력 끝에 절실히 깨달은 문화의 가치와 힘을 바탕으로 미래 한국의 앞날을 함께 그려 보자는 뜻에서 쓴 것이다. 대한민국의 미래는 이제 문화에서 찾아야 한다. 산업화, 민주화를 모두 일궈 낸 우리 앞에 놓인 과제, 그것은 우리나라를 세계에서 손꼽히는 문화강국으로 만들고, 문화를 통해 얻은 지혜로 분열과 갈등을 극복하고 통합하여 선진국가로 나아가는 것이다.

지난 십여 년은 우리나라의 문화 발전을 위해 일해 온 시간이기도 했지만, 한편으로는 문화를 통해서 많은 혜택을 받고 배움을 얻은 기간이기도 했다. 수많은 문화예술작품을 접하며 감동을 느꼈고, 많은 예술인들을 통해 창조적인 삶에 대해 배웠다. 참 복 많은 시간이었고, 소중한 기회였다. 이 책은 의원에서 장관까지 문화정책의 정점을 찍고, 이제 다시 새로운 출발점 앞에 선 지금, 지난 시간을 돌이켜 보고, 그간의 경험을 바탕으로 앞날의 새로운 다짐을 위해 그동안의 시간들을 정리한 것이다.

책을 준비하면서 고민이 많았다. 그러면서 그동안 참여했던 문화정책들을 단순히 나열, 소개하는 책이 아니라, 문화정책자로서의 전문성을 바탕으로 이 시대가 요구하는 새로운 대한민국의 리더십이 어떤 것이어야 하는지에 대한 고민을 펼쳐 보고자 하는 목표를 가지고 생각들을 정리하고자 했다. 그러나 책을 내는 시점에 오니 여러 가지 걱정이 앞선다. 문화를 사랑하는 여러분들의 아낌없는 질책과 성원을 기대한다.

부족한 능력에도 끝까지 용기를 주신 분들이 많다. 이 책을 펴내는 데 큰 도움을 주신 이기웅(李起雄) 파주출판도시 이사장님께 깊은 감사를 드린다. 자료 수집과 정리에 도움을 준 보좌관들에게도 감사를 드린다. 세상 그 누구보다 소중한 아내와 아들, 그리고 우리 늦둥이 딸에게도 사랑과 고마움의 마음을 듬뿍 전한다.

2011년 11월 1일

정병국

차례

제3부 문화는 경제다

제4부 문화는 교육이다

제5부 문화는 복지다

제6부 현장에 답이 있다

들어가는 글

문화시대의 새로운 리더십

오늘날의 대한민국은 과거 60년 동안의 역사와는 전혀 다른 새로운 국면으로 접어들고 있다. 정치와 경제, 사회의 모든 영역에서 기존의 틀을 깨고 새로움을 요구하는 시대가 되었다. 그동안 대한민국에서 도덕적 · 정치적으로 우위를 점하며 대한민국을 이끌던 보수세력은 일대 위기를 맞고 있고, 진보세력 역시 미래를 이끌어 갈 능력을 보여 주지 못하고 있다. 현 정부는 국민과의 소통에 실패하면서 일방적인 리더십에 대한 질책을 받고 있다. 최근 '안철수 현상'에서 보여 주듯, 국민은 정당정치를 부정하면서 대한민국 정치와 사회에 새로운 변화를 요구하고 있다.

새로운 시대는 새로운 리더십을 필요로 한다. 흔히 융복합시대라 불리는 오늘날의 사회에 필요한 리더십은 여러 분야를 두루 꿰는 것이라고 여기기 쉽지만, 새로운 틀을 만들고 창조적 변화를 이끌기 위해서는 그보다 앞서 한 분야에 심도 있는 지식을 가질 필요가 있다. 한 분야에서 깊이 우물을 판 스페셜리스트의 자질을 기본적으로 가지면서 전문적인 식견을 바탕으로 다른 분야와의 소통과 연결을 이끌어 낼 수 있는 제네럴리스트로서의 면모 둘 다를 가져야 하는 것이다. 처음 국회에 들어왔을 때 주변에서 여러 분야를 두루 알아야 한다며 상임위를 바꾸라는 조언이 있지만, '문화' 라는 하나의 상임위를 지켜 온 이유는, 한 분야의 전문가가 되지 않고서는 다른 분야를 볼 수 있는 폭넓은 시각을 가지지 못할 것이라는 생각 때문이었다. 10년 넘게 '문화' 라는 한 분야의 정책을 개발해 오면서, 문화예술 분야만의 고유한 분위기, 그리고 창조적 능력의 탄생이 어떻게 가능한지에 대한 통찰력을 얻을 수 있었다. 이 같은 경험은 문화 분야의 전문적인 지식뿐 아니라, 똑같은 문제라도 남다른 관점에서 바라볼 수 있게 해 줌으로써, 다른 부문에도 통하는 시각을 가질 수 있게 해 주었다. 이제 그것을 정치사회의 영역으로 확대해 새로운 리더십을 발휘해야 할 때다. 문화정책인으로서 문화로부터 배우고, 그 속에서 얻은 지혜를 '문화' 라는 영역에 한정하지 않고 대한민국의 미래에 어떻게 접목할 것인가가 과제라고 믿는다. 지난 십여 년간의 국회의원 생활과 장관직을 수행하는 과정에서 문화와 함께하면서 터득한 바는, 이 시대가 요구하는 새로운 리더십은 바로 소통과 공감의 '문화적 리더십' 이라는 것이었다.

'문화적 리더십' 이 필요하게 되기까지 대한민국의 역사적 · 시대적 배경을 살펴보자. 1950–1960년대의 20년간은 전쟁과 가난, 그리고 북한의 위협 속에서 국민들은 '생존에 대한 위기' 와 싸워 왔다. 이때는 '생존의 시대' 였다. 1970–1980년대의 20년은 유신과 긴급조치, 그리고 군사독재 속에서 국민들은 '국가권력에 대한 회의' 에 휩싸였다. 이때는 '민주의 시대' 였다. 1990–2010년의 20년은 사회주의 몰락과 세계화 속에서 '진보에 대한 회의' 에 휩싸였다. 이때는 '자유주의의 시대' 였다. 개인이 전면적으로 부상하게 된 것이다.

김대중 · 노무현 정부도 자유주의 정부의 성격을 갖게 될 수밖에 없던 시기였다. 2010년 이후에는 신자유주의가 초래한 양극화와 2008년 미국에서 시작된 금융위기로 인해 국민들이 '시장경제에 대한 회의' 에 휩싸였다. 이때부터 '공동체의 시대' 가 열린 것이다. 자본주의의 무한 자유경쟁 속에서 개인의 이익과 자유를 극대화하며 뒤를 돌아보지 않았던 대중들은, 그 결과 경제적으로, 윤리적으로 피폐해진 자신들의 삶을 되돌아보게 됐다. 그리고 개인의 행복과 조화를 이루는 건강한 방향으로의 자본주의의 발전, 공동체의 윤리를 회복시키고 자신들이 추구해야 할 공동선 혹은 공동체가 합리적으로 운영될 수 있는 원칙을 다시 갈구하게 된 것이다. 『정의란 무엇인가』라는 책이 베스트셀러로 떠오르고, 사회 양극화, 공정하지 않은 경쟁, 그 결과 계층 상승의 통로가 막힌 사회로 대한민국을 인식하고 있는 것이다. 신자본주의의 폐해를 극복하고 모두가 행복할 수 있는 '지속 가능한 자본주의 경제체제' 에 대한 고민이 필요한 때다. 그런 의미에서 최근 자본주의의 변화를 나타내는 말로 '자본주의 4.0' 이라는 용어가 급부상하고 있는 데 주목할 필요가 있다. '자본주의 4.0' 은 '다 같이 행복한 성장' 을 추구하는 자본주의다. 개인의 경제적 자유와 이익의 추구와 더불어 공동체의 가치를 지향하고, 공평하고 정의로운 시장을 키워 나가는 것이 그 핵심이다.

이 같은 시대 구분 아래, 우리 사회의 리더십의 흐름을 다시 살펴보자. 분단 이후 80년대까지 안보를 전제로 한 보수 리더십이 사회를 이끌어 왔다. 보수세력은 국가의 안보와 시장경제를 최우선 과제로 두었고, 국민적인 합의가 이루어졌기에 사회를 이끌어 갈 수 있었다. 그러나 90년대 중반 이후에는 안보나 시장경제체제의 확립보다는 보다 개인적인 이슈, 즉 교육이나 보건, 복지 등이 중요한 문제로 부각되었고 이런 것들을 화두로 삼은 진보세력이 이 시대의 리더십으로 등장했다. 이것이 지난 10년 정권이었다. 그러나 다시 진보세력이 미래에 대한 전망을 내놓지 못한 채 신자유주의에 이어 '자본주의 4.0'의 시대로 접어들면서 시대가치의 중심에는 개인의 자유, 창조적인 사고방식과 공동체적인 행복이 놓이게 되었다.

이것을 구현할 수 있는 리더십이 바로 '문화'의 공존원리를 원용한 리더십이다. 문화예술작품의 창조는 각기 다른 세계관과 가치관을 바탕으로 만들어진다. 그것이 다르다고 해서, 어느 한편이 옳고 다른 쪽은 그르다고 말할 수 없다. 상대방의 다양성을 인정하지 않고서는 문화예술의 세계가 존재할 수 없다. 즉, 여기서 말하는 문화적 리더십의 핵심은 서로간의 다름을 인정하고 개인의 다양성을 극대화하는 리더십이다. 또 이런 다양성을 끌어안는 소통과 통합을 지향하는 수평적 리더십을 말한다. 다원화, 다기화되고 개인의 자유가 존중되는 이 사회에서는 거창한 이즘(-ism, 주의)이나 카리스마를 내세운 일방적 · 수직적인 소통이 아니라, 다름을 인정하고 공감하는 수평적 리더십이 필요한 것이다. 이것은 소셜 네트워크가 사회적인 의사 소통의 도구로 자리 잡아 가는 시대적 변화를 보면 필연적이다. 권위주의국가 시대에는 정보를 누가 가지느냐가 권력을 좌우했다. 독재국가에서는 정보기관의 소유를 바탕으로 국민에게 권력을 행사했다. 그러나 소셜 네트워크 시대에는 더 이상 정보가 권력의 원천이 될 수 없다. 누구나 정보에 접근할 수 있고, 국가나 개인이 하나의 정보 제공자라는 단위로 동등하게 온라인에서 만나는 시대다. 이제는 국가가 '올바름'에 대한 이슈를 선점해서 내세우고 국민이 이에 따라오는 방식의 소통이 아니라, 개인과 개인의 수평적 정보 교환이 더 중시되는 사회다. 여기서 요구되는 것은, 대중을 이끌어 가는 리더십이 아니라, 수많은 다양한 의견을 조정하고 통합해 내는 리더십이다.

그런 리더십은 어디서 나오는가. 직접 대중들이 움직이는 현장에서 찾고 소통하면서 듣고 조정해 내야만 가능하다. 정치적 리더십, 경제적 리더십이 자신들이 옳다고 여기는 한쪽의 틀 안에서 다른 쪽과 맞서는 식으로 대중을 이끌어 온 것임에 비해, 문화적 리더십은 상대를 인정하고 조화와 소통을 지향하는 리더십인 것이다.

문화적 리더십은 또한 상상력과 파격, 새로운 시각을 요구하는 리더십이다. 문화예술의 창조란 상상력을 기본으로 하고, 이전 시대의 룰과 프레임을 깨트리는 파격을 그 핵심으로 한다. 남들과 다른 사고방식, 남들과는 다른 창의적인 방법론적 접근, 그리고 기존의 틀을 깨는 파격이 삼박자를 갖추어야 아름다운 예술이 탄생하고 사람들을 감동시킬 수 있다. 그렇게 탄생한 문화예술은 사람들을 통합시키고, 국가의 외교가 되고, 경제의 주역이 되고, 그 자체로 사람들을 교육시키며, 삶의 커다란 행복을 안겨다 주면서 복지적인 가치를 안겨 준다. 이처럼 엄청난 가치를 가지고 있는 문화예술의 힘과 원리를 다른 분야에 접목시키는 것이다. 상상력과 파격을 가지고 정치 · 사회 · 경제 · 군사 · 교육 등 모든 분야에서 새로운 시도를 하자는 것이다.

'다르게 생각하라'는 좌우명에 맞춰 남다른 상상력과 창의성을 바탕으로 끊임없는 혁신을 이뤄 애플을 승리자로 만든 스티브 잡스야말로 문화적 리더십의 대표적인 사례가 될 수 있겠다.

예술가가 빚어낸 창작물은 대량생산된 복제품이 아니라 창조성을 가지는 유일무이한 작품일 때 그 예술성을 인정받는다. 즉, 예술품은 기존의 것과 다른 창조성을 가질 때 예술성을 인정받는다. 그러므로 문화적 리더십은 다름을 인정하는 리더십이어야 한다.

다원화된 사회에서는 혁신이나 변화의 과정에 저항이 있기 마련이다. 혁신과 변화는 기존의 것을 새롭게 바꾸는 작업으로 그 과정에서 누군가는 손해를 보게 된다. 새로운 리더십은 저항과 손해가 없는 리더십이어야 한다. 창조는 없던 것에서 새로운 것을 만들어 내는 것으로, 기존의 것에서 어떤 것을 박탈하는 것이 없다. 창조에는 조정과 통합이 있을 뿐이다. 그 때문에 다원화된 사회에서는 창조적 리더십이 요구된다.

창조는 지혜로운 예술활동의 원천이다. 문화적 리더십은 곧 창조적 리더십이며, 감동을 줄 수밖에 없다. 예술에 대한 감동은 이성의 차원에서 풀어서 설명할 수 없다. 감동은 설명하는 것이 아니라 마음에서 우러나오는 자연스러운 설득과 동화의 과정이다. 이처럼 문화적 리더십은 설득을 하는 것이고 설득은 감동으로 이어진다.

문화정책을 펼치는 데도 기존의 틀을 깨는 사고방식을 적용하고자 노력하였다. 문화재정이 국가 예산의 1퍼센트 선에 머무르고 있는 데서 과감히 탈피하여, 2013년까지 문화재정 2퍼센트 목표라는 새로운 접근을 시도했다. 문화예술인들에게 외교여권을 발급해, 예술인들을 말 그대로 문화외교관으로 활용하자는 아이디어를 내서, 세계적인 소프라노 조수미 씨에게 외교여권을 발급하기도 했다. 군대에 병영도서관을 만들고, 군사훈련시간에 독서훈련 과목을 새롭게 집어넣어 병영의 의무기간 중 인격적 · 정신적 수양을 쌓는 시간을 만들자는 것 역시 발상의 전환이 있었기에 가능한 정책 제안이었다.

요즘 흔히 말하는 '보수의 위기 타개' 역시 기존의 틀을 깨는 상상력 넘치는 파격적인 사고와 접근으로 극복이 가능하다. 보수가 기성세대의 안온한 틀에 온존하고, 사람들과의 대화의 통로를 막고 비도덕적인 프레임 안에 갇혀 있는 것을 탈피해야 한다. '자본주의 4.0' 처럼 시장경제체제에 대한 새로운 접근, 복지에 대한 새로운 접근, 교육에 대한 새로운 접근을 이뤄 내야 한다.

문화체육관광부 장관이 되고 난 뒤 인터뷰나 강연에서 늘 듣는 질문이 있다. "어떻게 문화예술 분야에 관심을 가지게 되었나" 하는 것인데, 어느 때나 이에 대한 대답을 자세히 하였다. 그것은 내가 장관이 되었으니 나 한 사람의 문화에 대한 관심이 어떻게 비롯되었나 하는 것을 과장하거나 미화시키겠다는 것이 아니다. 어린 시절의 소중한 경험이 장관이 되기까지의 오랜 시간 동안 문화에 대한 시각과 원칙, 그리고 문화정책의 방향을 잡아 가는 데 길잡이가 되어 주었기 때문이다.

경기도 양평에서 시골 농부의 아들로 태어난 나는 고등학교를 서울에서 다니던 형을 따라 일찌감치 서울로 유학을 오고 싶었다. 그러던 중 초등학교 5학년 여름방학 때, 서울에서 중학교 입시제도가 바뀌었다는 뉴스를 듣게 되었다. 그 당시까지만 해도 중학교에 입학하려면 시험을 봐야만 했는데, 입시제도가 무시험 추천제도로 바뀌게 되니 서울에서 중학교를 다니기 위해서는 서울에 있는 초등학교를 다녀야만 했다. 아버지께 서울로 전학시켜 달라고 했더니, 그냥 집에서 농사를 지으라 하셨다. 그때 느낀 좌절감이란…. 아버지께서는 교육을 전혀 받지 못한 분이시고, 말 그대로 낫 놓고 기역 자도 모르는 분으로, 오로지 농사밖에 모르시는 분이었다. 낮에는 남의 집 머슴을 살고, 밤에는 보름달 아래에서 야산을 따비로 일궈 가면서 자수성가를 하신 분이다. 그런 분이 나보고 농사나 지으라고 하시자, 반항심이 생겨 "아버지도 전혀 공부 안 하시고 농사를 이렇게 잘 지으시는데, 저보고 농사를 지으라고 하시면 제가 굳이 공부를 할 필요가 있겠어요?"라며, 여름방학이 끝났는데도 학교엘 가지 않았다. 아버지께서 나를 붙잡아 학교에 보내려고 하면, 산으로 도망갔다가 밤늦게 집으로 돌아오고 하기를 한 달 가까이 하면서 실랑이를 했다. 그러던 어느 날 한밤중에 아버지께서 막 깨우셨다. 그래서 '아! 오늘은 매를 맞는가 보다' 하고 잔뜩 겁을 먹고 있는데, 아버지께서 "빨리 옷을 입어라" 하시는 게 아닌가. "왜요?" 했더니, "서울 가야 할 거 아니냐?" 하시는 것이었다. 나중에 알고 보니 그날이 서울로 전학할 수 있는 마지막 날이었다.

그 당시 내가 살던 동네는 오지였다. 중학교 2학년 때에야 전깃불이 처음 들어왔고, 버스는 하루에 한 번 다닐 정도였다. 서울로 올라가기 위해서는 버스를 세 시간 반 타야 했고, 기차는 새벽 네 시에 원덕역(용문역과 양평역 사이에 있는 역)에서 타야 했다. 그걸 놓치면 전학을 못 가게 되는 것이었다. 4킬로미터 길을 산을 넘고 내를 건너 새벽 네 시 기차를 타고 결국 서울로 전학을 했는데, 이미 아버지께서 내 고집을 꺾지 못하겠다고 생각하셨는지 준비를 다 해 놓으신 것을 알았다.

돈암동에 있는 산동네에 방을 얻어 놓으시고 자취를 하라고 하셨

"문화의 위대한 힘을 다시 회복하고 산업화와 민주화를 기반으로 해서,
이제 선진 일류국가로 나아가는 대한민국을 만들어 가야 한다고 저는 생각합니다.
그 문화의 힘이 강하다는 것을 증명하며 만들어 가시는 분들이 바로
이 자리에 계신 여러분입니다."
(2011년 1월 27일 문화체육관광부 장관 취임식에서)

다. 초등학교 5학년생이 자취생활을 하기에는 여러 가지 어려웠지만, 자청을 했기 때문에 기꺼이 자취생활을 하면서 학교를 다녔다. 학교를 다니면서도 기가 꺾이지 않고 나름대로 잘 적응을 했는데, 주말이 끝나고 나서 월요일에 학교를 가면 늘 기가 죽었다. 한두 명 정도 지난 주말에 부모님하고 영화를 봤다, 음악회를 다녀왔다 하는 애들이 있는데, 그 얘기만 나오면 한 번도 영화를 보고 음악회를 가 본 적이 없었던 나는 늘 주눅이 들었다. 소외감과 박탈감을 느끼지 않을 수 없었다.

그러던 나에게 잊지 못할 순간이 다가왔다. 중학교 2학년 때였다. 안암동에 있는 용문중학교를 다녔는데, 그 당시만 하더라도 안암동 주변은 논밭이 있을 정도로 서울의 변두리였다. 중간고사가 끝나고 나서 단체로 연극 관람을 하게 되었다. 명동에 있는 국립극장으로 갔는데, 그때 명동엘 처음 가 봤다. 번화한 명동의 그 휘황찬란함에 문화적 충격을 받았다. 말 그대로 촌놈이 서울 구경 제대로 한 셈이었다. 그런데 국립극장을 보고는 더 놀라지 않을 수 없었다. 밖으로 보이는 그 웅대한 크기에 놀랐고, 안으로 들어가 수많은 의자가 놓인 객석의 규모에 놀랐다. 김동리(金東里) 원작의 〈무녀도(巫女圖)〉라는 연극이었는데, 주인공 무녀 역할은 그 당시에 가장 인기 있던 탤런트 중 한 사람이었던 전양자 씨가 맡았다. 그때는 텔레비전이 귀해서 텔레비전을 보려면 만화방에 가서 돈을 내고 보던 시절이었는데, 텔레비전 화면에서 보던 사람을 직접 본다는 게 신선한 충격이었다. 그 순간 이러한 문화적 생활로부터 소외가 된다면 영원히 소외자가 될 거라고 생각하고 의도적으로 연극을 보려 했고, 영화를 보려 했던 것이 취미가 되었다.

<무녀도>의 충격은 나를 눈뜨게 했다. 이것은 새로운 세상이었고, 내가 모르던 세계였다. 또한 어린 마음속에서도, 나를 강력하게 끌어들인 이 세계에서 소외자가 되기 싫다는 강한 느낌을 받았다. 부단히 노력하지 않으면 영원히 바깥으로 떠돌 것 같은 이 세계에서 밀려나고 싶지 않았다. 이후로는 시간만 나면 영화를 보고 책을 읽었다. 고등학교 때는 한푼이라도 입장료가 싼 영화관을 가기 위해 의정부까지 걸어 다녀오기도 했다. 대학생 때는 프랑스 문화원에서 무슨 뜻인지도 모르는 영화를 정신없이 보기도 했다. 그렇게 하나 둘씩 문화예술을 배우고 익히다 보니, 그 세계를 즐기게 되었다. 즐기게 되면서, 더 알고 싶고 공부를 더 하게 되었다.

대학을 졸업하고 정치인이 되면서 연극과 미술에도 관심을 가지게 되었다. 정치인으로서도 남다른 시각, 즉 창의적인 시각과 미래를 내다볼 수 있는 안목을 길러 준 것 역시 그렇게 오랜 시간 동안 문화예술을 접해 왔기 때문이라고 믿는다. 문화예술을 즐기는 것은, 단지 문화예술이라는 틀 안에서만 사람을 성장시키는 것이 아니라, 정치든 사회든 어느 분야든지 창조적인 사고와 자유로운 상상력을 접목시킬 수 있는 큰 힘을 교육시켜 주는 것이라는 것 역시 깨달았다.

국회의원으로서 정치를 시작하면서 상임위를 선택할 때, 문화 관련 상임위인 문화관광위원회를 선택하였다. 지금은 방송통신 분야까지 포함해서 문화체육관광방송통신위원회로 되었지만, 초선 때인 2000년 당시 문광위는 정족수가 미달되는 매우 인기 없는 상임위였다. 그 문방위의 한 상임위만 11년을 하였다. 오랜 시간 한 상임위에만 충실하다 보니 나름대로 문화 · 체육 · 관광 · 방송 · 통신

"유명 미술작품은, 일반인들은 엄두를 내기 힘든 고가(高價)이기 때문에 주로 기업체와 소득 상위계층들이 구매할 수밖에 없습니다. 혼자서만 간직하고 있다면, 그것은 그저 어둠 속 창고에 있는 아주 비싼 재산에 지나지 않겠지요."
(2011년 4월 27일 국립현대미술관을 방문하여)

에 대하여는 일가견을 갖게 됐고, 결국 한 우물을 팠던 결과가 문화체육관광 정책을 총괄하는 부서의 장관 자리에 오를 수 있게 한 것이라 생각한다. 결과론적으로, 중학교 2학년 때 경험했던 문화적 충격이 일국의 장관을 만들었다. 어렸을 때에 청소년들에게 주는 문화적 경험이 얼마나 큰 파장을 가져다 주는지, 얼마나 큰 상상과 꿈을 만들어 주는지를 몸소 체험했고, 장관을 하면서도 어떻게 하면 청소년들에게 다양한 문화 체험 기회를 제공하고 문화적 교육을 받을 수 있는 환경을 만들 것이냐에 중점을 두었다. 그 중 하나의 방법으로 여름방학 때 문화예술 캠프를 열게 되었고, 베네수엘라에서 성공을 했던 '엘 시스테마' 제도도 도입하게 되었다. 또 청소년들이 쉽게 공연을 볼 수 있게끔 '관객의 날' 제도를 마련해서 1000원만 내면 쉽게 공연을 볼 수 있는 제도도 만들게 되었다.

문화란 어린 시절부터 착실히 학습을 통해 익혀 오면서 차츰차츰 더욱더 큰 울림으로 자리 잡게 된다. 그러므로 누구나 차별 없이 문화를 어린 시절부터 향유할 수 있는 경험을 누리도록 해야 한다는 것, 그리고 꾸준한 체험과 교육을 통해서 문화적인 소양을 학습해 나가는 것이 무엇보다 중요하다는 사실을 문화정책의 원칙으로 삼게 되었다.

대한민국이 60여 년 만에 이룬 성장은 실로 눈부시다. 우리는 세계에 유례가 없는 산업화와 민주화를 동시에 이뤄 낸 기적 같은 역사를 써 왔다. 우리나라는 반세기 만에 세계 10위권대의 경제 대국으로 성장했고, 빠른 시간 안에 민주화를 달성했다. 특히 2010년 지이십(G20) 정상회의의 성공적 개최 등으로 원조 수혜국에서 공여

국으로 국제 위상이 높아졌다. 이제 대한민국은 선진화로 발돋움해 나가는 시점이다. 21세기는 문화의 시대다. 세계의 각국들이 문화 전쟁을 치르고 있다. 21세기 선진화의 길에서 문화는 '선택' 이 아니라 '필수' 다.

오늘날 문화는 한 나라의 품격을 대표하고 국가 브랜드를 대표하는 핵심 요소다. 문화의 발전은 그 나라의 균형 잡힌 발전의 정도를 드러낸다. 산업화와 민주화를 통해서 높아진 정치경제적 위상에 걸맞은 문화의 발전이 이뤄져야 진정한 선진화를 이루었다고 할 수 있는 것이다. '품격 있는 문화국가' 를 이루어야 한다. 품격 있는 문화국가란 국민 모두가 생활 속에서 문화적 삶과 풍요로움을 누리고, 문화를 통해 개방과 포용을 실현하고, 국가 브랜드의 가치를 높이는 것을 의미한다. 문화자본을 축적하지 않은 국가라면 진정한 선진국으로서 존경받기 힘들다. 이미 세계 각국들은 경제나 군사 같은 하드파워로 각국의 위상을 평가하는 시대에서, 눈에 보이지 않는 문화예술을 중심으로 한 소프트파워로 평가하는 시대로 이동했다. 따라서 정부는 세계를 놀라게 한 우리의 문화가 한 단계 더 도약할 수 있도록 창의적으로 건강한 미래 인재를 키워 내고, 양질의 일자리를 만들어 국가 경쟁력을 강화해야 한다. 문화를 통해 더 큰 대한민국을 실현해 나가야 한다. 문화는 국가 발전의 새로운 전략이다. 경제력이 국력이 아니라, 문화력이 진정한 국력을 상징한다. 지금 대한민국은 '문화력' 으로 국력을 높일 수 있는 기회를 맞고 있다.

문화는 단지 문화적인 영역과 가치 안에만 머무르지 않는다. 문화가 가지는 참된 가치를 깨닫는다면, 문화가 왜 선택이 아니라 필수인지를 실감할 수 있다. 문화의 가치를 사회 통합의 가치, 외교적 가치, 경제적 가치, 교육적 가치, 그리고 복지적 가치 등 다섯 개의 가치로 규정하고, 다섯 가지의 가치를 극대화하고 실현하는 것을 선진국가로 가기 위한 문화정책의 목표로 설정했다.

문화가 선진화의 필수가 되어야 할 첫번째 이유는, 문화예술이 가지는 위대한 사회 통합의 가치 때문이다. 갈수록 다원화되고, 계층간, 세대간 갈등이 심화되는 이 시대에 문화는 계층과 이념, 언어, 종교, 국적을 초월해 예술적 감동으로 모든 것을 승화시키고 사람들을 통합시키는 힘과 기능을 가지고 있다. 문화예술 활동에의 참여는 서로간의 문화다양성을 존중하게 하고, 공동체의식을 높여 분열과 갈등을 극복하고 성숙한 민주주의를 실현할 수 있는 기반이 된다.

두번째로, 문화는 공식 외교보다 놀라운 외교적 성과를 도출하는 '외교적 가치'를 가지고 있다. 2010년 주한 외국인 대상 한국 이미지 조사 결과를 보면, 한국에 대한 긍정적 이미지에 영향을 미치는 분야로 정보통신, 과학, 기술, 경제와 함께 문화예술 분야를 꼽았다. 전 세계에서 번져 가고 있는 한류를 이끄는 대중문화는 한국 문화가 가지는 세계적인 보편성을 확인시켜 주었다. 2002 월드컵 개최로 한국의 인지도는 10퍼센트 정도 상승한 데 이어, 2018 평창 동계올림픽의 개최로 대한민국의 국가 브랜드와 국격은 더한층 문화선진국의 단계로 높아질 것이다. 이와 함께 자연스럽게 전파되는 한글이나 우리 문화와 역사에 대한 관심은 우리 전통문화의 세계적인 우수성과 독창성을 자연스럽게 드러낸다. 어느 때보다 뜨거워진 우리 대중문화에 대한 세계적 관심은 한국 상품에 대한 호감으로 이어지고 있으며, 국가간 우호적 관계를 형성하는 민간외교관의 역할을 톡톡히 하고 있다.

세번째로, 문화는 21세기 미래의 성장 동력이자 국가 경쟁력의 핵심이 되는 '경제적 가치'를 가지고 있다. 문화는 좋은 일자리를 많이 만들어 낼 수 있는 기회를 주며, 이미 그 자체로 중요한 미래 기반산업이다. 일찍이 영국은 1998년 '창조적인 영국(Creative Britain)'을, 미국은 2000년 '창조적인 미국(Creative America)'이라는 국가 대계를 발표하며 창조산업을 미래 성장의 동력으로 발표한 바 있다. 이는 21세기의 기반산업이 문화와 관련된 창조적인 산업임을 의미한다. 이처럼 문화산업을 미래 기반산업으로 삼아 각국이 앞 다투어 주력하고 있는 것은 문화가 가지는 경제적 파급효과가 제조업과는 비교가 되지 않을 정도로 앞서기 때문이다. 콘텐츠산업과 관광산업은 부가가치 유발계수, 고용 유발계수 등 모든 부문에서 제조업보다 월등하다. 세계 콘텐츠산업의 시장 규모는 자동차, 아이티(IT) 산업을 능가하는 전략산업이며, 연평균 5퍼센트 성장률을 보이는 고성장 산업이다. 특히 문화 관련 산업은 고용 없는 성장시대에 '디지털 네이티브(Digital Native)' 세대인 청년층이 선호하는 영화, 게임, 모바일, 콘텐츠, 여행, 관광 관련 일자리를 만들어 내 청년 실업 해소에 기여한다.

네번째로, 문화가 가지는 '교육적 가치'다. 앞에서 세계 선진국들이 창조와 창의를 미래 산업의 키워드로 내건 데서 알 수 있듯, 산업화시대에는 노동력이 중요하지만, 문화의 시대에는 창의력과 상상력이 국가를 발전시키는 원동력이다. 디지털사회, 스마트시대로 접어든 이 시대에 창조력과 창의력, 그리고 상상력은 정치 · 경제 · 교육 · 사회 어떤 분야에서든 가장 절실히 요구되고 있다. 문화예술의 역사는 기존의 틀을 깨는 권위에 대한 거부의 역사였으며, 상상력과 창의력이 그런 역사를 가능케 했다. 문화예술은 이 시대가 요구하는 상상력과 창의력의 발원지로서, 개인의 삶의 질을 개선시키고 부가가치를 창출하는 상상력과 창의력을 함양시켜 주는 교육적인 가치를 가지고 있다.

마지막으로, 문화는 행복한 삶의 필수조건이 되었다. 문화가 가지는 '복지적인 가치'는 이제 문화예술을 향유하지 않고는 진정한 행복을 말할 수 없게 한다. 백범(白凡) 김구(金九) 선생은 "오직 한없이 가지고 싶은 것은 문화의 힘이다. 문화의 힘은 우리 자신을 행복하게 하고, 나아가서 남에게 행복을 주겠기 때문이다"라고, 문화가 사람을 행복하게 하는 중요한 조건임을 일찍이 꿰뚫어 보았다. 우리 삶의 궁극적인 목적은 행복을 추구하는 데 있다. 그리고 행복한 삶을 영위하는 데 이제 문화는 빠질 수 없는 부분이 되었다. 먹고살기에 급급해, 문화가 사치이고 허영인 시대가 아니다. 최소한의 문화생활을 누리는 것은 인간으로서 삶에 대한 만족과 행복을 느끼게 해주는 가장 기본적인 요소가 된 것이다. 문화생활을 영위할 수 있느냐 없느냐의 차이의 문제는, 선진국 진입의 기로에서 볼 때 국민의 기본적인 복지의 관점에서 점점 심각해질 수밖에 없다. 프랑스 사회학자 피에르 부르디외(Pierre Bourdieu)가 말한 '문화자본(Culture Capital)'을 어느 정도 가졌느냐에 따라 개인의 차이, 혹은 계층의 차이가 점점 두드러지고, 이런 것들이 극복하기 힘든 사회적 격차를 만들어 내는 것이다. 선진국으로서의 국격을 높이기 위해서는 문화안전망을 촘촘히 구축하고, 어느 계층이든, 어떤 소득 수준의 사람이든, 문화체험과 문화교육의 혜택을 받게 해 국민들이 풍요로운 문화적 삶을 누리는 문화복지 나라가 되어야 한다.

이처럼 문화는 우리나라의 국격을 높이는 외교적인 가치와 미래 성장 동력이라는 경제적 힘, 그리고 다양한 계층의 행복을 실현하는 복지적인 기능, 선진 일류국가를 이루기 위해 전 분야에서 요구되는 창의력과 상상력의 소양을 길러 내는 교육의 가치와 사회 통합의 기능을 가지고 있어, 국가 발전과 선진화에 선택이 아니라 필수가 되었다. 21세기 선진한국의 필수조건인 문화는 그 자체로 외교이며 경제이고, 교육이며 복지이고, 사회 통합의 강력한 기제이다.

제1부

문화는 사회 통합의 기제다

"국립 예술단체 공연 연습장의 개관으로
연습공간 부족을 해소하고, 서로 다른 성격의 예술단체들이
한 공간에서 연습함으로써 공간활용도를 높이며,
장르간 교류도 도모할 수 있게 되었습니다. 국립예술단체들이
수준 높은 공연과 다양한 레퍼토리를 통해 문화예술의
품격과 위상을 높여 줄 것이라 기대합니다."
(2011년 3월 30일 예술의전당 국립예술단체
공연연습장 개관식에서)

문화는 감동이다

우리는 문화로 통한다

우리는 종교가 다르고, 지역이 다르고, 또 문화권이 다른 사람들이 한 영토에 어우러져 사는 다원화시대를 살고 있다. 고령화사회로 진입하면서 세대간 격차는 더욱 커지고, 다문화사회로 진입하면서 사회문화간 격차가 커지고, 또 도시와 농촌 간의 격차, 지역간 격차가 심화되고 있다. 가장 심각한 문제는 자본주의의 발전에 따라 소득 격차가 심화되어 계층간 격차를 낳는 것이다. 특히 우리나라는 60년 만에 산업화와 민주화를 동시에 이루어 냈다. 그러는 과정에서 갈등 요인이 가장 많은 나라가 되었다. 짧은 시간에 이루어진 산업화는 각종 부작용을 낳았다. 산업화과정이 급속히 진행되면서 사회 전체가 합의할 수 있는 공정한 룰을 제대로 만들 겨를 없이 성장이 가속화되었다. 이 과정에서 각 분야에서 편법과 탈법이 난무하고, 이에 따라 소득수준이 낮은 계층이 소득수준이 높은 계층에 대한 불만이 생겨날 수밖에 없게 되고, 이것이 계층 갈등으로 이어진 것이다. 지금은 자신이 속한 경제적 계층보다 개인적인 능력이 더 강조되는 사회가 되었지만, 국민들이 실질적으로 체감하는 계층 갈등은 여전히 계속해서 이어져 오고 있다. 이런 경제적인 계층 갈등에 더해서 짧은 시간에 이뤄 온 민주화의 과정에서 돌이키기 힘든 이념 갈등, 지역 갈등을 낳았다. 최근 들어서는 종교간의 갈등, 다문화사회의 갈등이 여기에 더해지면서 갈등의 유형과 양상이 더욱 복잡해지고 있다. 통일 이후의 남북에서도 이런 갈등이 마찬가지로 생겨날 것이다. 오늘날의 상황은 국민들 하나하나가 각기 다른 요구와 사상을 가지고 있고, 이것이 정보화와 맞물려 자신들의 의견을 점점 더 적극적으로 표출할 수 있는 환경이 되면서 점차 그 간극은 넓어져만 가는 듯하다. 이러한 때에 모든 국민이 하나로 통합되고 합쳐져야 한다는 것은 요원한 꿈처럼 느껴질 수 있다. 그러나 갈등을 넘어서 통합을 지향해야 하는 것은 단지 구호적인 것뿐만 아니라 실질적인 경제 면에서도 필요한 과제다. 삼성경제연구소(SERI)가 2009년 6월 발표한 한국의 사회 갈등과 경제적 비용 연구 결과에 따르면, 우리나라 사회 갈등 수준은 경제협력개발기구(OECD) 회원국 가운데 네번째로 높다. 갈등지수가 오이시디 평균 0.44인 데 비해, 한국은 0.71이다. 이로 인한 손실비용이 1인당 국민총생산(GNP)의 27퍼센트, 300조 원에 달한다. 바꾸어 말하면, 우리나라 사회 갈등 지수가 오이시디 평균지수로 개선될 경우 1인당 5000달러의 비용 감소 효과가 발생하는 것이다. 사회 갈등으로 불필요한 비용을 전 국민이 막대하게 지출하고 있는 것이다.

지금 대한민국이 겪고 있는 이런 다양한 사회적 갈등의 표출은 과도기적 증상이어야 한다. 진정한 선진화를 꿈꾼다면, 국가는 갈등을 해소하고 국민들이 공동체의식을 가지는 단계로 도약해야 한다. 그러려면 국민들이 서로가 서로를 인정해 줄 수 있어야 하고 다양한 의견들을 표출하면서도 사회 통합의 의지를 가지도록 해야 하는 것이다.

이러한 상황에서 문화가 가지는 가치는 중요하다. 오랜 시간 동안 문화예술의 정책을 고민해 오면서 가장 절실하게 느꼈던 것은 이런 사회 갈등을 봉합시키고 통합을 이끌어 낼 중심에 문화의 힘이 있다는 믿음이었다. 문화예술은 세대간, 계층간, 지역간의 갈등도 풀어낼 수 있는 힘을 가지고 있다. 뛰어난 문화예술작품을 생각해 보자. 이것이 어느 지역에서 만들어졌건, 어떤 이념을 가지고 만들어졌건 간에 수준 높은 예술작품은 그것을 수용하는 사람들에게 한가지 언어로 전달된다. 바로 감동이다. 사람의 마음을 움직이는 예술작품의 감동은 그것을 만든 사람에게나 그것을 감상하는 사람에게나 똑같이 다가간다. 문화예술작품만 그런 것이 아니다. 스포츠에서의 승리의 순간, 종교가 보여 주는 숭고한 정신, 한국 문화가 세계 곳곳에서 인정을 받는 모습은 전 국민을 짜릿한 하나됨의 순간, 뿌듯한 자부심의 순간으로 이끈다. 심지어 한 국가 안에서뿐만 아니다. 유럽에서 한국의 노래를 들으면서, 중동과 아프리카에서 한국 드라마를 보면서도 하나의 감동을 느끼는 시대가 되었다. 그렇게 문화예술은 종교, 이념, 계층을 초월하여 모두에게 감동을 주는 힘을 가지고 있다.

그러나 불행히도 우리 역사 속에서는 정치상황의 변화에 따라 문화가 갈등을 심화시키는 역할을 해 온 것이 사실이다. 어느 정권이 집권하느냐에 따라 문화예술의 지도자층이 바뀌고, 이들은 이념 혹은 정권의 의도에 맞춘 듯한 문화예술활동으로 갈등을 더 부추기기도 했다. 물론 문화예술인들이 아무런 이념이나 정치적인 의도를 가지지 않는, 절대적인 중립적인 위치에 서 있기를 바랄 수는 없다. 누구나 각자 이념을 가지고 있고, 정치적인 의견을 가지고 있기 때문이다. 하지만, 문화예술인들이 어떤 의도를 가지고, 어떤 이념을 가지고 작품을 만든다고 해도 수용자인 국민은 냉정하다는 것이다. 이념적인 예술작품들로 국민들이 편향된 이념을 갖지 않을까 하는 두려움에 대해 걱정하지 않는다. 정치적 · 사회적 균형은 국민이 맞춰준다. 진보든 보수든, 의도적으로 기득권을 가진 사람들이 문화예술을 정치적으로 이용하려 한다면 중간에 있는 국민들은 저항한다. 제대로 된 문화정책의 지도자란 그런 믿음을 가지고 문화예술이 어느 쪽으로든 편향되지 않도록 불편부당한 집행을 하면 되는 것이다. 때문에 장관으로서 문화가 가지는 사회 통합의 힘과 가치를 되살리고, 국민들로 하여금 문화의 감동을 통해 약해져 가는 공동체의식을 되살리는 것을 최우선적인 과제로 설정했다.

문화의 사회 통합적인 힘을 되살리기 위해 가장 역점을 두고 실천하려 한 것은 문화예술의 본연의 기능을 되살리는 일이었다. 다양한 갈등을 넘어서서 문화의 감동으로 하나 되기 위해서는 예술작품이 다른 어느 것도 아닌, 예술성으로만 승부하게 만드는 것이 가장 중요하다. 예술가들이 작품으로만 말하게 하고, 국민들은 그것이 주는 감동으로만 작품을 평가하는 것, 즉 예술 본연의 힘을 공급자나 수용자 모두 실감하게 하는 것이 다양한 욕구를 가진 사람들을 하나로 통합시키고 사회의 갈등문제에 대응할 수 있다고 믿었다. 장관 취임사에서 제일 앞에 이런 점을 강조하고, 문화의 5대 가치에서도 맨 앞에 사회 통합적인 가치를 내세운 이유는 문화예술 본연의 기능과 힘을 되살리기 위해서였다.

장관으로서의 활동 중에 가장 긍지와 자부심을 느끼는 것도 문화예술을 통해서 그동안 분열되고 갈등하던 여러 분야에서 어느 정도 갈등 해소와 통합의 길을 찾아냈다는 점이다. 좌우 갈등으로 혼란스러웠던 영화계와 문화예술계, 또 종교간의 갈등에 이어 정부와도 대립각을 세우고 있었던 불교계와의 갈등을 해소하는 데 장관 취임 이후 가장 힘을 기울여 왔고, 그런 결과 별다른 이견이나 잡음이 없이 장관 재임 동안 어려웠던 실타래들을 하나하나 풀어 왔다. 적어도 문화예술인들에게 오로지 예술성만으로 그들을 대할 때, 진심을 가지고 상대방의 이야기를 귀 기울여 들으면서 대화하려고 할 때, 진정한 소통은 가능하고 해결하지 못할 문제란 없다. 오만가지로 다원화되고 분열된 사회 역시 마찬가지라고 생각한다.

문화계에 만연한 좌우 대립을 넘어서

취임 전 문화예술계와 정부를 둘러싼 갈등상황은 좋지 않았다. 거기엔 편 가름과 다툼의 이미지가 분명히 존재했다. 내 편과 네 편이 갈려서 논쟁을 벌였고, 그 결과 어느 편이든 상처는 덧나 있었다. 문화가 문화로, 예술이 예술로 꽃 피기엔 척박한 토양이었다. 정부는 문화예술계를 정책적으로 지원한다고 하면서도 결과적으로 왜곡하고 편 가름 하는 결과를 낳았다. 17대 국회의원 시절부터 이런 고민은 계속되었고, 국회에서도 이런 부분에 대해 문제 제기를 계속해 왔다. 국회의원 시절 상임위에서 나는 공개적으로 밝혔다. “우리는 그동안 선거과정에서 과거 정권을 ‘좌파 정권 10년’ 이라고 규정했다. 왜냐하면, 보수진영에서 보면, 문화예술계를 편 가름 했고 편향적으로 정책을 집행했기 때문이다. 그래서 이쪽의 소외된 사람들이 불평불만을 가졌던 것이다. 이제 정권이 바뀌어서 우리가 해야 할 일은 불편부당하게 일을 집행하는 것이다." 정권이 바뀌었으니 편향성에 대한 우려를 가운데로 돌려놓는 것이 바람직하나, 이 정권 들어 가운데로 돌려놓지 못하고 또 다른 편 가름이 있었던 것은 사실이다. 나는 꼭 그것이 정권에 도움이 될까 생각을 많이 했고, 바로 잡아 보겠다는 생각을 하게 됐다. 장관 취임할 즈음에 가장 중요하게 느낀 것이 "왜 문화예술 본연의 힘을 발휘할 수 있는 환경을 못 만드는가" 하는 것이었다. 그래서 가장 강조한 것이 문화예술을 통한 통합이었다.

가장 시급한 것이 문화체육관광부의 몇몇 진보 성향 산하 기관장들이 현 정부 들어 해임되면서 빚어졌던 갈등을 봉합하는 것이었다. 우선 취임 기자간담회에서 나는 "사과까지 포함해, 그분들과 충분히 대화하고 생각을 들어 보겠다"고 밝혔다. 취임 시에 밝힌 대로 즉시 김정헌 한국문화예술위원회 전 위원장을 직접 만났다. 만나지 못할 이유가 없었다. 또 이들과의 갈등이 이 정부의 대표적인 문화계 갈등으로 비춰지고 있는 마당에, 만나야 할 필요도 분명했다. 법이 해결할 부분이 있고, 인간적 소통으로 해결할 부분이 있다. 그를 직접 만나 "위원장직 해임에 대한 국가적 행위로 불이익을 받았다면 그것에 대해 책임자로서 유감을 표한다"고 전하고, 관련 소송 취하 의견을 전달했다. 2011년 3월 초 한국문화예술위원회가 청구한 김정헌 전 위원장의 문예진흥기금 손실에 대한 '손해배상청구' 소송에 대해 대법원 상고를 취하했다. 이후 김정헌 위원장을 문화체육관광부에서 역점사업으로 추진하는 '문화예술 명예교사' 사업에 명예교사로 위촉했다. 주요 단체장들 송사 부분을 마무리하고, 법적으로 대립되던 부분은 다 정리를 했다. 황지우 한국예술종합학교 전 총장도 만나 많은 이야기를 나누었다. 좀 더 진실하게 대화하면 서로가 쉽게 풀 수 있는 것들인데, 이렇게 뒤늦게 해결할 수밖에 없었던 것이 안타깝게 느껴졌다.

장관 취임 전 영화진흥위원회는 갈등의 상징이었다. 여러 가지 문제로 지난 두 사람의 영진위원장이 중도하차하여, 정부의 영화정책에 신뢰의 위기를 초래했다. 지난 정권하에서의 편향적 영화정책을 바로잡는다는 것이 오히려 또 다른 갈등의 요인이 되었다. 영진위는 한국 영화의 중심에서 영화산업 발전을 주도하는 것이 아니라, 갈등을 오히려 심화시키는 결과를 낳았다. 특히 2010년에는 독립영화 전용관, 영상미디어센터 운영자 선정, 독립영화 제작 지원 심사, 스리디(3D) 마스터 제작 지원 공모 등 주요사업 추진과정에서 영화계에 많은 논란이 확산된 상태였다. 이 과정에서 영화계가 그 동안 안고 있던 좌우이념 갈등, 신구세대 갈등 들이 더욱 커져만 간 상태였다.

영진위는 영화기금을 활용하여 영화 유통 및 제작 지원, 영화산업 기초 인프라 강화, 디지털 시네마 기술 지원, 민간단체 역량 강화사업 등을 통해 영화산업 발전을 위한 역할을 해야 한다. 하지만 영진위의 이념 간, 세대 간 갈등으로 영진위 무용론까지 제기되었다. 그간 위원장 공백으로 영화 스태프 처우 개선, 공정경쟁 환경 구축, 영화산업의 글로벌화를 통한 내수시장 성장한계 극복, 산업 자생력 강화 등 많은 과제가 공전되어 왔다. 한국 영화가 한 단계 나아가느냐, 제자리에 주저앉느냐 하는 절체절명의 시기였다. 산적한 현안에 대해 영화계의 의견을 수렴해서 영화산업의 새로운 비전과 전망을 제시해야 할 때였다. 때문에 새 위원장이 중심을 잡고 균형 잡힌 시각에서 현장의 다양한 목소리를 듣고 책임감 있게 일해야 할 필요가 어느 때보다도 컸다.

장관 후보자로 지명되자마자 청문회 시절부터 영화인들을 두루 만나며 영진위원장 선정에 노력을 기울였다. 통합 조절할 수 있는 능력도 있어야 하고, 영화계 현장을 잘 알고 있는 사람을 어떻게 하면 뽑을 수 있을까 하고 고민했다. 쉽지는 않았다. 영화계에서는 교수 출신인 두 사람의 전직 위원장의 전례를 고려해 제작 현장이나 산업 쪽 출신을 선호하는 분위기를 보이기는 했지만, 구체적인 인물로 들어가면 세대별 또는 관련 분야에 따라 전문성, 연륜 등을 놓고 견해가 서로 달라 결론을 찾기 어려웠다. 영화계의 진보와 보수, 신구세대 간 알력이 심각하다는 반증이었다. 오랜 고민 끝에 김의석 위원장을 선정하였고, 발표 이후 다행히 큰 반발이 없었다. 영진위 위원장 임명을 계기로 끝없이 커져만 갈 것 같았던 영화계 갈등은 잠잠해졌다.

영진위를 둘러싼 그 동안의 불행했던 과정을 돌이켜 보면, 여러 시대를 거치며 누적됐던 문제가 분출된 것이다. 정치권도 반성해야겠지만, 영화권도 반성이 필요하다. 신구 간 갈등, 좌우 간 갈등이라고 하지만, 실제로는 전혀 문제되지 않을 부분이 문제가 된 측면이 많다. 기술 변화로 기존 매체 간에도 갈등이 존재한다. 이런 변화에 맞춰 새롭게 여러 환경들을 한 단계 발전시키는 분야도 많은 반면, 선배 세대의 영화 환경을 인정하지 않으려 하고, 정권에 따라 영화계의 정책들이 심하게 변동하면서 영화계가 갈등하게 된 것이다.

이념 갈등이란 것도 그렇다. 창작을 하는 사람이 이념을 배제할 수는 없다. 그러나 시작하는 단계에서 우다, 좌다 해서, 영진위가 편향되게 집행해 왔다는 것은 돌이켜 보면 말이 안 되는 일이었다. 새로운 영진위 위원장을 임명하는 자리에서 "과거 정권에서 저쪽 밀었으니, 이번 정권에서는 이쪽을 밀자, 이런 식이면 안 된다. 언제나 공정하고, 객관적이고, 투명해야 한다. 정부가 해야 할 일은 이 같은 공정한 환경을 조성하는 한편, 산업적으로는 투자에 대한 응당한 대가를 지불할 환경을 만들어야 하는 것"임을 강조했다.

영화산업계는 이제 양적인 성장을 넘어서 질적으로 성장이 필요한 때다. 콘텐츠산업의 중심부에서 내부적 역량을 강화해야 할 때이고, 대기업 및 중소 제작사 등과의 상생을 모색할 수 있는 영화산업 구조를 새롭게 만들어야 할 때다. 침체를 딛고 한 단계 도약하기 위해 영화계는 더 이상의 불필요한 갈등을 접고, 함께 성장하는 기반을 찾아야 할 때다. 취임 후 정부가 영화계 상생을 모색하는 '동반 성장 협의체'의 설립을 적극적으로 추진하고, 대국민 정책 보고회에서의 의견을 받아들여 독립영화계의 작가 및 제작 스탭들과 간담회를 열어 그들의 의견을 즉각 정책에 반영한 것은, 이처럼 재도약을 위해 화합과 상생이 중요함을 강조하기 위한 것이었다.

말보다 정성으로, 불교계와의 갈등 해소

지난 2005년 인구주택총조사에 따르면, 총 인구의 53.1퍼센트가 종교를 가지고 있으며, 불교가 22.8퍼센트, 개신교가 18.3퍼센트, 천주교가 10.95퍼센트를 차지하고 있다. 이 밖에도 전국적으로 50여

개의 종교와 오백여 개 종파가 있다. 그 동안 우리는 이 같은 다종교 국가임에도 종교 평화의 전통을 잘 유지해 왔다. 수많은 다종교 국가들 중에서도 우리나라는 종교 간 화합과 공존이 잘 유지되는 모범 국가로 평가되고 있었다. 종교와 정치와의 공존 역시 잘 이루어져 왔다. 미국, 일본과 같은 선진국에서는 정치와 종교가 엄격히 구분되어 있고, 우리 헌법 제20조에도 "종교와 정치는 분리된다"고 규정되어 있다. 그러나 현실적으로 종교계가 늘 국정 현안에 관여하고 있는 것은, 생명, 환경, 사회복지와 같은 보편적 가치를 추구하는 종교적 특성에 따른 종교계의 입장 표명이라고 이해해야 할 것이다.

따라서, 정책 집행자로서는 종교계와의 관계를 늘 정성을 가지고 대화와 소통을 추구함으로써 불필요한 갈등을 낳지 않도록 해야 한다. 국가의 주요정책을 수립할 때 사전에 종교계 지도자들에게 이해와 협조를 구하는 것이 갈등을 줄이는 방법 중의 하나다. 오히려 사회 속에서 갈등과 분쟁을 지양하고 평화와 사랑을 실천하는 종교 본연의 참뜻을 되살려, 종교는 숭고한 정신으로 사회를 통합하는 힘을 사회 전체가 느끼도록 해야 하는 것이다.

그러나 최근 우리나라에서는 종교 간 갈등 상황이 두드러졌다. 종교 갈등의 요인은 특정 종교가 이웃 종교의 교리나 사상에 대해 비판하고, 지나친 선교, 포교 경쟁을 하거나, 정부 정책과 공직자의 일부 행위 중 특정 종교를 우대한다고 주장하는 것으로 받아들여지는 일 때문에 조금씩 불거졌다. 이에 따라 이웃 종교에 대한 근거 없는 비방이 나오고, 종교 상징물에 대한 공격과 파손 같은 행위를 하거나, 심지어 종교 시설물에 방화를 하는 등의 갈등이 터져 나왔다.

종교 간 갈등 상황뿐 아니라 정부 · 여당과 종교계 갈등 역시 심각한 상태였다. 2002년 월드컵 이후 한국의 대표적 관광상품으로 부각된 템플 스테이 예산을 둘러싸고 '특정 종교에 대한 편파적인 예산 집행'이라는 반대 의견과 예산 문제로 갈등이 고조되면서, 불교계에서는 차라리 사찰에 대한 문화재 지정을 해제해 달라는 극단적 반응까지 나왔다. 사찰에는 정부 여당 출입 금지 플래카드가 걸렸고, '부처님 오신 날' 봉축행사에도 정부 관계자를 초청하지 않겠다는 입장을 밝혔다.

종교의 강력한 사회 통합 기능을 기본적으로 신뢰하는 입장에서 나는 헌법에 보장된 종교의 자유가 지켜져야 하며, 이를 지켜 주는 것이 정부의 역할이라 믿었다. 내 종교가 중요하면 남의 종교도 중요하다고 사람들이 생각하게 해 주는 것, 그리고 정부와 특정 종교 간의 갈등은 원칙이 있는 자세와 대화로 접근해야 한다는 것이 종교 갈등을 푸는 기본 방침이었다. 취임 이전 때 정부가 특정 종교에 대해 오해를 산 부분이 있다면 오해를 풀어야 한다고 생각했다. 당시의 불교계와의 갈등은 정부의 정성이 부족했기 때문이라고 판단했다. 그 때문에 오해를 받은 측면들이 있었다. 소통과 이해를 구해서 적극적으로 풀어야 할 문제라고 믿었다.

그러나 불교계와의 갈등의 핵심을 놓고 볼 때, 정부가 나서서 "이런 이런 노력이 있었으니 이제는 화해해야 할 때"라고 먼저 주장하는 것은 본분이 아니라고 판단하였다. 우리가 정책적으로 최선을 다하고 정성을 다하는 것이 중요하다고 생각했다. 그래서 문화정책의 수장으로서 먼저 템플 스테이 예산 지원 문제가 특정 종교의 지원 문제가 아니라 관광정책의 일환이었음을 강조했다. 신문과의 인터뷰를 통해 꾸준히 "템플 스테이는 2002년 한일 월드컵을 유치하면서 숙소 문제를 해결하기 위한 아이디어로 처음 나왔다. 당시 큰 호평을 받아 예산을 늘린 거다. 특정 종교에 대한 지원은 타 종교의 오해다. 물론 오해를 낳고 여기까지 온 데 대해 안타깝고 우리의 정성이 부족했다"고 설명했다.

말뿐만이 아니라, 직접 현장에서 갈등 해소의 노력의 몸짓을 보이는 것 역시 중요했다. 2011년 '부처님 오신 날' 며칠 전 서울 시내에서 열린 연등축제 때 직접 거리행사에 참가했다. 불교계의 초청을 받은 것도 아니지만, 그저 "좋아하기 때문에 가겠다"고 했다. 직접 내 눈으로 보고 행렬에 동참해 보니 이 행사는 세계 어디에 내놓아도 손색없는 자랑스러운 문화유산이라는 생각이 들었다. 또 우리나라를 찾는 외국 관광객들이라면 누구나 좋아할 관광상품이기도 했다. 연등축제 참석 뒤, 연등 축제에 대해 무형문화재와 세계문화유산 지정, 그리고 관광상품 개발 방안을 검토하도록 했다. '부처님 오신 날' 에는 서울 조계사에서 열린 봉축 법요식 행사에 참석했다. 이후 6월 15일 조계종 총무원을 공식 방문해서 총무원장 자승 스님을 만났다. "정부의 정성이 여러 가지로 부족해 종단에 많은 누를 끼치고 원장 스님께 염려를 끼쳐 죄송하다. 정부와 여당이 전통문화에 대한 새로운 인식을 갖게 되고, 종단과 새로운 관계 정립을 할 수 있었던 계기가 되었다"는 말씀을 전했다. 또 "템플 스테이는 특정 종교에 대한 지원이 아니라, 우리의 전통문화를 체험하기 위한 국가적 사업으로, 오히려 불교가 정부에 도움을 주신 것에 대해 감사하게 생각한다"는 것을 다시 한번 강조했다. 이러한 취지에 맞게 템플 스테이 사업은 종교를 관장하는 부서인 종무실에서 관광국으로 업무를 이관하게 됐다는 정책 변화에 대해서도 설명했다. 이에 자승 스

"정부의 정성이 여러 가지로 부족해 종단에 많은 누를 끼치고 원장 스님께 염려를 끼쳐 죄송합니다. 정부와 여당이 전통문화에 대한 새로운 인식을 갖게 되고 종단과 새로운 관계 정립을 할 수 있었던 계기가 되었습니다."(2011년 6월 15일 서울 조계종 총무원 자승 총무원장님을 방문한 자리에서)

“우리 사회의 어두운 구석, 소외되고 고통받는 사람들과 함께해 주십시오.”
정진석 추기경님께서 해 주신 말이다. 비록 신앙의 대상이 다르지만,
종교는 우리 사회가 절실히 요구하는 화해와 용서, 사랑을 가르치고
더욱 밝고 희망찬 사회로 이끌어 줄 것이라 믿는다.(2011년 1월 27일 서울 명동성당
정진석 추기경님을 방문한 자리에서 책을 선물받으며)

님은 "종단의 노력으로 조금이라도 변화가 있었다면 지난 6개월간의 노력이 헛되지 않은 것 같다. 주무 장관으로서 전통문화에 대한 인식이 확고히 자리매김할 수 있도록 애써 달라"고 당부했다. 마지막 오해가 풀리는 순간이었다. 2011년 3월 이후 조계종에서도 잇달아 새로운 정책을 발표하며 정부와 불교계의 갈등이 급속도로 해소되었다. 2010년 12월 이후 불교계와의 대화 단절로 정부의 예산 집행 등에 애로가 있었으나 2011년 3월 말을 기점으로 불교계는 사찰 출입 금지 현수막을 철거하였고, 정부에서도 사찰 등 불교유산에 대하여 전통문화 차원의 제도 개선 노력이 필요하다는 점을 약속했다.

이러한 일련의 불교계와의 화해과정이 가능했던 것은, 종교정책에서 정치인으로서, 이후 장관에 이르기까지 일관성을 가지고 있다는 신뢰를 준 것이 큰 바탕이 되었다. 의원 시절부터 닦아 온 종교계에 대한 일관성 있는 노력을 보여 온 것이 힘이 된 것이다. 정책 수요자가 바라는 상황을 정확히 짚어 내고, 정부와 종교계가 함께 지향해야 하는 바를 명확히 짚으려 애썼다. 예를 들어, 템플 스테이에 대한 갈등을 놓고 다른 종교와의 관계에 대해 명확히 설명하여 이해시키지 못했던 것들에 대해 "이것은 관광사업이다. 불교계에서 먼저 시작하고 원해서 한 것이 아니라, 정부가 먼저 나서서 시작한 사업이다"라고 말함으로써 그간의 오해를 불식시켜 주었다. 오랜 기간 불편한 관계를 유지해 왔던 정부와 불교계와의 갈등이 해소될 수 있었던 것은 정책 집행자로서 중심을 잡고 있다는 것을 보여 주었기 때문으로 생각한다.

2011년 6월 30일, 서울 명동대성당 꼬스트홀에서 열린 「참종교인이 바라본 평화－김수환 추기경, 강원용 목사, 법정 스님과의 대화」

행사가 있었다. 우리나라의 종교 간의 갈등이 어떤 방식으로 해결점을 찾을 수 있는지 지혜를 얻을 수 있는 소중한 자리였다.

개신교 강원용(1917–2006) 목사, 천주교 김수환(1922–2009) 추기경, 불교 법정(1932–2010) 스님은 각기 신앙의 대상은 달랐지만, 생전 상호존중과 화해, 상생의 만남을 해오심으로써 종교를 떠나 우리 사회의 존경을 한 몸에 받았던 분들이다.

송월주 전 조계종 총무원장, 김성수 성공회 대주교, 최종태 서울대 명예교수를 비롯한 행사에 참석한 많은 인사들은 이들 세 분이 우리 사회가 절실히 요구하는 화해의 씨앗을 심었으며, 한 걸음 더 나아가 종교 간의 폭넓은 대화를 촉발시켰다고 회고했다. 우리 사회의 어두운 구석, 소외되고 고통받는 사람들이 있는 곳이라면 어디든지 가리지 않고 달려갔던 이 선각자들의 가르침을 가슴 깊이 새겼다. 또한, 앞으로 이 세 분 선각자들의 가르침이 이 사회 곳곳에 울려 퍼질 것이라는 희망을 갖게 되었다.

소통과 공감의 스마트시대

문화체육관광부의 부처 업무는 크게 문화예술정책, 콘텐츠산업정책, 종무정책, 체육정책, 그리고 기존의 국정홍보처가 담당한 국정홍보정책까지 포괄하는 광범위한 영역이다. 문화체육관광부 장관은 정부의 공식 대변인으로서, 대국민 국정홍보의 역할까지 맡고 있다. 사회 통합의 기치를 내걸며 문화체육관광부의 수장으로서, 중요한 책임은 정부와 국민과의 소통을 확대시키는 것 역시 포함되어 있다.

다원화된 우리 사회는 갈수록 분화되고, 개인 중심적이 되어 간다. 이것은 소셜 네트워크 서비스(Social Network Service, SNS)와 스마트폰으로 대변되는 첨단 정보화시대와 맞물려 사회 구성원들의 다양한 목소리가 그대로 쏟아져 나오면서 점점 더 심해지는 양상이다. 개개인의 의견이 여과되지 않은 채 직접적으로 표현되는 이 에스엔에스(SNS) 시대에 지도자로서 더욱 요구되는 것이 통합의 리더십이다. 통합을 위해서는 에스엔에스 세대와의 소통이 필요하고, 소통을 위해서는 일방적인 홍보가 아니라 그들의 목소리를 듣고 쌍방 간의 대화의 장을 만들어야 한다.

최근 들어 정부 정책과 정치에 대해 불신이 커진 이유는, 정치가 이 같은 정보화라는 시대의 흐름을 제대로 따라가지 못했기 때문이다. 이전에는 정치가 대중을 이끌었지만, 지금 스마트폰 에스엔에스 시대에는 정치 리더들이 이에 걸맞은 리더십을 보여 줘야 하는데, 그렇지 못하고 있다. 이 때문에 소통의 문제, 리더십의 문제가 생겨나는 것이다. 이런 정치의 위기, 리더십의 위기는 더 크게는 보수진영 전체의 위기라고 할 수 있다. 새로운 문명의 이기들의 발전과 그에 따른 세태의 변화를 보수진영이 따라가지 못하고 있기 때문이다. 재미있는 것은 문명의 기기를 만들어 내는 것은 보수적인 대기업인데, 그 결과물을 이용해서 콘텐츠를 만들어 내는 젊은 층들은 진보성향을 띠며 이들을 비판한다. 하지만 전통매체들이 위기를 맞고, 에스엔에스를 중심으로 하는 젊은 층이 진보 쪽으로만 몰려 사회가 한쪽으로 편향되어 가는 것은 위험한 징후다. 이런 리더십의 위기를 어떻게 극복하느냐가 문제다. 여기에서 중심축 역할을 해야 하는 것이 정치인들이다. 이를 위해서, 정치인들과 정책 집행자들

온라인 접촉을 강화하기 위해 나부터 트위터를 개설하고(@withbg), 부처 내부의 공무원들에게도 적극적인 활용을 촉구했다. 또 파워 블로거들과 가진 두 차례의 간담회는 인터넷 세대의 다양한 의견을 듣는 시간이 되었다. (2011년 3월 24일 서울 운니동의 한 식당에서 가진 파워블로거 얼라이언스와의 간담회에서. 위)

스마트 세대, 소셜 미디어 세대들은 권위적이고 일방적인 언론이나 정치적이고 이념적인 구호에서 벗어나, 소통과 공감, 그리고 구체적이고 가슴에 와 닿는 사회 · 문화적 이슈들을 같은 눈높이에서 대화하기를 원한다. (2011년 8월 2일 100만명의 트위터 팔로어를 거느리고 있는 이외수 선생이 계신 감성마을을 방문하여. 아래)

이 온라인 세대와의 긴밀한 접촉을 유지하며 어떻게 소통할 수 있느냐를 고민하는 것이 중요하다.

소통은 일방적인 전달이 결코 아니다. 현 정부가 소통이 부족하다는 평가를 받았다면, 그것은 정책 수요자들이 충분히 자신들의 뜻을 전달할 통로를 찾지 못하고, 정부의 일방적인 홍보나 정보 제공을 강요받았다는 뜻일 것이다. 그러나 정부나 공무원사회라는 관료사회의 성격상 거의 일방적인 소통이 오랜 시간 동안 몸에 배어 있고 주를 이룬다. 때문에 국정 홍보에서 무엇보다 일방적 홍보가 아니라, 국민의 눈높이에 맞춘 홍보를 강조했다. 국민의 소리, 국민의 요구가 무엇인가를 듣고, 국민들이 알고 싶어하는 것을 알려야 하는데 가장 중점을 두었다. 그런 점을 개선하기 위해 우리부터 바꾸어 보자고, 취임 이후 실 · 국별 업무 보고를 대국민 업무 보고로 바꾼 것이다. 장관을 위해서 보고하는 것이 아니라, 국민을 위해서 현장에서 보고하는 것으로 바꾼 대국민 정책 보고회는 취임 백 일 만에 '새로운 시도'라는 평가를 얻었다. 온라인 접촉을 강화하기 위해 나부터 트위터(@withbg)를 개설하고, 부처 내부의 공무원들에게도 적극적인 활용을 촉구했다. 또 인터넷에서 적극적으로 활동하고 있는 파워 블로거들과의 간담회를 두 차례 열어 젊은 인터넷 세대의 다양한 의견을 듣는 시간을 마련했다.

문화체육관광부에서는 정책홍보 주간지인 『공감 코리아』를 발간하고, 국정홍보 방송인 케이티브이(K-TV)를 운영하는 등 정기적인 정책홍보를 위한 미디어를 가지고 있다. 문제는 이것이 국민들 생활 속으로 깊숙이 파고들지 못한다는 점이다. 케이티브이의 시청률은 0.5퍼센트 미만이다. 야당 의원 시절 나는 일방적인 정책홍보지에 불과하다며 당시 정책홍보 매거진인 『코리아 플러스』를 강력히 비난하고, 국정홍보처 폐지에 앞장서기도 했다. 그러나 장관 취임 초 『공감 코리아』에서 특집 기획기사로 다룬 '무상 복지' 관련 기사 때문에 똑같은 비난을 받는 웃지 못할 상황에 처하기도 했다. 국회에서는 한 야당의원이 과거 의원 시절의 내 발언록까지 들추어내며 호된 질책을 퍼부었다. 난감했다.

결국 국정홍보는 일방적이 아니라, 국민의 눈높이에 맞는 것이 중요하다. 국정홍보는 아무리 해도 지나치지 않다. 이명박 대통령 역시 국민과의 소통을 강조하고 있다. 모두가 소통의 중요성을 알고 있는 데도, 문제는 아무도 『공감 코리아』나 케이티브이(K-TV)를 안 본다는 것이었다. 역시 이유는 소통의 일방성이었다. 기사가 일방적인 정책 홍보기사 위주로 딱딱한 분위기 일색이었다. 정책의 잘된 점, 좋은 점만 반복적으로 이야기하다 보니 지루하고 딱딱한 콘텐츠가 되고, 국민들은 정부에 대해 귀를 닫아 버리는 악순환이 반복되는 것이다. 결국 국정홍보 담당자들의 자기만족 행위에 지나지 않는 것이다. 독자들인 국민들의 생활 속에 밀접하게 접근하기 위해서는, 매주 공연 · 전시 정보 같은 실생활에 도움이 되는 실용적 정보를 늘리고, 에스엔에스(SNS) 시대에 맞는 정보를 활용한 기사나 시각이 필요한 것이다. 또 정부 정책 관련 기사역시 일방적 홍보기사가 아니라 분석기사를 발굴하고 국민의 쓴소리도 담도록 했다. 국민정책 기자들을 적극적으로 활용해서 현장감 있는 기사를 발굴하고, 전형적 사진을 탈피하도록 했다. 『공감 코리아』의 국민정책 기자들을 직접 만나 간담회를 통해서 실제 이들이 취재과정에서 담당 공무원들의 시큰둥한 반응 때문에 제대로 된 기사를 발굴하기가

소통은 일방적인 전달이 결코 아니다. 현 정부가 소통이 부족하다는 평가를 받았다면,
그것은 정책 수요자들이 충분히 자신들의 뜻을 전달할 통로를 찾지 못하고,
정부의 일방적인 홍보나 정보 제공을 강요받았다는 뜻일 것이다.
(2011년 3월 24일 서울 대학로 민들레영토에서 가진 정책포털
『공감코리아』 정책기자단과의 간담회에서)

힘들다는 문제점을 듣고 이를 시정하도록 했다.

케이티브이(K-TV) 역시 딱딱한 정책 관련 프로그램에서 탈피해서 적극적으로 시청률을 제고할 필요가 있었다. 대국민 정책 보고회에서 건의 사항으로 나왔던 것을 적극 반영해 황금시간대인 오후 6시대에 어린이용 애니메이션을 방영하고, 당시 해병대에 입대해 전 국민의 관심을 받은 탤런트 현빈의 군 생활을 밀착 취재하는 특종 프로그램을 기획하라는 아이디어도 제시했다. 또 일방적인 정책 홍보 프로그램만이 아니라, 정부에 대한 반대 의견을 듣는 장을 마련하도록 하고, 대학생들이 직접 기획하고 출연해서 정책을 놓고 찬반 토론을 펼치는 프로그램도 새로 편성해서 방영하도록 했다. 그 결과 2011년 3월 말부터 온·오프라인의 여론 수렴을 통해 국민의 의견이나 제안을 들어 보고 한 주간의 여론을 정리해 보는 「위클리 여론」, 주요 부처 정책에 대해 담당 공무원과 정책 고객이 한자리에서 자유롭게 의견을 개진하는 타운홀 미팅(일정한 주제를 놓고 참가자들이 자유롭게 의견을 개진) 방식의 국민 토론회 「국민 보고, 정부를 아십니까」를 신설 프로그램으로 마련했다. 또 「캠퍼스 토론/청년, 통하다」는 전국 캠퍼스를 순례하며 젊은이들이 주축으로 제작되는 토론 프로그램으로, 기성세대에 얽매이지 않은 청년층의 생각을 가감 없이 전달하고, 이를 통해 정책의 방향과 합리적인 대안을 모색하는 프로그램으로 편성하는 등 케이티브이의 변화를 시도했다.

고루 향유하는 문화예술

문화예술이 사회 통합의 힘을 발휘하기 위해서는 계층의 차이, 문화 향수 수준의 차이, 지역적인 문화 차이를 뛰어넘어 전 국민이 고루 문화예술을 향유하고 교육을 받을 수 있게 하는 것이 중요하다. 교육과 복지라는 차원에서 문화예술교육과 체험이 가지는 가치는 무엇보다 궁극적으로 문화 격차를 극복하고 갈등을 뛰어넘어 공동체의 통합을 이루어 내는 역할을 한다는 데에 큰 의미가 있다. 1975년 베네수엘라 카라카스의 차고(車庫) 연습장에서 출발하여 국가적 오케스트라교육 시스템으로 발전한 대표적인 문화예술교육 프로그램 '엘 시스테마'의 경우를 보면, 마약과 폭력 등 사회적 위험에 노출된 빈곤 청소년 35만 명을 대상으로 음악교육을 실시한 결과, 음악을 통해 자존감을 고취시키고 자기 절제력을 함양시켜 청소년층들의 사회 갈등을 해소하고 공동체 의식 제고에 뚜렷한 성과를 보인 바 있다. 문화예술을 계층과 지역에 관계없이 즐기고 배우게 함으로써 타인에 대한 관용과 상호이해가 가능하도록 개인을 변화시키고, 이것이 사회가 직면한 문제들을 해소하고 통합에 기여할 수 있음을 그대로 보여 주는 실례이다.

2010년의 '문화 향수 실태조사'에 따르면, 월 소득 100만 원 미만의 저소득층 문화예술 관람률이 2008년 19.3퍼센트포인트에 비해 5퍼센트포인트 이상 상승하긴 했지만, 관람 횟수를 보면 연 0.89회로 전 소득 계층 평균 4.18회와 비교해 약 4.5배 가까이 차이가 난다. 지역 불균형현상 역시 심각하다. 또 대도시 거주자들과 군 지역의 문화 향수 격차는 2008년의 21.7퍼센트에서 2010년에는 12퍼센트로 줄긴 했지만, 단순한 문화예술 향유의 횟수를 숫자로 나타나는 것 외에 질적인 비교를 해 보면, 대도시에 현격히 뒤떨어진 지역의 문화환경, 이로 인한 문화적 체험 기회의 부족 등 지역 간 문화 격차는 여전히 쉽게 좁혀지지 않고 있다.

실제로, 공공도서관이나 문예회관 등 전국 문화기반시설의 35.6퍼센트가 서울, 인천, 경기 등 수도권에 집중되어 있다. 사회 통합을 위해서 정부가 해야 할 일은 계층 간, 지역 간의 문화 체험 격차를 극복하기 위해 문화 혜택을 고루 받을 수 있도록 지원책을 늘리는 것이 필요하다. 또 문화자본을 상대적으로 더 많이 가지고 있는 계층과 기업 등이 적극적으로 문화 소외계층을 위해 나눔의 실천을 할 수 있도록 환경을 조성하는 것이 필요하다.

문화를 통해 이뤄지는 공동선

대기업 등 경제 기득권층들의 기부를 통한 사회 공헌에서, 가장 중시해야 된다고 믿는 것은 바로 문화예술을 통한 기부다. 문화예술이 가지는 사회 통합적인 가치와 기능은 크다. '자본주의 4.0'이 계층 간의 격차를 줄이고 자본주의의 폐해에 직접적인 피해를 입고 있는 계층들을 함께 사회를 이끄는 힘으로 변화시키는 것이 목표라면, 문화예술만큼 그 역할을 잘 해낼 수 있는 영역이 없다. 문화를 통한 기업의 기부는 일회적인 소비재에 쓰이는 복지가 아니라, 선순환적인 복지, 즉 문화 수요자들에게 직접적인 예술을 향유하게 하면서도 공급자의 일자리를 창출해 내는 경제적 부가가치를 만들어 낼 수 있다. 국가가 국민에게 문화 향유의 기회를 주는 데 한계가 있지만, 이 역할을 대기업들이 나누어 가질 수 있는 것이다. 기부의 대상 계층들 역시 한번 먹고, 쓰고, 잊혀지는 것에 대한 지원이 아니라, 삶에 감동을 안겨 주고, 창조력과 상상력의 힘을 불어넣어 새로운 삶의 희망을 안겨 주는 문화예술의 혜택을 누리게 됨으로써 더욱 큰 가치를 지원받는 것이라 볼 수 있다.

게다가 기업의 투자와 공헌으로 이뤄진 문화예술 작품과 시설들 역시 금세 소멸되는 것이 아니라 여러 세대를 이어가며 대중들의 감수성을 고양시키는 역할을 한다. 문화예술을 통해서 오늘날의 자본주의 경제체제의 한계를 극복하고, 보수와 진보, 좌우로 갈등하는 이 사회를 통합시키며, 국민들이 공동으로 추구해야 할 공동체적인 선을 구축할 수 있는 것이다. 국회의원 시절이나 장관 시절 문화정책자로서 미술이나 음악, 혹은 예술 전반에 대해 기업의 사회적 책임을 강조하고, 이들의 문화예술 투자 및 기부문화 활성화를 위한 정책적 노력을 뒷받침하고자 했던 까닭이 여기에 있다.

그 중에서도 가장 노력을 기울였던 부분은 미술품을 통한 사회 공헌이다. 유명 미술작품은 일반인들은 엄두를 내기 힘든 고가의 물품으로, 주로 기업체와 소득 상위계층들이 구매할 수밖에 없다. 그런데 이들이 미술품을 구입해서 대중들에게 공개하지 않고 혼자서만 간직하고 있다면, 그것은 그저 어듬 속 창고에 있는 아주 비싼 재산에 지나지 않는다. 하지만 그들이 이런 작품들을 국민을 위해 공개한다면, 그것은 전 사회가 나눠 가지는 예술 공공재가 된다. 어느 쪽이 사회를 위해 나은 것인지는 물어볼 필요도 없다. 미국 로스앤젤레스에 있는 게티미술관은 세계에서도 손꼽히는 최고급의 미술품 소장목록을 자랑하는 미술관으로, 주변 경관과 조화를 이루는 아름다운 건축물로 지역 주민들과 전 세계 관광객의 사랑을 받고 있는 곳이다. 이 미술관은 미국 최고의 석유 재벌 폴 게티가 무려 7억 달러라는 거금을 기부해 유명 건축가 리처드 마이어스의 설계로 세운 것으로, 일류 소장품을 완전 무료로 공개하고 있다. 삼성그룹이 세운 리움미술관 역시 미술을 사랑하는 우리 애호가들에게 소중한 공간이 되고 있다. 이런 미술관들이 전국 곳곳에 생겨날 수 있도록 해야 한다. 기업들은 미술품을 구입하고, 대중들을 위해 이를 미술관이나 박물관을 통해 공개하고, 작가는 자신의 작품을 팔아 소득을 얻고, 향유자인 국민은 이것을 마음껏 감상할 수 있는 이런 흐름이 활발하게 이뤄져야 한다. 그러려면 이들이 적극적으로 미술품을 구입해서 사회를 위해 제대로 된 통로를 가지고 대중들과 나눌 수 있는 정책적 · 제도적 환경을 마련해 주어야 한다. 그것을 막는 법과 규제가 있다면, 그것을 풀어 주어야 되는 것이다. 이를테면, 미술품을 소장하고 있는 개인이나 기업이 자신의 소장품들을 당당히 공개하고 그것들을 사회에 기부하면 세액을 공제해 주는 제도가 정책적으로 마련돼야 한다.

먼저 미술품에 부과하려는 양도세는, 이들의 미술품 소장 내역을 공개하려는 움직임을 막게 되고, 현 미술시장을 고려해 볼 때 현재로서는 미루어지는 것이 바람직하다. 서화, 골동품 등 미술품에 대하여 양도세를 부과하는 세법개정안은 1990년 처음 법제화되었으나 미술계의 강력한 반발로 인하여 다섯 차례, 13년째 유보된 뒤 2004년 시행을 앞두고 있었다. 2003년 당시 나는 미술시장의 활성화를 위하여 미술품 양도소득세 폐지와 관련된 수정동의안을 제출했고, 이 법안은 국회 본회의를 통과하여 결국 미술품에 대한 양도세 부과는 폐지되었다. 당시 미술시장이 불황이어서 양도세를 부과할 경우 음성적 거래를 더 부추길 수 있어 근거 조항을 삭제한 것이다. 그러나 2008년 말 다시 2011년 1월 1일부터 시행하는 조건으로 미술품에 대한 양도소득세를 부과하는 세법개정안이 국회에서 통과되었다. 그대로 두면 2011년부터 미술품 양도소득세 부과가 시행될 처지에 놓였다. 결국 2010년 말 나를 포함한 27명의 국회의원이 양도세 부과 6년 유예안을 발의해서 최종적으로 2년 유예를 이끌어냈다.

유예기간 동안 미술작품 거래의 투명성 확보를 위한 정부 및 민간 차원의 대책이 마련되어야 하는데, 현재 화랑협회를 중심으로 미술작품 거래 투명화를 위한 거래방식 정착방안이 마련 중에 있다. 주거래 은행 및 등록통장제 도입, 표준계약서 및 표준미술품 보증서 도입, 작품 이력제도 도입 등이 논의 중이다. 이와는 별도로 정부에서는 미술작품 가격 지수 개발을 위한 연구를 준비 중에 있으며, 국립현대미술관 서울관 건립에 맞추어 미술작품 감정자료 데이터베이스(DB) 및 아카이브를 구축할 계획을 가지고 있다.

소득이 있는 곳에 과세가 있다는 경제 부처의 원칙은 옳다. 언젠가는 미술품에 대해서도 과세가 이루어지는 것이 맞다. 다만 시점과 방법이 문제다. 양도세 부과법은 미술품을 사치품 또는 특권 계층만의 향유물이라는 인식에 근거한다. 물론 기업이나 고위층의 권력형 비리사건에는 미술품이 종종 등장하긴 했다. 미술품이 대기업의 비자금 통로로 이용되며, 음성적인 통로로 거래되는 사치품이었던 것이 현실이기도 하였다. 그러나 우리는 미술시장이 처해 있는 현실을 보고 더 많은 거래가 이뤄져야 하는 환경을 먼저 만들어야 한다. 양도소득세를 부과하기 전인 1990년대 초와 양도소득세가 폐지된 2007년에 잠깐 활황을 맞았던 국내 미술시장은 2008년 세계적인 경제위기 이후 여지없이 불황으로 접어들어 활황기 때의 절반에도 이르지 못하는 거래를 하고 있다. 우리나라 미술품시장 규모는 2011년 현재 약 2000억 원 정도에 불과하다. 아직은 국가가 나서서라도 시장을 더 키워야 할 때이다.

이런 마당에 단순히 미술품 양도세를 부과하는 선진국과의 수치적인 비교로 20퍼센트의 양도세를 적용한다는 것은 무리가 있다. 지금까지는 미술품 거래가 갤러리 중심이었고, 개개인의 돈 출처가 불명확했다. 이제 옥션, 아트페어를 통해 거래되면서 투명해지고 있다. 그러나 아직 70퍼센트 이상은 과거 방식으로 거래되면서 가격과 소장자가 불명확해, 지금 양도세 과세는 성과를 거둘 수 없다. 미술작품을 우리처럼 투기나 사치품으로 보는 이런 관점에서는 기업들이나 미술품 수요층들이 위축되고, 이들을 통한 미술품 기부 역시 기대하기 어려운 것이다.

미국 등 선진국이 양도세 부과를 하는 반면, 우리와 경제 수준이 비슷한 싱가포르, 스위스, 홍콩, 뉴질랜드는 과세하지 않고 있다. 오히려 중국은 홍콩을 비롯해 경쟁력 있는 창구를 지속적으로 확장하고 아시아 미술시장의 주도권을 선점하려고 혈안이 되어 있다. 일례로, 베이징 천안문 광장 동북쪽에 위치한 '베이징 다산쯔 798 예술구'는 약 3만 평 규모로, 갤러리 200여 곳, 전문작업실 300여 곳, 기타 미술관과 디자인회사, 광고회사 등이 밀집해 있다. 1995년 중앙미술학원이 공장지대로 이전하면서 예술지구로 변환한 것으로, 중국정부는 이를 위해 2004년에 5억 위안(약 600억 원)의 예산을 배정하여 문화창의특구로 지정했다고 한다. 이른바 '다산쯔 효과'라는 말까지 생겨나면서 이로 인해 중국 미술시장이 세계적 수준으로 급상승했는데, 영국 미술시장연합(BAMF)에 따르면, 2010년 중국 미술시장의 거래 규모는 83억 달러로, 전 세계 거래의 23퍼센트를 차지했다고 한다. 이는 미국(34퍼센트)에 이어 세계에서 두번째로 큰 규모이고, 그 다음은 영국(22퍼센트)이 차지했다. 이처럼 세계 미술시장에서 최근 아시아의 비중이 급부상하고 있다.

이런 때라면 오히려 "우리나라 전역이 미술품 거래에서 모든 세금이 면제되는 것이 좋다"는 주장을 내놓았다. 전 지역이 안 된다면 미술특구를 지정해 그곳에서만이라도 미술품의 면세 거래가 가능하도록 해서, 아시아 미술시장의 중심축을 우리 쪽으로 가져와야 하는 것이다. 또한 상속세나 재산세를 미술품으로 대납하는 문제도 고려할 필요가 있다. 어차피 내야 하는 세금이라면 대중들에게 문화적인 혜택을 줄 수 있는 방향으로 전환시킬 수도 있다는 생각이다. 이렇게 하여 우리나라가 아시아 미술의 허브가 되면, 관광산업까지 발전할 수 있다. 양평지역에 추진되고 있는 남한강 예술특구는 이러한 구상에서 설립하고자 하는 것이다.

기업의 문화 지원, 메세나

흔히 '메세나'는 기업의 문화예술 지원활동을 말한다. 메세나 활동의 역사는 15-16세기까지 올라간다. 당시 이탈리아 피렌체 공화국의 부자 가문 메디치는 수많은 예술가를 후원함으로써 암흑의 중세시대를 접고 르네상스를 꽃피운 뚜렷한 메세나 활동의 발자취를 남겼다. 이 위대한 가문의 후원이 없었다면, 미켈란젤로, 갈릴레오, 마키아벨리, 다빈치 등 근세를 열어젖힌 르네상스 문화의 탄생은 불가능했을지도 모른다. 현대에 들어서도, 미국의 카네기 홀이나 록펠러 재단 등이 대표적 메세나 기업으로 꼽힌다. 이들 기업은 어떠한 반대급부를 바라지 않고, 조건 없이 문화예술을 지원함으로써 기업 이윤을 사회에 문화적으로 환원하는 전형적인 모습을 보이고 있다.

우리나라에서도 기업의 메세나 활동은 활발하다. 전국 초·중·고교를 찾아가는 「클래식 공연」, 소외지역 어린이를 대상으로 하는 「사랑과 희망의 콘서트」 등 다양한 활동을 펴고 있다. 그런가 하면, 대기업들도 나름대로 메세나 활동을 하고 있다. 포스코가 서울과 포항, 광양에 아트홀을 건립해 지역사회의 문화예술 저변 확대에 기여하고 있는가 하면, 삼성·엘지·금호아시아나 등도 다양한 공연장을 건립해 예술인들을 지원하고 있다. 최근 러시아 차이콥스키 콩쿠르를 휩쓴 우리 음악가들의 성공 뒤에는 금호그룹이라는 기업의 든든한 후원이 있었다. 한국인 입상자 다섯 명 중 서선영(여자 성악 1위), 손열음(피아노 2위), 조성진(피아노 3위), 이지혜(바이올린 3위) 등 4명이 「금호 영재 프로그램」 출신이다. 금호아시아나 문화재단이 클래식 유망신인 발굴 목적으로 시작한 프로그램인데, 숨은 영재를 찾아내고 그들의 실력을 키워 준 것이다. 지금까지 천여 명이 이 프로그램을 거쳐 갔다고 하니 놀랍다. 한 기업의 메세나 활동이 '클래식 한류'의 밑거름이 된 셈이다.

기업과 예술의 만남은 언제 보아도 아름답다. 우리 젊은이들이 세상을 마음껏 날 수 있게 기업의 문화예술 지원활동이 더욱 활기를 띠어야 한다. 한국메세나협의회는 2010년 한 해 동안 기업들의 문화예술 지원액이 2009년에 비해 10퍼센트 증가한 1735억 1000만 원에 달했다고 밝혔다. 이는 2007년 이후 경기침체로 하락세를 보이다가 삼 년 만에 반등한 것이다. 또 국내 매출액 상위 500대 기업과 한국메세나협의회 회원사 등 530개사를 대상으로 한 조사 결과, 지원 기업 수는 606개로, 전년의 420개에 비해 44.3퍼센트 늘었으나, 지원 건수는 1940건으로 전년의 2706건보다 28.3퍼센트 감소했다. 그러나 가업의 체감경기가 전반적으로 개선되면서, 문화예술 지원 금액과 참여 기업 수는 늘어난 것으로 보인다.

이 같은 훈풍이 지속적으로 불기 위해서는 「메세나 특별법」 제정 등의 노력이 시급하다. 프랑스는 기업이 메세나 활동으로 문화예술 분야에 기부를 하는 경우, 기부금액의 60퍼센트를 그대로 세액공제, 즉 그 기업이 내야 하는 세금을 깎아 준다. 그 제도가 도입되기 전 프랑스 기업의 문화예술 기부금액은 연간 5000억 원을 넘기기 어려웠지만, 그 제도가 시행된 이후에는 연간 1조 5000억 원이 되는 금액이 기업의 메세나 기부금이 되었다. 이것이 오늘날 프랑스가 문화대국이 될 수 있었던 이유다.

파리의 해군청 건물을 보수하는 데 들어간 1080억 원도 한 보험회사가 부담하게 되었고, 베르사유궁의 거울의 방을 보수하는 데 든

180억 원 역시 한 통신사가 기부하였다.

현재 국회에는 국회의원 53명이 서명한 「메세나 지원에 관한 법률」이 계류 중이다. 이 법 제정이 중요한 이유는, 기부금의 세액공제 범위가 확대되면서 300억 원 정도의 세수 감소가 예상되지만, 대신 문화예술에 대한 민간 지원은 연간 1000억 원이 늘어날 것으로 추산되기 때문이다. 이 법의 혜택은 비단 문화예술 분야에만 국한되지 않는다. 관광과 체육계에 대한 기부금에 대해서도 같은 비율로 세액공제를 하게 되어 있다. 뿐만 아니라, 기업이 직원의 복리후생 또는 교육 목적을 위해 지출을 하는 경우, 대기업은 10퍼센트, 중소기업은 20퍼센트까지 세액공제하도록 한다. 기업이 휴가비용으로 관광 바우처를 구입해 나누어 주면 20퍼센트까지 세액공제를 받게 되고, 내수는 그만큼 증가하게 되는 일거양득의 효과가 오게 된다. 현재 우리나라 문화예술 기부금에 대한 손비 인정 현황은, 지정기부금의 경우 소득금액의 10퍼센트 한도 내에서 지원액을 손금산입(비용처리)하는 방식이다. 이 기부금에는 광고선전비, 연구개발비까지 포함되기 때문에 기업으로서는 굳이 문화예술 분야에 지원할 필요성을 못 느낀다.

국가가 국민에게 문화 향유의 기회를 주는 데는 한계가 있다. 선진국에서 잘하는 게 기업의 메세나이다. 메세나법은 정말 필요한데, 국회에서 논의가 활발하게 진척이 안 되고 있는 상황이어서 안타깝다.

최근 주목을 받고 있는 '사회적 기업'에 대한 문화 분야의 활성화 역시 추진해야 할 것이다. 사회적 기업은 세계 대부분의 나라가 직면해 있는 양극화의 해법 중 하나로 주목받는다. 사회적 기업은 사회적 약자에게 필요한 서비스를 제공한다. 이윤을 좇는 기업과 다른 점이다. 그러면서도 정부보다 몸이 가볍고 날렵하다. 한마디로 효율적이다. 2004년 6월 창단한 '노리단'은 문화예술 분야의 첫 사회적 기업이자 대표적인 청년 사회적 기업이다. 노리단의 대표적 공연「에코 오케스트라」,「스프로킷 퍼포먼스」,「자전거악기 퍼레이드」등은 많은 사람들에게 이미 깊은 인상을 남겼다. 경제적 · 사회적 소외층들을 위한 문화 향수 및 환경문제 등에서도 관심을 기울이고 있는 이들 사회적 기업이 대기업들과 정부의 지원 속에서 자리잡을 수 있도록 하는 정책 역시 필요하다.

누구나 받을 수 있는 문화예술교육

2011년 5월 23일부터 일 주일 동안 문화체육관광부 주최로 진행된「2011 대한민국 문화예술교육주간」행사는 문화예술교육이 사회통합에 어떻게 기여할 수 있는가 하는 부분을 실감케 하는 행사였다. 이 행사는 2010년 107개국에서 참가한 유네스코 세계문화예술교육대회를 통해 발표된 '서울 어젠다'를 토대로 열린 문화예술교육축제다. '서울 어젠다'는 세계 각국 예술교육정책 수립의 기본 준거 틀로 제시된 예술교육 발전 목표 선언이다. 예술교육의 접근성을 확대하고, 교육자와 예술가가 지역사회에서 양질의 예술교육 수준을 유지하는 것과 함께 오늘날 세계가 직면한 사회적 · 문화적 도전과제를 해결하는 데 기여할 수 있도록 예술교육의 원리와 실천을 적용한다는 것이 중요한 세 가지 목표로 선언되었다. 이 어젠다에 따라 27개국이 매년 5월 넷째 주를 세계문화예술교육주간으로 선포할 것을 제안했고, 2011년 서울에서 그 첫 행사가 열린 것이다.

문화예술교육주간은 1주일 동안 전국 16개 시 · 도에서 다양한 문화예술 워크숍, 문화난장, 거리축제 등 문화예술교육의 결과물을 나누는 축제의 장으로 펼쳐졌다.

개막일에 열린 「문화예술 명예교사 위촉식」은 나눔의 기쁨을 통해 문화예술교육의 국민적 공감대를 만들어 나가고자 하는, 한국을 대표하는 문화예술인들 100인이 한자리에 모인 뜻 깊은 행사였다. 문화체육관광부에서 공식적으로 위촉하는 명예교사사업은 문화예술교육의 국민적 공감대를 확산하기 위하여 2009년 17명의 예술인으로 시작했고, 해가 거듭할수록 많은 예술인들이 뜻을 함께하며 날로 그 규모를 더해 가고 있다. 문화예술 명예교사는 영화, 음악, 국악, 무용, 문학, 미술 · 공예, 만화, 건축, 디자인, 광고, 사진, 연극 · 뮤지컬, 전통문화, 대중문화 등을 망라한다. 2009년부터 활동해 온 정명훈, 조수미, 강수진, 김덕수, 강은일, 김영세, 문훈숙, 오경환, 남경주, 김대진, 백주영 님을 비롯하여, 2010년에는 이어령, 안애순, 김용택, 김훈, 김선두, 임옥상, 배병우, 조세현, 서혜경, 금난새, 서희태님 등이 활동해 왔다. 2011년에는 새롭게 손진책, 이상봉, 안상수, 한복려, 이영희, 최태지, 인순이, 권문성, 장윤규, 김창완 님 등이 뜻을 같이하여 전체 100명이 위촉되었다.

이날 새롭게 참여한 궁중음식 연구가 한복려 선생은 한복 · 건축 · 음악 등 다른 전통문화 전문가와 함께 궁중문화 오감체험을 다양한 이들에게 선사하겠다는 계획을 피력하였고, 가수 인순이 씨는 다문화 아동에게 노래를 가르치고 싶다 하였고, 가수 김창완 씨는 교도소 재소자를 위한 밴드 연주 등으로 재능을 나누고 싶다는 소감을 밝혔다. 역시 명예교사로 활동 중인 임옥상 화백의 디자인 기부로 만들어진 위촉장을 이들 명예교사에게 전달하며, "100명의 예술인들이 바쁜 일정에도 나눔의 뜻을 같이한 것은 자랑스럽고 고마운 일이 아닐 수 없다. 문화의 힘, 예술의 힘을 사회에 널리 알릴 수 있도록 노력하겠다"는 감사의 마음을 전했다. 위촉된 100명의 예술가는 한 해 동안 어린이, 청소년, 지역민, 군부대 장병에서 소년원 학교까지 다양한 이들을 만나 400회의 강연, 공연, 캠프, 해설 등의 재능 나눔 활동에 참여하며, 2만 5000명의 국민이 동참하였다. 2011년 5월에 〈베토벤 바이러스〉의 음악감독 서희태 씨가 파주 노인복지관에서 일산 문화초등학교 오케스트라를 지휘하는 「사랑의 바이러스 콘서트」, 목수이자 미술평론가인 김진송 씨의 상상력 특강, 화가 김선두 씨의 우리 그림교실 등이 열렸고, 6월에도 청각장애우를 대상으로 유진규 씨의 마임 멘토, 어린이와 함께하는 바이올리니스트 조윤범 씨의 파워 클래식, 어르신과 함께하는 무용가 김인희 씨의 무용 클래스, 작가 김중만 씨의 사진수업 등이 진행되는 등 7월 현재 113개 프로그램이 진행되었다. 최고의 위대한 예술인들이 문화 소외계층을 직접 만나 문화의 아름다운 힘을 보여 주며 하나가 되는 감동적인 교육의 장이 펼쳐진 것이다. 우리 아이들이 유명한 예술가들을 만나는 것은 그들의 미래를 향한 큰 꿈을 키우고 이를 이루게 하는 소중한 계기가 될 것으로 믿는다. 문훈숙 발레단장을 만난 소녀는 훗날 최고의 발레리나가 될 꿈을 키우고, 김중만 사진작가를 만나면 김중만 사진작가 이상의 사진작가가 될 수 있는 계기가 될 것이다.

개막식에 이어 진행된 컨퍼런스에서는 '사회적 기업'이 지역사회

문화예술교육주간 개막일에 열린 「문화예술 명예교사 위촉식」은
나눔의 기쁨을 통해 문화예술교육의 국민적 공감대를 만들어 나가고자 하는,
한국을 대표하는 문화예술인들 100인이 한자리에 모인 뜻깊은 행사였다.
(2011년 5월 23일 서울 구로구 구로아트밸리에서 열린
'2011 대한민국 문화예술교육주간' 개막식에 참석하여)

에 기반을 둔 시민 문화예술교육을 통해 커뮤니티를 어떻게 변화시킬 수 있는가의 사례를 직접 들을 수 있었다. 미국의 디지털미디어 예술교육기업 '베이캣(Baycat)'의 시이오(CEO)인 빌리 왕은 "알코올 중독 아버지와 매 맞는 어머니, 그리고 마약 밀매를 하던 오빠와 살면서 불우한 어린 시절을 보냈다"며 자신의 이야기를 들려준 뒤, '삶을 바꾸는 문화예술교육'의 중요성에 대해 강연했다. 그는 "샌프란시스코의 취약계층 청소년들에게 디지털 미디어 예술교육을 하는 '베이캣'을 설립해 예술교육의 기회를 제공했더니 이 아이들이 콜럼비아 영화학교에 장학금을 받고 들어가 자신의 삶을 스스로 영위해 갈 수 있게 됐다"는 사례를 발표했다. 일본인 오카베 도모히코는 노숙자가 많은 요코하마시 고토부키초를 거점으로 시작한 지역 재생 프로젝트에 대해 설명했다. 그는 "비어 있는 쪽방이 많은 숙박업소를 건축과 대학생들과 노숙자들이 함께 리모델링해 요코하마 호스텔 빌리지를 설립함으로써 지역경제를 살리는 데 성공했다"며 지역을 변화시키는 문화예술교육의 중요성을 알렸다. 미국의 '베이캣'을 비롯하여 프랑스의 '라 프리쉬', 영국의 '매직 미' 등은 이미 해외에서 유휴공간을 시민 문화예술교육 공간으로 개조하여 운영하며 수익을 창출하거나, 지역 청소년이나 실업자 등을 대상으로 한 문화예술교육으로 취업을 지원하는 등 사회적 기업의 활동이 이미 활발하다.

이날 개막식의 마지막 순서는 문화예술 분야 사회적 기업 '노리단'이 장식했다. '노리단'이 펼치는 「천 개의 소리, 에코뮤직 피에스타!」가 시작되자 현장의 열기는 극에 달했다. 흥겨운 '노리단'의 공연에, 젊은이들뿐 아니라 유명인사들과 지나가던 행인까지 합세

해 춤과 노래, 큰 박수와 웃음이 어우러지며 자연스럽게 노인과 젊은 학생이 하나가 되는 보기 드문 풍경이 펼쳐졌다.

문화체육관광부는 이 같은 내용을 바탕으로 교육주간의 폐막식에서 우리의 '문화예술교육 정책 비전'을 발표했다. 이 정책 비전의 목표는 첫째 문화예술교육이 사회 문제에 관심을 가지고, 예술을 통해 자신과 타인에 대한 이해와 정서적 고양을 통해 궁극적으로 사회 문제 해결과 사회 통합에 기여한다는 것이다. 또 교육정책 대상을 학생과 취약계층뿐 아니라 전 국민으로 확대하고, 지역사회와 학교 간의 파트너십, 예술재능 기부 활성화 같은 문화적 파트너십을 강화하고, 정부 부처간 협력을 활성화하는 것을 목표로 내세웠다. 이와 함께 예술단체, 기업, 사회적 기업, 대학 등의 민·관 파트너십과 국제사회와 연대를 강화하고, 문화예술교육의 성과와 사례를 지역과 국제사회로 확산하기로 했다.

찾아가는 공연에서 찾아오는 공연으로

2011년 5월 25일 서울 국립 해오름극장에는 경남 거창에서 버스를 타고 올라온 거창군민 80여 명을 비롯하여, 전국에서 모인 지역주민들이 수백 석의 객석을 가득 메우고 있었다. 국립창극단의 인기 창극 〈청〉을 보기 위해 아이들부터 노인들까지 할 것 없이 설레는 마음으로 앉아 있었다. 무대 위로 인사말을 하기 위해 오른 나는 "여러분, 국립극장에 처음 오신 분 있으시죠?" 하고 물었더니, 대부분의 사람들이 손을 들었다. 판소리 다섯 마당 중 가장 잘 알려진 「심청가」를 토대로 한 〈청〉이 막을 올리자, 안숙선 명창을 비롯한 국창

급 소리꾼 40여 명과 40인조 국악관현악단의 풍부한 선율이 16미터 회전무대가 연출하는 인당수 장면 등과 어우러져 국립극장을 처음 찾은 관객의 눈길을 사로잡았다. 관객들은 현대뮤지컬을 방불케 하는 대규모 창극의 매력 속으로 금세 빨려 들어가, 때로는 그 해학에 웃기도 하고, 처연한 심청의 노래에 숙연해지기도 했다. 장관 취임 이후 의욕적으로 추진한 「팔도 관객 프로젝트」가 성공적으로 시작되는 순간이었다.

「팔도 관객 프로젝트」는 서울 · 경기 등 수도권에 비해 상대적으로 열악한 문화 인프라를 가진 지방주민들의 문화 격차를 해소하기 위해 도입한 프로그램이다. 수도권과 지방의 문화적 차이는 상당히 크다. 물론 정부에서는 그 동안 꾸준히 문화 소외 지역주민들을 위한 문화 향유 기회를 늘리는 정책들을 펼쳐 왔다. 공연단체들이 지역 문예회관 등의 공연장을 찾아가서 직접 공연하는 경우가 많아졌으며, 국립무용단 · 국립창극단 · 국립국악관현악단 등 국립극장의 전속 단체도 연간 서른 차례 이상의 공연을 통해 지역주민을 직접 만나 왔다. 문화시설이 없는 소외지역과 경제적 · 문화적 취약계층을 직접 찾아가는 「소외계층 문화순회사업」은 지금까지 군부대, 교정시설, 농어촌, 도서 산간벽지 등으로 찾아가는 가족 콘서트를 열고, 우수한 공연 프로그램을 선정하여 지역민들에게 문화예술 체험의 기회를 넓혀 주는 「지방 문예회관 특별프로그램 지원」, 문화 소외계층에게 전시 관람과 교육 참여 기회를 제공하는 「사립 박물관 및 미술관 전시 지원」 프로그램들을 「문화 나눔사업」이라는 이름 아래 지속적으로 펼쳐 왔다. 마음만 먹으면 이런 프로그램들을 적극 활용함으로써 이제 지방에서도 많은 문화예술작품을 만나볼 수 있다.

하지만 기존의 지역주민을 '찾아가는' 방식에서 지역주민들이 '찾아오는' 프로그램을 늘려야 한다고 생각했다. 왜냐하면, 예술작품이라는 것이 어느 공간, 어느 환경에서 공연하고 감상하느냐에 따라 그 품질과 감동이 천양지차일 수 있기 때문이다. 내가 중학생 때 국립극장에서 연극 〈무녀도〉를 보고 충격을 받은 것은, 물론 처음 실제로 본 그 작품의 뛰어난 예술성과 처음 보는 텔레비전 배우 때문이기도 했겠지만, 그것 못지않게 그 국립극장 자체의 위용과 생전 처음 보는 제대로 된 예술 공연장이 자아내는 특유의 분위기 때문이었다. 때문에 '찾아가는' 공연 식으로 그 연극이 국립극장을 떠나 다른 데서 공연하면 완전히 다른 분위기의 다른 공연이 될 수밖에 없다. 관객들은 작품에 맞는 공연장에서 최고의 무대시설을 배경으로 한 공연을 보지 못하게 될 여지가 많다. 국립창극단의 〈청〉 역시 총 17회를 서울 이외의 지역에서 공연하였고, 실제로 전국의 공연장에서 국립창극단의 〈청〉을 초청하고 있지만, 〈청〉의 거대한 원형무대 및 여든 명에 달하는 출연진 등 공연의 규모를 소화할 수 있는 지방의 극장이 많지 않은 것이 사실이다. 그래서 지방 관객들을 위한 공연 프로젝트의 방식에 역발상을 도입하여, 어쩔 수 없는 지역에는 순회를 가되, 국립단체 공연은 가능하면 서울의 공간에서 하고, 한 차례 이상은 지방 주민들에게 할애하고 공연비를 지원하는 식으로 지방 관객을 서울로 '모셔오자'는 아이디어를 냈다. 이렇게 해서 탄생한 것이 「팔도 관객 프로젝트」다. 그 첫번째로 2011년 5월 15일 국립창극단의 인기 레퍼토리 〈청〉의 12회 공연 중 평일 4회 공연(오후 3시)에 지방주민들이 서울 국립극장에 와서 공연을 관람하고 돌아갈 수 있도록 하루 코스를 준비하였다. 웬만한 지방에서도 아침 먹고 출발하여 공연을 관람하고 귀가해도 무리가 없는 시간이다. 반응은 뜨거웠다. 네 번의 관람계획이 발표되자마자 지자체(여주군, 횡성군, 음성군, 김제군, 동해시, 부안군, 동두천시, 거창군, 김포시, 익산시, 논산시 등)와 문화 바우처 지역 주관처(부산문화재단, 충남문화재단, 인천문화재단, 한국문화복지협의회 등) 총 23지역 38개 단체에서 2000여 명의 지역민이 참가 신청을 해왔다. 평일 대낮 공연인 관계로 가정주부와 노년층 관객이 많았다. 우리가 예상치 못한 폭발적 반응이었다. 또한 지난 10월에는 국가 브랜드 공연 〈화선, 김홍도〉가 많은 지자체의 호응 속에서 성황리에 공연을 마쳤다.

제2부
문화는 외교다

외규장각 의궤 귀환 환영행사에는 〈선유락〉, 〈처용무〉 등 전통공연이 성대하게 열려
국민에게 우리 전통문화의 소중함을 알리는 계기도 되었다.
이날 고유제 헌관을 맡은 감회는 더욱 각별할 수밖에 없었다.
(2011년 6월 11일 경복궁에서 열린 외규장각 의궤 귀환 환영행사에 참가하여)

한류의 힘

2011년은 신한류(新韓流) 열풍과 평창 동계올림픽 유치 등으로 문화의 외교적 힘을 온 국민이 실감한 한 해였다. 문화는 정식외교가 이끌어 내기 힘든 민간외교의 역할을 한다. 한국 문화의 세계적 확산과 함께 올림픽 같은 세계적 행사의 유치는 한국의 언어, 문화, 음식 및 상품에 대한 관심을 확산시키고, 한국 상품의 인지도를 상승시킨다. 세계적으로 다양한 팬들이 한국의 새로운 고객이자 사업 파트너가 될 것이고, 이를 바탕으로 한국은 새로운 나라를 세울 수 있다.

케이팝(K-Pop)으로 촉발된 신한류 열풍은 대한민국 대중문화의 우수성을 전 세계에 전파시키는 계기가 되었다. 한류 콘텐츠는 외국인들의 한국에 대한 이미지 형성에 큰 영향을 미친다. 2008년 국가브랜드위원회가 한국의 대표 이미지를 조사했는데, 2위가 한식, 3위가 드라마, 8위가 영화, 9위가 연예인으로 꼽혔다. 이들에게 물은 한국의 대표 산업에서도 4위가 드라마, 5위가 한식, 8위가 영화, 11위와 12위로 온라인 게임과 애니메이션이 꼽혔다. 실제로 한류는 민간교류를 확대하고 한국 문화 전반에 대한 긍정적 관심을 환기시

킴으로써 한국 호감도 및 친밀도 증가에 기여한다.

한일협정이 이루어지고 한국과 일본의 국교가 정상화되고 나서 50여 년 동안 외교적인 노력에도 불구하고 두 나라의 관계가 늘 냉랭하고 좁힐 수 없는 간극이 있었는데, 그것을 하루아침에 무너뜨린 것이 배용준, 최지우의 〈겨울연가〉다. 일본 사람들이 한국을 좋아하는 나라로 지명하게 된 이유가 문화의 힘에 있다.

한류 콘텐츠 수출은 경제위기 이후 다소 둔화되었던 콘텐츠산업 전체의 수출을 회복세로 전환시켰다. 한류 콘텐츠 성장은 전후방 연관 산업 서비스, 제조업의 동반 성장을 유도한다. 한류와 직접 관련된 드라마, 음악 등 대중문화 콘텐츠뿐 아니라 전자, 자동차, 아이티(IT) 등 제조업의 브랜드 가치 상승에 기여하고, 관광객 유치에 한몫을 한다. 드라마 〈대장금〉의 영향으로 엘지(LG) 가전제품의 대만 내 시장 점유율은 1위이다. 『방콕 포스트』는 한류 영향으로 태국 소비자가 소니보다 삼성을 선호한다고 밝혔다. 드라마 〈아이리스〉 효과로 일본 아키타현 관광객이 34.4퍼센트 증가하고, 인천-아키타 노선이 확대됐다.

한류의 긍정적 영향은 이처럼 외교적·경제적 효과 외에도 음악이나 드라마, 그리고 한글과 한식 생활방식 등 무형의 문화자원을 전파하는 것에 훨씬 중요한 의미가 있다. 또 한류는 국민 통합의 기제로 국민적인 자부심을 불러일으킨다.

2011년 6월 아프리카 순방에서는, 현지 작은도서관 개관으로 사회시설보다 더 중요한 문화 원조의 힘을 실감했다. 경제적 외교, 정치적 외교보다 문화적 외교의 힘이 선진국가의 척도라고 할 만한 원조의 형태까지 새롭게 바꾸어 나갈 가능성을 보았다. 국가 브랜드

순위를 보면, 프랑스 1위, 일본 2위, 스웨덴 3위 등으로 경제적 순위와는 다른 양상을 보임을 알 수 있다. 한국은 아직 30위에 머물고 있다. 하지만 이처럼 민간외교의 역할을 해내고 있는 신한류와 평창 동계올림픽 유치, 문화 원조 등에 힘입어 대한민국의 국가 브랜드는 더욱 올라가게 될 것이다.

문화의 외교적 힘을 한층 더 끌어올리기 위해서 필요한 정부의 역할은 명확하다. 한류 열풍을 '지속 가능한 한류'로 만들고, 일방의 한류가 아닌 상호 교류의 문화외교로 격상시키고, 평창 동계올림픽을 성공적으로 치러 내서, 선진한국, 문화강국 한국의 위상을 높여야 한다. 케이팝 열풍과 평창 동계올림픽을 단순히 문화적 현상으로만 볼 것이 아니라, 선진한국을 알리는 기회로 삼고, 새로운 해외 네트워크를 구축하는 계기로 만들어야 한다

케이팝으로 촉발된 신한류 열풍

2011년 초부터 유럽을 시작으로 밀물처럼 터져 나온 신한류 관련 소식들은 우리 눈과 귀를 의심케 할 정도였다. 시발점은 5월 프랑스 루브르박물관 광장에서 케이팝 공연표를 사지 못한 프랑스 팬들이 시위를 벌인 일이었다. 최근 뉴욕, 로스앤젤레스, 런던, 아르헨티나, 시드니에서도 케이팝 공연을 요구하는 시위가 잇달아 벌어졌다. 런던문화원의 케이팝 나이트는 암표가 400유로로 판매되었다. 7월 23–24일에 열린 '소녀시대' 한국 공연에는 미국 팬 100명과 싱가포르 · 대만 등지의 팬 300여 명이 방한해서 관람했다. 「인천 한류 콘서트」, 「아시아 송 페스티벌」 등에도 외국의 팬 500여 명이 한국을 직접 찾았다. 40여 년 전 서울 시민회관(현 세종문화회관)에서 미국 가수 클리프 리처드의 공연 때 옷을 벗어던지며 미국 스타에 울부짖던 여대생들을 철없다고 질책하던 때와 비교하면 말 그대로 격세지감이다. 서양의 대중문화를 일방적으로 동경하고 모방하려 했던 시대를 지나 이제는 전 세계의 청소년들이 우리 노래와 춤을 따라 하고, 우리 스타들을 우상으로 삼고, 우리나라에 오고 싶어한다. 파리의 공연장 제니트의 수천 석을 꽉 채운 한류 팬들은 한국말로 쓴 피켓을 들고 한국어로 노래를 따라 부른다.

자존심 높기로는 세계 으뜸인 프랑스가 한국 대중문화에 열광하는 모습은 우리를 짜릿하게 만든다. 프랑스에서는 일찍이 1990년대 말부터 한국 영화 고정 팬이 생길 정도로 한국 대중문화에 관심이 많았다. 이런 사전 환경이 형성되었기에, 프랑스는 한류의 진원지가 되었다. 1990년대 말부터 한국 영화와 드라마 중심으로 유럽과 아시아 지역에서 한류 열풍이 시작됐다. 대중가요 역시 중국과 일본에서 큰 인기를 얻고 있었다. 이번의 신한류 바람이 더 발전적인 양상을 띠는 것은 지역적으로 확산됐기 때문이다. 유럽뿐 아니라, 동남아시아, 북남미까지, 이제 대한민국의 대중문화가 전 세계적으로 사랑받고 있음을 증명했다. 한류는 케이팝뿐만 아니다. 장르도 확산되어 드라마, 클래식까지 뻗어 나간다. 클래식 음악에서는 세계 3대 콩쿠르인 퀸 엘리자베스와 차이코프스키 콩쿠르에서 성악과 피아노 분야의 수상을 말 그대로 석권했다. 신경숙의 소설 『엄마를 부탁해』는 미국과 유럽에서 번역되어 베스트셀러에 올랐고, 유럽 화단에서의 젊은 화가들의 약진 모습이 전해지고, 오케스트라나 오페라에서도 한국 음악인들의 활약 소식이 잇따르고 있다. 한국 음식 역시 미국과 프랑스 등의 고급 음식점에서 인기를 얻고 있다. 프랑스 국영방송에서는 한국에 대한 110분짜리 다큐를 방영할 정도다.

이 같은 한류 열풍은 경제적인 성과로 직결됐다. 한국은행 국제수지 통계에 따르면, 2011년 1–5월 음향·영상 서비스로 벌어들인 외화는 1억 2400만 달러로, 지난해 같은 기간보다 32.1퍼센트 늘어났다. 5개월 동안의 기간에 음향·영상 서비스 수입이 1억 달러를 넘은 것은 통계가 나오기 시작한 1980년 이후 처음이다. 5월까지 수입이 이미 1억 달러를 넘은 상황에서 연말에 대형 콘서트나 공연이 몰려 있는 점을 고려하면, 2011년의 음향 · 영상 서비스 수입은 사상 최고치를 경신할 가능성이 크다.

드라마 〈동이〉는 중국, 대만, 인도네시아, 베트남, 헝가리 등 아시아와 유럽으로 수출되어 2010년에만 1000만 달러를 벌어들였다. 드라마 〈김수로〉도 싱가포르, 홍콩, 캄보디아에서 300만 달러를 벌었다. 최근 종영된 〈최고의 사랑〉 역시 동남아시아와 일본으로 수출되고 있고, 〈성균관 스캔들〉은 13개국에서 외화를 벌어들이고 있다.

게임 역시 중국의 게임 전문 포털 사이트인 '1713닷컴' 의 인기 순위 절반이 한국 게임일 정도이다. 한식 · 미용 · 한국어 등 한국 문화 전반에 대한 관심도 확산되고 있다. 베트남, 말레이시아, 몽골, 우즈벡 등에서는 한국어 능력시험 응시자가 증가하고 있다.

한류는 콘텐츠 수출뿐 아니라 일반 소비재 수출 증가에도 큰 영향력을 발휘하고 있다. 2005년 이후 5년 동안의 추이를 살펴본 결과, 중동과 아시아, 남미 국가 중 한류가 큰 영향력을 미치고 있는 나라에서 엄청난 수출 증가를 보이고 있다. 이라크는 무려 7716퍼센트로 70배 이상 증가했고, 페루 320퍼센트, 이란 234퍼센트, 우즈베키스탄 160퍼센트, 브라질 124퍼센트 등 폭발적으로 증가했다.

케이팝의 주요 성공 요인은 무엇보다 최고를 키워 내는 아이돌 육성 시스템에 있다 댄스, 가창력, 퍼포먼스 등 철저한 트레이닝 육성 시스템과 기획사의 축적된 현지화 전략이 먹힌 것이다. 또 신한류의 확산에는 소셜 미디어의 확산이 큰 역할을 했다. 유투브와 트위터, 페이스북 같은 것들이 부지런히 전 세계로 한국의 노래들을 실어 날랐고, 세계 청소년들이 한국 아이돌들의 노래와 춤을 이곳을 통해 자연스럽게 접하고 있다. 덕분에 신한류가 가능했다. 올드미디어가 아닌 뉴미디어를 통해서 새롭게 대중문화가 글로벌하게 소비되고 있다는 새로운 흐름을 읽을 수 있었다. 아이티(IT) 인프라가 세계 최고 수준인 우리나라로서는, 이런 새로운 구도를 적극 활용해 한국 문화의 새로운 전파방식과 마케팅, 그리고 수익 창출의 새 방식에 대한 아이디어를 얻어 내야 한다.

해외에서 실감한 문화외교의 위력

2011년 4월과 6월, 두 번의 출장길에서 한류의 현장과 문화외교를 점검할 수 있는 기회가 있었다. 4월에 주호주 한국문화원 개원식과 영국 스포츠 어코드 행사에 이어, 6월 주스페인 한국문화원 개원과 유럽 한류현장 점검, 아프리카 작은도서관 등의 문화 원조 상황 점검, 그리고 평창올림픽 유치활동을 위해 스페인 · 프랑스 · 벨기에 · 탄자니아 등 3대륙 8개국을 열흘 동안 다녀왔다. 순방기간 동안 한류의 위력과 달라진 대한민국의 위상과 문화외교의 위력을 실감했다.

프랑스 파리에서는 케이팝 붐을 일으키는 데 큰 공을 세운 현지의 팬 모임인 '코리안 커넥션'을 직접 만나 간담회를 가졌다. 파리 한국문화원에서 한국어 강좌를 듣다가 한국 대중문화에 빠져든 이들은 현지 추가 공연을 요구하는 루브르 광장 앞 시위 플래시 몹을 주도한 이들이다. 이들은 케이팝이나 한국 드라마를 즐기는 한류 팬들이 프랑스에 얼마나 될 것 같냐는 질문에 "이번 공연에 유료 객석 1만 4000석이 쉽게 매진된 것으로 보아서 아마 한 10만 명 이상이 되지 않을까 싶다"고 했다. 이들은 의외로 "우리는 케이팝 동호회가 아니다"라고 말했다 그들은 한국 가요만 즐기는 사람이 아니라 '한국 문화에 빠진 사람'이라는 것이다 한국에 가 본 사람이 이들 여덟 명 중 여섯 명이었다. 「뮤직뱅크」가 제일 보고 싶고, 빅뱅이 가장 보고 싶다고 했다. 이들은 한국의 대중문화의 매력에 대해서 "전통과 현대적인 것이 공존하고 있다는 느낌을 받는다"고 말했다. 이 역시 의외였다. 우리는 전통을 버리고 현대적인 것에만 집착한다고 스스로 생각해 왔다. 오히려 프랑스 같은 서양 국가들이 전통을 중시하고 잘 지켜 온다고 생각했다. 그러나 이들의 생각은 정반대였다. "프랑스가 잃어버린 장점이 한국에 있다. 지하철 경로석에서 노인에게 자리를 양보하고 사람 사는 정이 느껴지게 따뜻한 친절을 아끼지 않는 서비스 정신이 돋보인다"고 했다. 심지어 "한국 사람들이 사는 것처럼 살고, 생활방식을 따라 하는 것이 목표다"라고 말하는 사람도 있었다. 우리가 모르고 있는 우리 생활, 우리 문화의 아름다움을 외국인들의 눈을 통해서 확인할 수 있는 자리였다.

나는 즉석에서 전 세계에서 열리고 있는 각국의 케이팝 경연 우승자를 한국으로 초청해서 결승대회를 서울에서 개최하자고 제안했다. 한류 팬들의 한국 초청도 검토하도록 했다. 아이돌 그룹의 팬 클럽이 외국인에게는 닫혀 있어 폐쇄적이라는 느낌을 준다는 것이다. 이들이 한국 팬들과 자연스럽게 섞일 필요가 있었다.

역시 신한류 붐의 현장에서 직접 참석자들의 목소리를 들으니, 현실적으로 해결해야 할 문제들이 떠올랐다. 가장 시급한 것은 해외에서 인터넷을 통해서 적법하고 편안하게 우리 대중문화 콘텐츠들을 접할 수 있게 하는 것이었다. 한국 드라마나 가요 프로그램들을 보고 싶어도 손쉽게 구할 수 있는 길이 없어, 불법 다운로드를 받게

프랑스 파리에서 케이팝 붐을 일으키는 데 큰 공을 세운 현지의 팬 모임 '코리안 커넥션'을 직접 만나 간담회를 가졌다. 파리 한국문화원에서 한국어 강좌를 듣다가 한국 대중문화에 빠져든 이들은, 현지 케이팝 콘서트 추가 공연을 요구하는 루브르 광장 앞 시위 플래시 몹을 주도한 이들이기도 하다. (2011년 6월 2일 프랑스 파리 한국문화원에서 '코리안 커넥션' 회원들과 함께)

된다고 말했다. 유료 다운로드를 받을 수 있는 통합 웹 서비스가 절실했다. 자막 역시 우리가 미국 드라마를 볼 때처럼 손수 번역하는 수밖에 없어서, 번역에 대한 지원도 필요해 보였다. 각국별 해외 문화원에 다양한 세계 각국의 언어로 번역된 디브이디(DVD), 특히 영어 자막을 가진 콘텐츠들의 보급도 필요했다.

이들은 한목소리로 한국어 강좌를 늘리는 것이 한국 문화 이해의 가장 좋은 방법으로 꼽았다. '코리안 커넥션' 역시 한국문화원의 한국어 강좌를 통해서 만나고 자연스럽게 한국의 대중문화에 빠져들게 되었기 때문이다. 우리가 영어를 배울 때, 보다 쉽게 영어를 접하기 위해 팝송을 들었듯, 이들은 한국어 강좌를 듣다가 케이팝을 접하게 되었고, 케이팝에 매료되어 한류 팬이 된 것이다. 케이팝을 먼저 알게 된 사람들은 케이팝을 보다 잘 알기 위해 한국어 강좌에 몰리게 된 것이다. 지금 유럽에서 한국어 강좌를 들으려면 4개월 이상을 기다려야 한다. 유럽의 한국 문화원의 한국어 강좌를 들으려면 아침부터 줄을 서야 하고, 몇 달을 대기자 명단에 끼어 기다려야 할 정도로 한국어 강좌는 인기가 높다. 다양한 연령층이 한국어를 쉽게 배울 수 있는 방법과 프로그램 마련이 필요했다. 자연스럽게 한국의 대중문화를 접할 수 있도록 한국의 드라마나 케이팝을 통한 한국어 교재나 강좌 개발이 시급하다. 신한류의 영향으로 한국에 온 외국인들이 한국의 전통문화의 진정한 아름다움을 접하게 하기 위해 고택이나 종택을 체험할 수 있도록 적절한 프로그램을 짜서 적극적으로 알려야겠다는 생각도 들었다. 팬 클럽을 글로벌화시켜 유럽 각 지역 한류 팬들이 모여서 포럼을 열도록 하고, 한국의 아이돌이 한자리에 모여 벌이는 「드림 콘서트」에는 동남아 팬들을 초청하도록 했다.

클래식 한류도 실감했다. 2011년 6월 한·벨기에 수교 110주년을 맞아 벨기에의 한국대사관이 주최한 수교행사에 참석하였다. 한국대사관저에서 열린 오찬 자리에 퀸 엘리자베스 콩쿠르 성악 부문 우승자 홍혜란 씨와 대회 심사위원장, 현지 박물관장이 함께 참석했다. 퀸 엘리자베스 콩쿠르는 세계 3대 콩쿠르 중의 하나다. 심사위원장은 "한국이 어떻게 해서 여기까지 왔느냐"며 혀를 내둘렀다. 클래식 음악은 서양 음악이 분명한데, 퀸 엘리자베스 콩쿠르에서 작년에는 작곡 부문에서 대상을 받더니, 올해는 성악 부문에서 대상을 받고, 또 결선에 올라온 열두 명 중 여섯 명이 한국 사람이라며 어떤 시스템이 이렇게 만들었냐는 것이다.

이어 세계 최고의 차이코프스키 음악 콩쿠르에서 우리나라가 피아노와 성악, 바이올린 부문을 다시 한번 휩쓰는 일대 경사가 벌어지기도 했다.

문화 원조의 가능성을 보다

2011년 6월 6일, 아프리카 탄자니아 다레살람의 한 초등학교에서 열리는 '고맙습니다, 작은도서관(TYSL, Thank You Small Library)' 개관식에 참석했다. 잊을 수 없는 감동이었다. 3천여 명 되는 어린이들이 다 나와서 "감사합니다, 코리아"라는 한국말로 된 「코리아 찬가」를 불렀다. 개관식에는 탄자니아 대통령 부인과 교육부장관 등도 참석했다. 이 학교에 작은도서관을 3500만 원 들여서 리모델링해 준 것에 대한 답례였다. 서가를 만들고, 책상과 걸상을 만들어 주고, 책을 구입해 작은도서관을 만들어 준 것이 전부였다. '고맙습니다, 작은도서관'은 문화체육관광부가 유엔 산하 스텝(ST-EP) 재단(이사장 도영심)과 함께 펼치는 저개발국 지원사업으로, 2007년 아프리카 가나에 도서관 두 개를 시범적으로 조성하면서 시작됐다. 해외에 조성되는 '작은도서관' 사업은 정부, 방송사, 기업체 등이 지원한 기금으로 협력 수혜국이 제공한 기존 건물을 리모델링해서 서가, 도서자료, 컴퓨터 등을 설치, 제공하는 방식으로 진행된다. 문화체육관광부는 2010년까지 가나, 탄자니아, 모잠비크 등 세 나라에 5억 5000만 원을 들여 17개 관을 조성했으며, 2011년에도 5억 원을 지원해 15개 관을 새롭게 조성하고 있다. 도서관 조성 후에는 1년간 현지 관리인력 1명에 대한 인건비도 지원해 줄 예정이다.

탄자니아 대통령 부인은 청소년 문제 해결에 관심을 기울였다. 그 중 하나가 독서와 교육이었다. 탄자니아 대통령 접견에서도, 대통령은 초등학교 도서관과 책 지원에 대해 감사를 표하며, 어른을 위한 도서관과 중학생 과학실험실도 지어 줬으면 좋겠다고 희망했다. 현장에서 그에 동의하고, 그와 더불어 "도서관 짓는 것도 중요하지만 사서(司書) 교육이 더 중요하다"고 설명하고, 현지에서 사서교육을 받을 사람들을 한국에 보내 주면 사서교육을 지원하겠다는 계획을 밝혔다. 아프리카나 제삼세계 국가에서 장학생을 데려다가 키워 주면 미래의 큰 자산, 인적 자원이 될 것이다. 그들이 10년 뒤에 그 나라의 지도자가 될 경우, 거기서 얻는 가치는 이루 말할 수 없다. 작은도서관은 어린이들의 학습능력 향상을 돕는 등 관련 국가와 미래지향적 관계 설정에 중장기적으로 힘을 보태게 될 것이며, 이는 한국의 인지도와 국가 브랜드 향상에도 크게 기여할 것으로 믿는다. 앞으로 아프리카와 아시아는 물론, 중남미 지역까지 도서관 및 문화 지원사업을 확대해 나가야 할 것이다.

아프리카 탄자니아에서 느낀 점은 문화 원조의 힘이었다. 대한민국은 3년 전부터 원조를 받던 나라에서 원조를 주는 나라가 됐다. 그런데 그 원조의 내용이 다른 선진국처럼 사회 간접시설이나 체육관 같은 하드웨어를 원조하는 데에서 벗어나야 한다. 사실 우리는 아직 그 정도의 원조가 가능한 재정적 여유가 있는 것은 아니다. 대신 우리는 문화 원조로 더 큰 외교효과를 거둘 수 있는 가능성을 아프리카 도서관에서 보았다. 수백억을 들여서 체육관이나 도로를 건설

'고맙습니다, 작은도서관(TYSL, Thank Yoy Small Library)' 사업은
문화체육관광부가 유엔 산하 스텝(ST-EP)재단과 함께 펼치는 저개발국 지원사업으로,
2007년 아프리카 가나에 두 개의 도서관을 시범적으로 조성하면서 시작됐다.
(2011년 6월 6일 탄자니아 다레살람에 조성된 작은도서관
개관식에 참석하여 아이들과 함께)

한다고 해서, 차이나나 재팬 찬가를 부를 리 없다. 이것이 문화의 힘이다. 귀국 후 국무회의에서, 우리나라는 대한민국형 원조, 즉 문화와 교육을 중심으로 원조를 해야 한다는 의견을 제시했다.

지속 가능한 한류를 위해

호혜(互惠)의 한류

케이팝을 비롯한 신한류는 지금까지 대중문화산업을 이끌어 온 연예기획사 등 민간 부문에서 노력을 기울여 온 덕분이다. 이제 정부가 할 일은, 한류를 둘러싼 외부적 · 내부적 상황을 잘 살펴 민간의 역량이 부족한 부분을 지원하는 한편, 내부적으로 문화산업의 기초를 점검해 '지속 가능한 한류'를 위한 기초를 쌓아 나가는 일이다.

대외적으로는 한류의 힘이 닿지 않는 곳에 홍보 마케팅을 지원해 주고, 한국 문화에 대한 거부감을 갖지 않도록 자연스럽게 상호 교류방식으로 문화가 확산되도록 하는 것이다. 여기서 중요한 점은 정부가 앞장서서 문화를 일방적으로 강요하거나 간섭을 하지 않는 것이다. 지난 케이팝 파리 공연 이후 프랑스 『르몽드』지는 한국정부가 나서서 한류 확산에 앞장서고 있다며 한류에 대해 비판적인 시각을 던졌다. 최근 일본에서 나타난 반한류 시위 같은 것 역시 눈여겨 볼 필요가 있다. 일방적인 한류에 대한 반감으로 일본 대중연예인들이 공공연히 한류 채널들을 비판하고, 한류 스타 폄하 출판물들이 등장하고, 인터넷에서 반한류 감정을 퍼뜨리기도 한다. 중국은, 해외 드

문화는 물처럼 높은 곳에서 낮은 곳으로 흐르는 것이다. 반대 시위를 한다고 해서 감성적으로 이미 끌리는 한국 대중문화를 의식적으로 보지 않을 수는 없다. 그것이 문화의 힘이다. 정부는 원칙을 가지고, 일방적 교류가 아닌 상호 교류를 원칙으로 한국의 문화를 자연스럽게 세계 문화의 일부가 되도록 도와주어야 한다.
(2011년 3월 25일 국립 해오름극장에서 열린 「한국에서의 몽골의 해」 개막공연에 참석하여)

라마의 하루 방영시간 25퍼센트 제한, 황금시간대 방영 제한, 외화 수입 연 50편 제한 등 정책적으로 교역 불균형을 잡으려 하고 있다.

그러나 예민하게 반응할 필요는 없다. 문화는 물처럼 높은 곳에서 낮은 곳으로 흐르는 것이다. 반대 시위를 한다고 해서 감성적으로 이미 끌리는 한국 대중문화를 의식적으로 보지 않을 수는 없다. 그것이 문화의 힘이다. 정부는 원칙을 가지고, 일방적 교류가 아닌 상호 교류를 원칙으로 한국의 문화를 자연스럽게 세계 문화의 일부가 되도록 도와주어야 한다.

한국콘텐츠진흥원은 글로벌 신시장 개척을 위해 프랑스에서 해마다 열리는 「국제음악마켓(MIDEM)」이나 「국제 대중음악 페스티벌」, 가수들의 「외국 쇼 케이스」 등을 지원하고 있다. 이 밖에 유럽, 중동, 중남미 등 미개척 지역에서 한국 대중음악 공연을 개최하도록 지원할 예정이다. 또 해외 진출 집중통합 프로모션사업을 통해, 현지 문화 코드에 맞는 콘텐츠 개발로 한국 콘텐츠 해외진출 확대를 꾀하고 있으며, 아리랑 티브이 등 방송 채널 및 에스엔에스(SNS) 마케팅을 지원하고 있다.

재외 한국문화원에서는 각국별 케이팝 경진대회를 개최하고 있으며, 18개 문화원에서 케이팝 관련 사업, 이를테면 「케이팝 콘테스트」, 「케이팝 커버댄스」, 「케이팝 콘서트」, 「케이팝 가수 팬미팅」, 「케이팝 노래 강좌 운영」 등 다양한 프로그램을 펼치고 있다. 일본과 아르헨티나 등 15개 지역에서 열리는 콘테스트의 지역별 우승팀은 대륙별 본선을 거쳐 한국에 초청되어 12월 말 결선대회를 개최한다. 또 한 · 중 · 일 연계 아시아 뮤직 벨트를 구축해서, 기존의 도쿄 아시아 뮤직 마켓, 상하이 대중가요 페스티벌, 서울 아시아 송 페스티벌 등 각국별로 열리는 기존 행사를 통합하여 뮤직 마켓과 대형 음악 페스티벌이 합쳐진 형태로 세 나라에서 순회 개최하는 계획도 있다.

문화체육관광부는 일방적 한류 확산에 따른 부작용이 우려되는 아시아 지역을 대상으로 쌍방향 문화 교류를 통해 '긍정적 한류'를 형성하고자 문화동반자사업(Cultural Partnership Initiative)을 2005년부터 시작했다. 이 사업은 문화체육관광부와 한국문화관광연구원이 주관하는 것으로, 주로 개발도상국의 문화예술, 체육, 관광 분야의 젊은 인재들을 초청해 6개월간 국내 문화예술기관 등에서 연수할 기회를 제공한다. 2005-2006년 아시아 지역의 성과를 바탕으로 2007년부터 남미와 아프리카 지역, 2010년에는 동유럽까지 연수 초청의 범위를 확대했다. 그동안 70개국에서 모두 638명이 참가했다. 2011년에는 해외 29개국 73명의 문화예술 전문가를 대상으로 중국, 베트남, 몽골, 필리핀, 루마니아, 가나, 세네갈 등에서 선발된 젊은 인재들이 국립중앙박물관, 한국예술종합학교, 국립극장, 안동축제관광조직위원회, 한국저작권위원회, 체육과학연구원, 국기원 등에서 연수 프로그램에 참가하게 된다.

또 해외 문화원을 통해 브라질 최대 일간지『폴라 지 상파울루』, 아르헨티나 시사주간지『페르필』, 과테말라 방송사 '과테비전' 등 중남미 8개국 언론인 12명을 초청해 케이팝 등 한류 프로그램을 체험할 기회를 제공한다. 이들은 경복궁, 인사동, 국립중앙박물관 등을 둘러보고, 음악채널 엠넷(M Net)의 생방송 가요 차트 프로그램「엠카운트다운」을 관람하며 케이팝을 체험한다.

글로벌 경쟁력 강화

'지속 가능한 한류'를 위해서는 무엇보다 내부적으로 한류의 착실한 기반을 쌓는 노력을 하는 것이 정부가 해야 할 몫이다. 케이팝을 중심으로 한 한류현상은 반가운 일이기는 하지만, 자칫 이렇게 외부적으로 화려한 환영을 받는 일에 도취되면 우리 문화의 내실을 기하는 일에 소홀하기 쉽다. 오히려 이런 외부적 현상을 거울삼아 다시 한번 우리 문화의 문제점을 비춰보고, 꾸준히 역량을 발휘할 수 있도록 환경을 점검할 때인 것이다. 케이팝만 해도, 아이돌 그룹 위주의 가요가 대부분을 이루고 있어, 이것이 진정한 한국 가요를 대표한다고 볼 수는 없다. 그들이 현재 외국에서 뜨거운 사랑을 받는 일은 너무나 다행스런 일이지만, 지속적으로 한국의 음악이 사랑받고 존경받기 위해서는 다양한 장르의 음악이 소개되어야 하고, 그러기 위해서는 국내 가요계가 건강한 다양성을 가지면서 성장해야 하는 것이다. 한류 콘텐츠 역시 점차 다변화가 이뤄지고는 있으나 편중현상이 여전하다. 또 대중문화에 국한된 것이 아니라, 한국 문화의 다양한 장르와 전통문화에 대한 관심을 불러일으키도록 하는 것도 중요하다. 대중문화는 한국의 전통문화 및 다양한 문화를 토대로 해서 탄생한 것이기 때문이다. 한국 문화의 우수성을 그들이 자발적으로 인정하고 물이 흐르듯 자연스럽게 한국 문화가 그들의 몸속에 스며들게 해야 한다.

대중음악의 장르를 좀 더 다양화하고, 활발한 창작 기반과 여건을 조성하며, 문화산업 종사자들의 지적재산권을 지켜야 한다. 한국 문화의 시장이 세계로 진출하는 상황에서, 이것이 어떤 방식으로 지속적인 수익을 가져올 수 있을지를 기술적으로 연구하고 지원해서, 산업적으로 성장할 수 있는 틀을 마련할 필요가 있다.

'소녀시대'와 '슈퍼주니어' 등의 폭발적 인기를 일으키며 한류 확산에 큰 역할을 한 에스엠(SM) 엔터테인먼트 이수만 회장과의 면담에서는, 한류의 산업적 정착과 기반 마련에 대한 아이디어를 얻을 수 있었다. 2000년 2월 그룹 에이치오티(H.O.T)의 베이징 단독공연을 시작으로 2011년 6월 해외 케이팝 팬 1만 4000여 명을 대상으로 한 파리 공연까지 케이팝을 세계적으로 알리는 데 앞장서 온 이 회장은 "지금 케이팝에 열광하는 외국 학생들이 결국은 한국의 미래 고객이자 파트너가 될 것"이라며, 앞으로 케이팝을 비롯한 한국 문화가 시너지 효과를 낼 수 있는 방안을 고민하는 한편, 한류의 수익 모델을 위해서는 현실적인 마케팅 방안을 세우는 게 필요하다고 했다. 그가 말한 현실적인 마케팅 방안은 무료 음원 서비스 등 케이팝 유통의 새로운 플랫폼 도입이었다. 불법 다운로드를 무조건 막기만 할 것이 아니라 무료로 다운로드를 해 주고, 대신 광고를 붙이는 마케팅을 펼치면 유튜브에서 한국 뮤직비디오의 1억 클릭 돌파도 가능하다는 전망이었다.

이날 이 회장과 내가 한목소리로 강조한 것은, 이제 해외에서의 성공뿐 아니라 국내에서 대중음악 콘텐츠와 음악산업이 살아나야 하며, 그러기 위해서는 국내의 불법 다운로드로 인한 수익성 저해를 막고 디지털 음원시장이 개선되어야 한다는 것이었다. 또 한국 대중문화에 관심이 높은 외국 청소년들이 한국에 와서 공부할 수 있는 여건을 만들어 주고, 한국 드라마나 영화를 배울 수 있는 학교를 세워 새로운 네트워크를 만드는 기회로 삼는 것 역시 중요하다는 점에서도 같은 의견을 가지게 되었다.

이 같은 내용은 2011년 6월에 발표한 「대중문화 글로벌 경쟁력 강화 방안」에 포함되어 정책에 반영되었다. 서울 올림픽공원 내에 문을 연 국내 첫 대중음악 전문 공연장인 '올림픽 홀' 개관행사에서 발표된 이 방안은, 지속적인 한류를 위해 대표적인 한류 콘텐츠인 케이팝의 경쟁력을 확보하고, 우리 대중음악 및 대중문화 산업의 기반을 마련하기 위한 것이었다.

먼저 케이팝의 기반 마련을 위해서는 다양한 한국 대중음악의 발전이 필요하고, 이를 위해서는 자발적으로 대중음악의 다른 영역을 만들어가면서 음악산업의 신선한 공급처가 되고 있는 인디음악의 활성화가 필요하다. 인디음악 활성화를 위해서 이날 개관한 '올림픽 홀' 내 소극장인 뮤즈라이브에서 주 1회 정기 인디음악 공연과 인디음악 경연을 개최하고, 홍대 부근 인디 클럽에 대한 통합지원센터를 구축하며, 클럽 무대와 음향의 개보수 및 안전점검을 지원하고, 우수 클럽에 대한 공간 임대 지원정책 등을 추진할 계획이다. 이 같은 인디음악 지원책은 대국민 정책 보고회의 일환으로 홍대 앞 클럽에서 열린 인디음악인들과의 간담회에서 나온 제안 사항을 적극 반영한 내용이다.

글로벌 경쟁력 강화방안에는 예비 한류 스타 양성을 위한 '케이팝 아카데미'(가칭) 지원사업도 있다. 국내 대학 실용음악학과 등을 '케이팝 특성화 교육기관'으로 지정해 우수 인재를 발굴하고, 해외 지역은 국내 기획사와 협력해 '인재 양성 및 육성 시스템'을 마련하는 방안을 검토 중이다. 또 대중음악 발전에 기여한 원로 음악인 지원책으로 일 년에 두세 차례 「원로 음악인 순회공연」 및 「헌정 공연」

을 열고, 음원시장 수익 구조 개선을 위해 현황조사를 거쳐 대기업과 음악 제작사 등이 참여하는 '상생 협의체'를 운영하기로 했다. 케이팝의 해외 진출을 위해 중남미와 중동 등 새로운 시장에서는 현지 공연을 지원하고, 시장성이 입증된 아시아 시장에서는 「아시아 뮤직 어워드」 등을 개최하기로 했다.

문화체육관광부는 이날 한류 팬들이 우리나라 대중문화를 체험할 공간인 '한국문화 교류의 전당'(가칭) 설립을 추진하겠다고 밝혔다. 전당에는 '영상 상영관'과 '대중음악 박물관' 같은 체험시설, 대중문화 교육시설, 한류 관련 연구시설 등을 마련하고, 이를 올림픽홀 공연장, 한류 스타의 거리, 이스포츠(e-sports) 콤플렉스, 태권도 상설 공연장 등 주변 체험시설과 연계해 '한국 대중문화 체험 코스'로 브랜드화할 계획이다. 2015년까지 1조 원 규모로 조성할 '글로벌 펀드'를 통해 한류 콘텐츠 제작을 지원하고, 글로벌 시장 내 한류 콘텐츠 공급자와 수요자를 직접 연결해 주는 '한류 콘텐츠 온라인 장터'(가칭)를 구축하며, 해외 각지의 자생적 한류 팬에 대해 '한국문화 체험단'을 꾸리는 방안 등도 추진하기로 했다.

이날 글로벌 경쟁력 강화 방안이 발표된 대중음악 전문 공연장은 올림픽공원 내 체육시설인 올림픽 홀을 일 년여간 대중음악 전문 공연장으로 리모델링한 것으로, 대중음악만을 위한 공연장으로는 처음으로 문을 연 것이다. 복합문화공간으로 개조된 올림픽 홀은 지하 1층, 지상 2층의 연면적 1만 1826평방미터(3583평) 규모로, 고정 2452석과 스탠딩 700석을 갖춘 대공연장, 그리고 언더그라운드 및 인디밴드를 위한 240석 규모의 소공연장으로 구성됐다.

이 밖에 대중문화산업의 환경을 위한 제도 개선방안도 마련됐다.

연예계 공정거래 질서 확립을 위해 2011년 내로 대중문화예술기획업(연예기획업)에 등록제를 도입하여, 영세하고 자질이 부족한 연예기획사의 난립으로 인한 연예인과 지망생 등에 대한 사기 · 폭행 등 불법 사례 등을 막는 방안도 발표됐다. 인적 신뢰를 기반으로 하는 매니지먼트업의 특성을 고려해 일정 기간 종사 경력을 조건으로 자유업종인 연예기획업을 등록제로 전환하려는 것이다.

청소년 연예인의 기본권과 공정한 연예활동을 보장하기 위해 「대중문화예술산업법」 제정 및 「청소년보호법」 시행령과 방송 심의 관련 규정의 개정 등을 통해 성적 침해 예방을 위한 심의 강화, 신체적 · 정신적 건강과 학습권 보호 등에 적극적으로 나설 계획이다. 연예기획사와 실연자 사이의 표준전속 계약서가 실효성 있게 보급되도록 홍보와 지도활동을 강화하고, 방송사–제작사–스태프 사이의 불합리한 제작 관행을 개선할 수 있는 표준 계약서 권고안 제정도 추진하기로 했다.

2011년 5월에 서울 목동 방송회관 12층에 '대중문화예술인 지원센터'를 개소하여, 청소년 연예인과 원로 대중문화 예술인, 매니저와 트레이너 등에게 심리 상담과 법률 자문 등을 하고, 맞춤형 방문교육과 갈등 조정 프로그램 등을 운영하고 있다. 지원센터가 운영할 심리 상담 프로그램은 사생활 노출, 악성 댓글 등으로 인한 연예인들의 우울증이나 약물 중독 등에 대한 예방 · 치료를 위한 것이다. 또 연예인 준비생에 대한 전속 계약 컨설팅은 물론, 부실 기획사 등과 맺은 불공정 전속 계약이나 정산 분쟁에 대한 법률 자문 프로그램도 마련했으며, 연예인 연습생 대상 소양교육, 청소년 연예인 부모 대상 세미나, 연예인 매니저와 트레이너 등에 대한 교육 프로그램을 운영하고, 콘텐츠분쟁조정위원회와 연계한 저작권 분쟁 조정 등의 서비스도 제공하고 있다.

대중문화예술인의 위상 제고와 권익 보호 등을 위해 정부포상 확대, '명예의 전당' 설립, 예술인 복지제도 도입 지원, 대중문화예술인 지원센터 시범사업, 저작권 보호 강화, 임금 체불 신고센터 운영, 연예산업 정례 실태조사 등도 추진해야 한다.

해외문화홍보원 확대, 일원화 노력

한류의 확산과 문화강국 이미지 확산을 위해서는 해외문화홍보원의 역할이 절실히 필요하다. 문화원의 위상 제고 필요성은 우리나라에 있는 독일문화원이나 프랑스문화원이 하고 있는 문화원의 구심점 역할을 역으로 생각해 보면 쉽게 느낄 수 있다. 그 나라의 문화를 선망하고 호기심을 가진 현지인들에게 쉽게 접근할 수 있는 공간과 콘텐츠를 제공함으로써 자연스럽게 각국의 문화에 더 깊이 스며들 수 있게 하는 공간인 것이다. 2011년 유럽을 중심으로 한 신한류의 확산의 출발지 역시 재외 한국문화원이었다. 이곳 사람들은 외국에 대한 관심이 생기면 일단 해당국의 문화원을 찾아가는 것이 습관화되어 있기 때문이다. 프랑스 파리의 한국문화원은 한국어 강좌를 듣던 현지인들이 케이팝으로 관심을 옮기면서 루브르박물관 앞에서의 플래시 몹 같은 이벤트를 이끌며 한류의 불씨를 당긴 곳이다. 그러나 전 세계 구석구석에서 생겨나는 한류의 열기에 비하면 재외 한국문화원의 현실은 열악하다. 파리 현지에서 눈으로 확인한 프랑스 한국문화원은 아파트 건물 반지하층에 있어 밖에서 간판이

제대로 보이지 않으며, 이곳이 한국문화원인지 한눈에 알아보기도 힘들 정도다. 건물 안으로 들어가 보면, 머리 위로 지나가는 수도관에서 종종 물이 새 벽이나 천장으로 스며나올 정도다. 건물만 그런 것이 아니다. 한국에 대해서 자세히 알고 싶어도 체계적으로 한국 문화를 다양하게 현지어로 소개한 책자가 부족하고 한국 문화 홍보의 소프트웨어도 부실한 형편이다.

기존의 해외문화원은 1975년 일본 도쿄 한국문화원을 시작으로 2008년까지 12개 국가, 2011년 올해까지 24개소가 설치되었다. 2006년부터는 전통문화 · 문화산업 · 관광 · 콘텐츠 등의 경쟁력 확보, 그리고 효율적인 해외 진출 지원체제를 구축하기 위해 재외 한국문화원에 한국관광공사, 한국콘텐츠진흥원 등 문화관광 유관 기관의 해외 사무소를 동일 장소에 입주시켜 '문화예술+문화산업+관광' 등 복합 콘텐츠를 제공하는 신개념의 '코리아센터'로 확대, 개편하고 있다. 현재까지 코리아센터는 로스앤젤레스 · 베이징 · 상하이 · 도쿄 등 네 곳에서 운영되고 있는데, 한류의 지속적인 확산, 전통문화와 민족문화의 세계화, 한 스타일의 해외 진출, 온라인 정보 서비스 강화를 집중 추진함으로써 기존의 문화원 운영보다 한 단계 높은 문화관광 서비스를 제공하기 위해 노력하고 있다.

재외 한국문화원은 이번 정부 들어 국가 브랜드 이미지 제고를 위해 대폭적으로 확대되었고, 앞으로도 확대될 계획이다. 앞으로 한국문화원은 2012년 이후 36개소까지 늘릴 계획에 있다. 장관 취임 이후 뉴욕 및 파리 문화원을 코리아센터로 조속히 개편하고, 싱가포르 문화원의 경제성을 검토하도록 했다.

해외 문화원과 관련된 정책을 펴는 데 있어서 코리아센터에서 한 걸음 더 나아가 훨씬 더 복합적인 한국 문화의 다양성을 소개할 수 있는 일원화된 문화공간으로 운영해야 함을 강조하고 이를 위한 방안 마련에 주력했다. 의원 시절 해외 문화원을 돌아보면서 느꼈던 문제점은 한 건물 내에서 문화원, 관광공사, 콘텐츠진흥원, 영화진흥위원회가 제각각 전시회를 기획하고 따로따로 운영을 한다는 점이었다. 이는 부처 간, 부서 간 칸막이를 치고 비효율적인 운영을 벗어나지 못하고 있는 국내의 상황과 다름이 없었다. 정책 수요자의 입장보다는 정책 공급자의 입장과 편의만을 반영한 전형적인 모습이었다. 해외 문화홍보의 정책 고객은 그 나라 도시의 시민들이다. 이들의 입장에서 생각해 보면, 한 장소에서 대한민국 문화와 경제, 교육의 모든 것을 접할 수 있는 것이 가장 바람직하다는 것은 너무도 분명하다. 코리아센터 같은 복합문화시설로의 확대 개편에 더해서, 한국 전용극장, 전통음식점, 미용실, 한국어 강좌, 도서관, 음악감상실 등을 다 합친 공간을 마련하는 방향으로 넓히는 것이 수요자들이 바라는 바일 것이다. 심지어 교육과학기술부의 해외 교육 공간인 교육관과 재외 한국문화원을 합치는 것까지도 고려해 볼 수 있

재외 한국문화원 개설 현황 및 계획

연도	지역	계
1975-2008년	도쿄, 오사카, 베이징, 상하이, 베트남, 뉴욕, 로스앤젤레스, 아르헨티나, 프랑스, 영국, 독일, 러시아	12개
2009년	카자흐스탄, 워싱턴, 폴란드, 나이지리아	4개
2010-2011년	인도네시아, 필리핀, 호주, 스페인, 인도, 멕시코, 헝가리, 터키	8개
2012년 이후	태국, 브라질, 이탈리아, 벨기에, 남아공, 이집트, 이란, 싱가포르, 러시아, 홍콩, 캐나다, 아랍에미리트	12개

다. 한곳에서 한국 문화를 즐기고, 한국 음식을 먹고, 여러 가지 경험을 할 수 있게 하는 것이다. 칸막이를 걷어내고 실용적인 개념으로 접근한다면 불가능하지 않은 생각이다. 모든 해외 기관 사무실을 합치는 것이 효과를 극대화할 수 있다.

앞으로의 재외 한국문화원 확대와 문화 교류는 선진국 위주가 아니라 개발도상국 위주로 개설해야 하는 점을 강조했다. 문화는 높은 곳에서 낮은 곳으로 자연스럽게 흐른다. 우리 문화를 선망의 대상으로 여기는 국가에 적극적으로 우리 문화를 홍보하는 우리 문화원은 그곳 도시 문화의 중심지로 자리 잡을 수 있어 선진국에 문화원을 확대하는 것보다 훨씬 더 실효성이 있다. 2009년 카자흐스탄에 한국문화원이 개설될 당시 한국 사극 드라마의 인기에 힘입어 문화원 개원식을 국가적인 행사로 치를 정도였다. 2008년까지 일본 · 중국 · 미국 · 유럽 등에 한정되어 있던 한국문화원은 2009년부터 인도네시아 · 필리핀 · 태국 등 동남아시아, 멕시코 · 브라질 등 중남미, 남아공 · 이집트 등 아프리카 지역 등으로 확산됨으로써 높아진 한국 문화에 대한 현지의 관심을 반영할 수 있게 됐다.

하드웨어적인 일원화와 함께 추진해야 할 과제로 재외 한국문화원이 제공하는 문화 콘텐츠 역시 하나의 컨셉트로 구심력 있게 추진되어야 한다. 한국문화원은 그 동안 통일화된 통합 이미지 시아이(CI)가 제대로 되어 있지 않았고, 각국별로 문화원의 인테리어가 달랐고, 그곳에서 제공하는 한국어 강좌, 한국 문화 소개 책자 등도 제각각이었다. 장기간의 계획이 수립되지 않아 현지에서 한국 관련 행사가 열려도 임기응변식으로 그때그때 행사를 단편적으로 기획해서 내놓는 형편이었다. 한국문화원에 가면 그곳에서 느낄 수 있는 한국에 대한 통일된 이미지를 제공할 수 있어야 하는데, 전혀 그러지 못했다. 때문에 해외에 한국 콘텐츠를 통일감 있고 효율적으로 제시할 수 있는 방법을 내놓는 데 초점을 맞추었다.

이를 위해 우선 정책 고객인 현지인들이 한국을 어떻게 생각하는지, 어떤 것을 필요로 하는지 정확한 실태조사가 필요함을 역설하고, 문화원 이용자들을 상대로 꾸준히 설문조사하여 이를 데이터화할 계획을 세우도록 했다. 이를 바탕으로 나라별, 지역별로 컨셉트를 차별화한 콘텐츠를 내놓기 위함이다. 예를 들어, 베트남 문화원은 현지 결혼 이주 예정자들을 대상으로 하루 동안 생활 정착 정보를 제공하고 있는데, 이처럼 현지 수요를 반영해 동남아 소재 문화원에서 한국어 강좌 및 생활 정착에 필요한 특별 강좌를 여는 것이다. 또 우리 문화를 현지에 알리는 데는 그 나라 문화의 유력인사들과 정서적 유대를 강화하여, 그들이 자발적으로 한국 문화를 알리는 인적 네트워크를 만드는 것이 중요하다. 이를 위해 15개 문화원에 현지 문화인들을 중심으로 운영 자문위원회를 구성해서 총 379명의 문화인들이 한국 문화행사와 문화원 운영에 참여할 수 있게 했다.

수교행사나 국가 지도자들의 외국 순방 및 해외교류사업 같은 계기성 행사를 미리 파악해 문화원뿐만 아니라 다른 부처나 실·국, 유관 기관의 사업들과 유기적으로 연계해서 향후 2년간의 국제문화교류계획을 수립하여 시너지 효과를 낼 수 있도록 했다. 코리아센터의 기존 한계점을 극복하고 효율적 활용을 위해 전체적인 공간 디자인을 통일감 있게 개선하도록 하고, 신규 코리아센터의 경우, 다양한 민간시설이 입주할 수 있도록 사전 설계에 반영하도록 했다. 또한 문화원이 보유하고 있는 도서나 영상물 등의 콘텐츠가 현지 수

해외문화홍보원
Korean Culture and Information Service

하늘과 땅, 사람을 의미하는 한글 모음들(·, ㅡ, ㅣ)로 구성된 이 디자인은
한국문화의 창조성과 조화로움을 강조한 이미지로, 2011년 9월부터
재외 한국문화원들의 로고와 현판으로 사용되고 있다.(위)

"국가를 홍보하려면 낮은 자세로 많은 사람들이 쉽게 다가오도록 할 필요가 있습니다.
북한에 가면 판문점도 평화로운 지역이라고 설명하는 반면, 한국에서는 들어가기 전부터
긴장과 불안감을 조성해 외국인들한테 부정적 인상을 안겨 줍니다." 지신룽 신화통신
서울지국장의 말은 우리의 해외문화홍보 정책의 단면을 파헤친 날카로운 지적이었다.
(2011년 2월 23일 서울 중구 태평로 프레스센터에서 열린
「2011 해외문화홍보정책 대국민 업무 보고」에서. 아래)

요를 제대로 반영하지 못하고 있고, 자료의 업데이트가 이뤄지지 않고 있는 점을 개선하기 위해 '콘텐츠 뱅크 시스템' 을 구축하여 재외문화원별 도서 및 영상자료 현황을 조사하고, 출판 · 영상 등 유관기관과의 협의를 통해 2개월에 한 번씩 현지 요청을 받아 지원하도록 하고, 이후 3개월 이내에 자료에 대한 현지 반응조사를 통해 보완하도록 했다.

2011년 7월에는 지난 3월부터 국민 공모를 통해 모집하여 심사를 거친 재외 한국문화원 통합 이미지 시아이(CI) 및 현판 디자인이 확정되어 발표되었다. 하늘과 땅, 사람을 의미하는 한글 모음들(· , ㅡ, ㅣ)로 구성된 이 디자인은 한국 문화의 창조성과 조화로움을 강조한 이미지로, 9월부터 해외 문화원들의 로고와 현판에 일괄적으로 적용되어 바뀌었다. 앞으로도 현지의 작가들이 직접 한국을 방문해서 한국 문화에 대한 글을 현지어로 쓸 수 있도록 추진하고, 한국 문화와 관련된 소개 책자를 통일된 내용으로 정리해서 각국의 언어로 번역해서 보급할 계획이며, 한국의 노래와 대중문화 콘텐츠 등을 문화원 홈페이지에 소개하는 등 온라인을 활용한 문화홍보 역시 적극적으로 펼칠 계획이다.

세종학당(世宗學堂)을 거점으로

독일 문화원은 대 문호 괴테의 이름을 앞세운 '괴테 인스티튜트' 를, 중국은 '공자학당' 을 전 세계 각국에 가지고 있다. 이들은 자국의 언어를 세계인들에게 가르치고, 이를 통해 자국 문화를 전파하는 역할을 하고 있다. 우리나라에서도 이처럼 외국인들을 대상으로 한국어를 효과적으로 교육, 보급하고 한국어 교육의 접근성을 향상시키기 위해 해외의 한국어 강좌들을 '세종학당(世宗學堂, King Sejong Institute)'이라는 브랜드로 통합해 나가는 사업을 추진하고 있다. 외국어로 한국말을 배우고자 하는 이들을 대상으로 한국어와 한국 문화를 교육하는 전문기관 또는 프로그램이다.

2007년부터 세워진 세종학당은 미국과 캐나다, 러시아, 영국, 카자흐스탄, 터키, 필리핀, 인도, 중국, 몽골 등 31개국에 총 60개소가 있다. 2010년에 재외 문화원과 대학 등에 개설된 '세종학당'에서 한국어 강의를 들은 학생 수는 총 1만 5265명이었다. 문화체육관광부는 한국어세계화재단과 함께 2011년 9월부터 프랑스, 중국, 태국, 러시아, 베트남, 네팔, 방글라데시, 우즈베키스탄, 캄보디아 등 13개국 14곳에 한국어 교육기관인 세종학당을 추가 개설한다는 계획을 밝혔다. 특히 최근 케이팝 열풍으로 들썩였던 프랑스 지역 세종학당은 파리 근교에 있는 마른라발레 대학교 한불언어문화연구소에 문을 열게 된다. 프랑스 세종학당은 영화 · 드라마 · 음악 등 다양한 한국문화의 콘텐츠를 활용한 한국어 교육을 통해 한류 관심층을 적극적으로 수용하고, 수강생의 접근성을 고려해 파리 시내와 마른라발레 두 지역에서 동시에 한국어 수업을 진행할 계획이다. 베트남, 네팔, 방글라데시, 우즈베키스탄, 캄보디아 등 5개국에서는 국내 외국인 근로자들이 한국 입국 전에 미리 현지에서 한국어교육을 받을 수 있도록 특수형 세종학당이 시범 운영된다. 이어 2011년 상반기에 11개, 하반기에 14개를 늘린 데 이어 2012년에 30개를 늘려, 총 90개의 세종학당을 전 세계에 개설하는 것을 목표로 하고 있다. 한류 열풍에 이어 지구촌 곳곳에서 한국어를 배우려는 열기가 뜨겁다. 2011

년 프랑스 한국문화원의 한국어 강좌는 신청자가 200명 정원의 두 배를 넘었고, 영국문화원은 100명이 대기자 명단에 올라 있는 실정이다. 미국 로스앤젤레스 세종학당도 250여 명에 이르던 매학기 등록 인원이 올해 400명으로 늘어, 공연장과 전시실도 모자라 응접실까지 한국어 강의실로 활용하고 있다. 외국인의 한국어 능력 시험도 열기가 높아, 응시자 수가 2006년 28개국 73지역 3만 270명에서, 2010년 39개국 139지역 14만 9650명으로 대폭 증가했다. 이처럼 한국어에 대한 열기가 높은 데 반해, 해외 각 기관들의 한국어 교육강좌는 표준화된 교재나 강의방식 없이 임기응변식으로 인력과 교재를 꾸려 운영하는 식이었다. 문화체육관광부는 이처럼 세계 곳곳에서 한국어를 배우려는 수요가 늘어나는 것에 맞춰 2011년 9월부터 전 세계 세종학당에서 공통으로 활용할 수 있는 표준교재를 제작해 보급하기로 했다. 또 앞으로 예산을 추가로 확보해 멀티미디어 교육자료 개발 및 세종학당 교원양성과정 운영 확대에 나설 계획이다.

한국어의 해외 보급과 전파는 이제 시급한 과제가 되어 있으며, 따라서 세종학당이 매우 중요한 역할을 하기를 기대하고 있다. 다만 이 사업을 좀 더 효과적으로 이끌어 가기 위해서는, 해외의 친한(親韓) 인사들과의 협력체계를 구축하는 일이 중요하다. 외국의 일부 명문대학에는 이미 한국학과정이 개설되어 있다. 이들 대학에서 모두 한국어를 전문적으로 가르치고 있지는 않지만, 한국의 문화 · 예술 · 사상 · 종교 등에 깊은 관심을 갖고 연구가 진행되고 있다. 따라서 이들과 협력체제를 구축한다면, 한국을 배우기 위해 제일 먼저 필요한 한국어 교육은 자연히 따라오게 될 것이며, 한국에 관한 더 깊은 연구가 진행될 것이다.

평창 동계올림픽

"평창!" 2011년 7월 6일 자정, 자크 로게 아이오시(IOC) 위원장이 2018 평창 동계올림픽의 유치를 확정 발표하는 순간, 그 자리에 있던 우리 모두는 감격의 눈물을 흘렸다. 텔레비전을 통해 밤늦게 초조하게 그 광경을 지켜보던 강원도 주민들, 그리고 대한민국의 국민들 모두 같은 마음이었을 것이다. 40여 년 전 홍수환을 세계 챔피언으로 만들었고, 2010년 월드컵에서 한국 축구의 원정 16강 진출의 꿈을 이룬 남아공 더반은 다시 한번 우리에게 삼세번째의 행운을 가져다 주었다. 평창 동계올림픽은 우리에게 미래에 대한 확신을 던져 준다. 1988년 서울올림픽은 대한민국의 산업화와 민주화의 전환점이 되었고, 2002년 월드컵은 글로벌화의 계기가 되었다. 2018년 동계올림픽은 우리가 선진국가로 세계에 우뚝 서는 계기가 될 것이다. 두 번의 유치 실패와 팔 년의 기다림은 헛되지 않았다. 아니, 오히려 그런 기다림과 아픔이 있었기에 더 값진 결과였고, 더 성공적으로 그 눈물을 알찬 열매로 맺어야겠다는 의지를 다지게 된다. 평창 동계올림픽 유치의 성공은 우리나라의 국가 브랜드가 한 단계 더 높아지는 계기가 될 것이다.

2018 평창의 메시지

이전 두 번의 유치 과정에서 우리는 분단 국가임을 내세우고, 남북 간의 평화를 바탕으로 세계평화를 위해 유치가 필요하다는 내용으로 메시지를 구성했다. 유치위원회는 과거의 메시지에서 우리나라의 특수성은 강조되었지만, 그것이 전 세계 스포츠 이벤트인 올림픽을 반드시 유치해야 하는 이유에 대해서 글로벌한 보편성을 가지지는 못했음을 인정하고, 이를 극복하고자 했다.

이런 고민 끝에 정한 평창의 키워드는 '새로운 지평(New Horizons)'을 연다는 것이었다. 이것은 올림픽 무브먼트와 동계 스포츠의 세계에 새로운 성장과 잠재력을 제시한 것이다. 그 동안 쇼트트랙 강국인 우리나라는 스피드스케이팅에서도 메달을 딴 데 이어 겨울 올림픽의 꽃인 피겨스케이팅의 금메달리스트 김연아를 배출했다. 그 과정에서 우리는 조금씩 동계 스포츠의 지평을 넓히며 꿈을 이루었다. 이런 우리의 꿈을 겨울 올림픽 소외지역인 아시아와 아프리카, 중남미 등지로 확장함으로써, 이들과 함께 새 희망을 만들어 가는 것이 새로운 지평의 핵심이다. 그러니 평창 동계올림픽은 단순히 우리만의 올림픽이 아니다. 경쟁 국가인 프랑스 안시나 독일 뮌헨과는 달리, 평창은 동계 스포츠가 일상화되지 않은 새로운 시장의 6억 5천만 젊은층에게 동계 스포츠를 즐길 수 있는 계기를 마련하고, 새로운 시장에 겨울 스포츠의 씨앗을 뿌리는 역할을 하겠다는 점이 차별화된 메시지였다. 총 21회의 동계올림픽 중 아시아에서는 두 차례만, 그것도 1972년 삿포로, 1998년 나가노 등 일본에서만 열렸다. 새로운 시장을 위한 씨앗을 뿌리기 위해서는 향후 세계경제 중심지로 이동하고 있는 아시아 지역의 재정적 지원이 반드시 필요하고, 그런 계기를 마련하기 위해 장소는 한국의 평창이 되어야 한다는 것을 강조했다.

우리가 그동안의 실패에도 불구하고 꾸준히 10년 동안 진행해 온 '드라이브 더 드림(Drive the Dream)' 프로젝트는 가장 자랑스럽게 내놓을 메시지를 담고 있었다. 이를 통해 아시아, 아프리카, 중남미 각국의 청소년과 지도자들에게 겨울 스포츠 종목을 훈련시키는 프로그램을 만들어 왔다. 2004년 이래 48개국 947명이 참여해 생애 처음으로 동계 스포츠를 접했다. 우리나라 스스로가 그 기간 동안 김연아를 배출해 낸 것을 비롯하여 동계올림픽의 강대국으로 떠오르는 실적을 거두었고, 세계 각국에서 키운 선수들 중 12명이 그 나라 국가 대표가 되어 밴쿠버올림픽 등 국제대회에 출전시켜 이들을 키워 왔다. 이것이 스포츠를 통해 세계를 하나로 묶고, 사람들에게 영감을 제시하며, 그들의 생활을 증진시킨다는 아이오시(IOC)의 올림픽 정신이다. 우리는 십 년 동안 평창을 동계 스포츠 허브로 만들겠다는 약속을 실현하기 위해 노력해 왔다. 올림픽 정신에 충실한 실천을 펼쳐 왔던 것이다.

우리는 시설적인 장점도 부각시켰다. 평창은 아이오시 실사단이 현장 실사에서 확인했듯, 경기장간 이동을 최소화한 콤팩트한 경기장시설도 완벽하게 준비돼 있다. 선수의 90퍼센트가 경기장에 10분 내 이동이 가능하다. 서울까지 50분, 인천공항에서 평창까지 고속철도가 완성되면 68분대 이동이 가능해져서 세계적인 대도시 수준의 라이프 스타일, 엔터테인먼트, 쇼핑과 더불어 아름다운 산악도시 평창을 함께 즐길 수 있다는 점도 장점으로 부각시켰다.

무엇보다 우리가 가장 자랑스럽게 아이오시(IOC)에 내세웠던 것은 국민의 뜨거운 유치 열기다. 93퍼센트가 넘는 지지율을 비롯해서, 대통령부터 국민 한 명 한 명까지 올림픽을 향한 성원이 간절하다는 점 역시 평창이 내세운 핵심적인 경쟁력 중의 하나였다. 아이오시 위원들을 대상으로 한 프리젠테이션에서는 이 같은 평창의 메시지를 바탕으로 각 분야별로 나누어 우리의 의지를 피력하였다.

온 국민이 함께한 유치 성공

문화체육관광부 장관에 취임한 이튿날인 2011년 1월 28일, 카자흐스탄으로 날아갔다. 그곳에서 동계아시안게임이 열리고 있어, 자크 로게 아이오시 위원장을 비롯한 아이오시 위원들이 많이 참석하기에 그들을 만나러 간 것이다.

자크 로게와의 면담은 조양호 평창 동계올림픽 유치위원장과 박용성 케이오시(KOC) 회장의 안내를 받고 갔는데, 자크 로게 위원장이 젊은 장관이 새로 오셔서 한국 스포츠의 변화와 발전이 있을 것 같다며 덕담을 해 주었다. 한국이 예의를 중시하는 나라이고, 그 때문에 경력 위주로, 나이 드신 분들 위주로 스포츠 외교활동을 하는 것은 이해가 가나, 그건 한국식의 접근방식이라는 뉘앙스로 얘기하는 것을 듣고, 여러 가지 생각이 들었다. 앞으로 유치활동을 하는 데이 사람들 생각에 맞추어야겠다, 우리 입장에서가 아니라, 우리 문화대로 접근할 것이 아니라, 글로벌한 세계 각국의 사람들이 어떻게 볼 것인가, 아이오시 위원들이 어떻게 볼 것인가, 이런 관점에서 일을 추진해야겠다고 생각하게 되었다.

무엇보다 우리가 가장 자랑스럽게 아이오시(IOC)에 내세웠던 것은 국민의 뜨거운 유치 열기다. 93퍼센트가 넘는 지지율을 비롯해서, 대통령부터 국민 한 명 한 명에 이르기까지 올림픽을 향한 성원이 간절하다는 점 역시 평창이 내세운 핵심 경쟁력 중의 하나였다. (2011년 2월 14일 인천국제공항에서 아이오시 조사평가위원회 평창실사단을 맞이하며)

평창은 동계 스포츠가 일상화되지 않은 새로운 시장의 6억 5천만 젊은 층에게 동계 스포츠를 즐길 수 있는 계기를 마련하고, 새로운 시장에 겨울 스포츠의 씨앗을 뿌리는 역할을 하겠다는 점이 차별화된 메시지였다.
(2011년 2월 16일 평창 알펜시아홀에서 아이오시 조사평가위원회 평창실사단을 대상으로 한 프리젠테이션을 준비하며)

자크 로게 아이오시(IOC) 위원장을 만난 후 알 사바 아시아올림픽평의회(OCA) 회장도 만나게 되었다. 그는 사우디 아라비아의 경제부총리이자 왕족이었다.처음에는 서로에 대해서 큰 관심을 갖지 않고 있었고, 동계올림픽 유치 이야기만 할 것이라고 예상하고 있었다. 그러나 막상 만나니, 평창 유치에 관해서는 이야기도 꺼내지 않고, 스포츠 · 문화 · 예술에 대한 이야기만 하는 것이었다. 마음은 초조하였지만, 여유있게 식사를 하면서 다방면의 문화 · 예술 · 스포츠에 관한 이야기로 서로 통하면서 결국 친구같이 지내게 됐고, 그는 한국이 유치할 수 있도록 적극적으로 돕겠다고 하였다. 나는 "지금까지 동계올림픽을 유치한 것은 유럽 쪽으로, 서구 중심으로 이루어졌다. 지금까지 서구 이외의 지역에서 열린 것은 일본에서의 두 차례뿐이다. 동계 스포츠가 더 확산되고 넓게 새로운 지평을 열기 위해서는 이번 동계올림픽을 한국에서 여는 것이 마땅하다. 한국에서 열게 되는 것은 아시아에서 여는 것이고, 아시아에서 열게 되면 동계 스포츠의 지평을 넓히는 계기가 될 것이다. 그러니 아시아가 하나가 되어서 지지를 해 달라"는 부탁의 말을 하였고, 그는 기꺼이 그렇게 하겠다고 공개적으로 지지 선언을 하게 되었다.

이들과의 만남 후 현지에서 유치위원회 활동 점검을 위한 간담회를 조양호 유치위원장, 박용성 케이오시(KOC) 회장, 김진선 특보, 이연택 인천 아시안게임 조직위원장 등과 함께 가졌다. 여기서 우리는 특히 5월의 테크니컬 브리핑의 중요성에 대해 논의한 뒤, 신선하고 강력한 인상을 주는 발표자가 필요하며, 치밀하게 준비된 프리젠테이션이 필요하다는 데 의견을 모았다.

이에 앞서 4월 영국 런던에서 열린 스포츠 어코드는 스포츠계 최대의 국제회의 및 전시회로서, 아이오시(IOC) 집행위원회를 비롯하여 전 세계 주요 스포츠 조직위원회가 열렸다. 이곳에서 2018 동계올림픽 유치에 참가한 평창과 뮌헨, 안시 등 세 도시가 아이오시 위원들을 상대로 프리젠테이션을 가졌다. 문화체육관광부 장관인 나와 조양호 유치위원장, 나승연 대변인, 강광배 스포츠 디렉터, 문대성 아이오시 위원이 연설자로 나섰다. 나는 문화체육관광부 장관으로서 그 동안 펼쳐 왔던 '드라이브 더 드림' 에 대한 설명과 함께, 온 국민의 전폭적인 지지를 바탕으로 우리 정부가 올림픽정신의 구현을 위해 확실한 보증을 할 것임을 영어로 설명했다. 나승연 대변인은 유창한 영어로 아시아인 한국에서 올림픽이 열려야 하는 이유는 단지 아시아라는 새로운 시장을 열고자 함이 아니라 이곳의 청소년들이 새로운 꿈을 키워 나가기 위함임을 역설했다. 총 30여 분 동안 진행된 프리젠테이션 사이사이에는 서울의 대도시와 평창의 아름다운 자연을 함께 즐길 수 있는 입지적인 우수성을 담은 동영상과 함께, '드라이브 더 드림' 프로젝트를 통해 세계적인 선수로 성장할 수 있었던 김연아 선수의 간절한 바람을 담은 화면이 소개되었다.

2011년 5월 스위스 로잔에서 열린 후보도시 테크니컬 브리핑은 더반의 최종 총회를 앞두고 유치의 성패를 가름하는 긴장된 자리였다. 테크니컬 브리핑은 유치 후보도시들이 차례로 프리젠테이션을 한 뒤, 질문과 답변 및 각국 기자들과 회견하는 식으로 진행됐다. 이 테크니컬 브리핑에는 김연아 선수가 참여하게 되어 분위기가 상당히 고조되었다. 이에 앞서 독일에서는 카타리나 비트라는 전설적인 피겨 여왕이 참여하여 주위의 시선을 모았는데, 그녀는 굉장히 아름답고, 아이오시 위원들하고도 친하여 주도적으로 유치활동을 하고

스위스 로잔에서 열린 동계올림픽 후보 도시 테크니컬 브리핑의 주인공은 단연 김연아 선수였다. 영어로 진행된 김연아 선수의 프리젠테이션은 과감하고 이해하기 쉬웠다는 반응이었으며, 브리핑 종료 직후 10여 분간 진행된 인터뷰와 외신기자들의 질문도 그녀에게 집중됐다. (2011년 5월 18일 스위스 로잔에서 열린 동계올림픽 후보 도시 테크니컬 브리핑 후 박용성 케이오시 회장, 김연아 선수와 함께)

대통령께서 직접 프리젠테이션에 참가해 평창동계올림픽 유치가 우리 국가의
최우선 순위에 놓인 중대 과제임을 역설하니, 아이오시 위원들이 공감을 하게 되었고,
이것이 유치 성공에 큰 힘이 되었다.
(2011년 7월 5일 제123차 아이오시 총회 전 자크 로게 위원장과
한국 유치대표단의 만남의 자리에서)

있던 중이었다. 그러나 김연아 선수가 우리 발표자로 참여하자, 모든 카메라맨과 기자, 심지어 아이오시(IOC) 위원들까지 김연아 선수에게 집중적인 관심을 보여 독일 측을 당황케 하였다. 이날의 주인공은 단연 김연아 선수였다. 영어로 진행된 김연아 선수의 프리젠테이션은 과감하고 이해하기 쉬웠다는 반응이었으며, 브리핑 종료 직후 10여 분간 진행된 인터뷰와 외신기자들의 질문도 김 선수에게 집중됐다. 밴쿠버올림픽을 계기로 김연아 선수가 얼마나 세계적인 사랑을 받고 있는지 실감할 수 있는 자리였으며, 이것은 올림픽 유치전에서 판세를 우리 쪽으로 이끌어 오는 계기가 됐다.

올림픽 2연패의 전설적인 선수 카타리나 비트를 앞세운 독일은 가장 확실한 경쟁 상대인 우리나라를 의식한 듯, 독일이 동계 스포츠의 '뿌리' 임을 강조했고, 그 뿌리를 강화시키기 위해 뮌헨이 선정되어야 함을 강조했다. 또 기자회견에서는 한국이 "북한과 인접해 있어 개최에 영향을 주지 않겠냐"는 질문을 던져 평창을 견제하려는 모습이 역력했다. 나는 답변에 나서 "동계 스포츠의 뿌리는 이미 강화된 상황이며, 이제 많은 결실을 맺을 차례다. 아시아를 비롯한 동계 스포츠의 소외지역에서 많은 열매를 맺어야 뿌리도 강화될 것"이라는 말로 우리의 자신감을 표시했다. 북한과 관련된 이슈에 대해서도 외교통상부 장관이 "아이오시 위원들도 편안히 받아들이고 있는 상태이며, 아무도 문제를 제기하지 않는다"며 이미 남북문제는 철 지난 이슈임에 불과함을 강조했다.

그러자 독일은 또 뮌헨에는 박물관이나 미술관 같은 게 1500개가 있는데, 과연 평창에서는 무엇을 즐길 수 있느냐는 문제 제기를 하고 나섰다. 이에 우리는 '베스트 오브 코리아' 라는 프로젝트를 내놓았는데, 그것은 대한민국 최고의 30개 엔터테인먼트사, 30개 쇼핑센터, 30개 음식점을 묶어서 그것을 평창에서 운영한다는 것으로, 이로써 그 과정을 무사히 통과했다. 브리핑이 끝나자 아이오시(IOC) 위원들은 "8년 전, 4년 전과는 확실히 다르다. 평창이 엄청난 진전을 이뤘다"고 평가했고, 로이터 통신을 비롯한 외신들 역시 "평창이 선두주자"라고 일제히 보도했다.

하지만 마지막까지 방심할 수는 없었다. 브리핑이 끝나고 열린 대책회의에서, 마지막 더반 총회에서는 "보다 감성적인 접근이 필요하다"는 자체 분석이 내려졌다. 로잔이 기술적인 면을 꼼꼼하게 점검하는 자리였다면, 마지막 더반 총회에서는 마음을 움직일 수 있는 감성적인 요소가 더 중요한 역할을 한다는 것이 전문가들의 견해였다. 사소한 것들도 다시 점검했다. 가령 서포터즈들이 본부 주변에서 북과 꽹과리를 치면서 응원하는 게 아이오시 위원들에게는 부정적인 인상을 준다는 것, 대통령이 많은 수행원들을 거느리고 움직이는 것도 감점 요인이라고 판단했다.

실제로, 지난 하계올림픽 유치 과정에서 미국 시카고가 신청했다가 1차 심사에 떨어진 이유 중의 하나가 오바마 대통령 내외의 과도한 경호로 인해 아이오시 위원들이 불쾌해했고, 이것이 부정적으로 작용했다는 말도 있었다. 대통령 경호와 관계된 일이라 조심스럽게 경호실 경호 관계자들과 의논을 했더니, 그분들도 이해를 하고 대통령께 건의하여 내락을 받았다. 대통령께서는 기꺼이 세 사람 이상은 주변에 붙지 말라고 지시를 내렸다. 그 결과 아이오시 위원들로부터 한국이 많이 세련됐다는 평가를 받았다.

서포터즈 문제 해결도 쉽지는 않았다. 지난번 강원도민들이 유치

"평창!" 2011년 7월 6일 자정, 자크 로게 아이오시(IOC) 위원장이 2018년 동계올림픽 개최지로 평창을 확정하여 발표하는 순간, 그 자리에 있던 우리 모두는 감격의 눈물을 흘렸다. 텔레비전을 통해 밤늦게 초조하게 그 광경을 지켜보던 강원도 주민들, 그리고 대한민국의 국민들 모두 같은 마음이었을 것이다.
(2011년 7월 6일 남아공 더반에서 열린 제123차 아이오시 총회에서 평창 유치 확정 직후)

단을 응원하기 위해 개별적으로 과테말라로 500명 정도가 갔는데, 이번 더반에도 450여 명이 온다는 것이었다. 그래서 최문순 도지사에게, 이건 도움이 안 된다, 지난 번 과테말라 때 얘기를 들어 보니 이들이 우리 유치단을 응원하고 지원하겠다는 열정에 아침저녁으로 본부 호텔 앞에서 꽹과리 치고 북 치고 대한민국을 외치면서 시끄럽게 하여 매우 부정적으로 비쳤다고 한다, 그러니 이번에는 가능하면 안 오게 해 달라고 했다. 그러나 최문순 도지사는 자신이 직접 그런 말을 하기 어렵다고 난색을 표하였다. 그래서 할 수 없이 여행사에게 부탁을 하여 가능하면 더반에 늦게 오는 게 좋겠다, 되도록이면 투표 시점이 다 되어 막판에 오는 게 좋겠다, 발표하는 날에 우리가 하나로 뭉치고, 그곳에 대통령을 모시고 갈 테니 그렇게 하자고 하였다. 다행히 협조가 잘되어, 이후의 유치활동은 단계별로 시험을 본다는 입장에서 한 문제도 틀리지 않고 잘 푼 결과가 되었다.

드디어 2011년 7월, 남아공 더반으로 떠나기 앞서 유치 전망을 묻는 기자들에게 "낙관도 비관도 하지 않는다. 시험으로 치자면 지금껏 하나도 틀린 문제 없이 잘 풀어 왔다"고 답변하였다. 지금까지 진행된 상황을 보면 분명 좋은 전망을 자신해도 될 만하였지만, 우리측에서 언론을 상대로 우리가 유력하다는 식으로 이야기하는 것은 투표권을 쥐고 있는 아이오시(IOC) 위원들을 불쾌하게 만드는 일이었기 때문에 항상 조심스러울 수밖에 없었다. 우리는 강원도민과 국민들의 간절한 소망을 담은 채 더반으로 향했다.

마지막 더반에서는 이명박 대통령께서 정말 열심히 하셨다. 7월 6일 최종 프리젠테이션을 하고 나서 발표를 하게 되는데, 7월 2일 더반에 도착하여 아이오시 위원들을 일일이 면담하면서 적극적으로 유치활동을 하셨다. 대통령께서 직접 프리젠테이션에 참가해 평창 동계올림픽 유치가 우리 국가의 최우선순위에 놓인 중대 과제임을 역설하니, 아이오시(IOC) 위원들이 공감을 하게 되었고, 이것이 유치 성공에 큰 힘이 되었다.

한편, 더반 총회에서 우리가 내세운 깜짝 카드는 토비 도슨이었다. 한국에서 태어나 미국에 입양된 뒤 스키 선수로 성장해 미국 국가대표로 2006년 토리노 동계올림픽 프리스타일스키 남자 모글 경기에서 동메달을 따 낸 도슨은, 그가 품고 있는 드라마틱한 인생행로로 우리가 초점을 맞춘 '감동적인 프리젠테이션' 에 더할 나위 없이 딱 들어맞는 인물이었다. 그가 지난 2월에 한국을 찾았을 때 직접 만나서 그의 인생 이야기를 들은 적이 있다. 세 살 때 부산 자유시장에서 부모와 헤어진 뒤 미국 콜로라도 스키 강사 부부에게 입양됐고, 양부모의 헌신적인 뒷받침으로 국가대표가 돼 메달리스트가 된 뒤 생부를 찾아 한국을 찾아온 도슨의 이야기를 들으며 쏟아지는 눈물을 참을 수가 없었다. 손수건을 꺼내 눈물을 닦는 내 모습은, 도슨과 함께 온 미국 엔비시(NBC) 다큐멘터리 〈로스트 앤드 파운드(Lost and Found)〉 팀의 카메라에 담겨졌고, 이 다큐멘터리는 4월 미국 전역에 방송됐다.

도슨의 인생 스토리를 담은 프리젠테이션이 자아낸 감동은 기대 이상이었다. "저는 토비 도슨이라고 합니다. 제 한국 이름은 김봉석입니다. 한국에서 태어났지만, 저는 미국인입니다"로 시작한 그의 프리젠테이션은 두 가지 이름과 정체성 속에 살아왔던 자신의 이야기 속에 평창이 유치되어야 할 이유가 있음을 차근차근 설명했다. 그는 "내가 한국에 있던 시절엔 나 같은 사람에게 동계올림픽에 나가 경쟁할 수 있도록 지원해 줄 만한 기회가 없었습니다. 유럽과 미국에서 선수들이 당연하다고 여기는 그 기본적인 것들이 저의 모국인 한국에서는 존재하지 않았던 것입니다. 이번 유치가 중요한 이유가 바로 이런 것입니다. 제가 1981년 미국에서 얻은 기회를 한국의 미래 세대에게도 주고자 합니다. 동계 스포츠를 만날 기회조차 없는 수만 명의 어린이들에게 희망을 가지고 참여할 기회와 선수로서 뛰어난 실력을 발휘할 기회, 그리고 성공할 기회를 줄 수 있었으면 좋겠습니다." '평창 2018'과 '새로운 지평'의 무한한 가능성에 대해 더 이상의 설명이 필요가 없었다.

그리고 개표. 투표 전날 알사바 아시아올림픽평의회장이 약속한 대로 아시아 아이오시(IOC) 위원들을 모아놓고 지지 결의를 공개적으로 했다. 우리는 1차 투표에서 63표로 압승을 거두었다. 최소한 48표, 최대 61표를 예상했었다. 그것도 총 투표수가 98명에서 100명이라는 전제였다. 그러나 95명 투표에 63표를 얻었으니 최고치를 달성한 것이다.

이명박 대통령을 위시하여, 이건희 아이오시 위원, 조양호 유치위원장, 박용성 케이오시(KOC) 회장, 김진선 특임대사, 최문순 강원지사, 나승연 대변인, 몸살로 쓰러지기까지 한 김연아 선수, 그리고 유치위원회 직원을 포함한 모든 관계 직원들, 모두 한마음으로 고생했다. 무엇보다 하나로 똘똘 뭉쳐 식지 않는 열기를 보여 주었던 강원도 주민들과 대한민국 국민 모두의 승리였다.

평창 동계올림픽 유치활동이 성공적으로 끝나자, 이제 관심의 대상은 대구세계육상경기대회가 되었다. 그동안 모든 힘을 평창에 집중하다 보니 대구가 걱정되기 시작하였다. 지방인 대구에서 하는 국제적인 행사이고, 또 육상 스타가 없다 보니 국민적 관심을 끄는 데 애로점이 많았다. 평창 동계올림픽 유치 과정에 도움을 준 아이오시(IOC) 위원들한테 초청장을 보냈고, 이에 46명이나 되는 위원들이 참석을 하게 되어 그들을 위한 전야제 만찬을 문화체육관광부 장관 주최로 해야 하는데, 그들에게 감동을 주기 위해 어떻게 하는 것이 좋을까 고민이 되었다. 그래서 만찬 장소로 생각했던 것이 경주 양동마을이었으나, 100여 명의 인원이 들어갈 만찬장을 준비하기가 쉽지 않아 단념하였다.

대안으로 생각한 것이 대구 동화사였다. 동화사는 대표적인 전통 사찰일 뿐 아니라, 템플 스테이 행사를 체험한 외국 관광객들의 평가도 좋았기 때문에, 동화사 대웅전 앞 광장에 만찬장을 꾸며서 행사를 하게 되었다. 동화사 대불상전에서 대웅전까지 500여 미터 거리를 걸어 올라가야 하는데, 그 길에 연등터널을 만들고, 그 중간에 각국의 국기등을 만들어 두었다. 참가 위원들이 감동한 것은 물론이다. 대웅전 앞에 무대를 만들어 공연도 하고 사찰음식을 준비해서 만찬을 하는데, 불을 일시에 다 끄고 스님이 대북을 치면서 만찬이 시작됨을 알렸다. 만찬이 시작되자, 사찰음식에 대해서 그것이 어떤 재료를 갖고 만들었고, 건강에 어떻게 좋은지 그 스토리를 비디오로 만들어서 보여 주고 식사를 하였다. 아이오시 위원들은 보약을 먹듯이 신기해하며 감탄을 하였다. 옆 자리에 마침 독일의 유치위원장이었던 토마스 바흐 내외가 있었는데, 부인이 연신 "원더풀"을 외치며 모든 것에 대해 찬사를 아끼지 않았다. 밥 한 끼를 대접한다 해도, 음식 종류는 물론 장소가 어디이고, 어떤 음악이 있었

"세계육상선수권대회 사상 처음으로 최신식 선수촌을 개촌했습니다.
많은 분들이 각고의 노력을 기울인 만큼 성공적으로
대회를 치를 것이라 확신합니다."
(2011년 8월 20일 대구세계육상선수권대회 선수촌 개촌식에서. 위)

한국의 문화와 풍습을 세계화하고, 문화적 시너지 효과를 극대화하는
방안의 부족함에 대해 평소에 아쉬움을 느꼈다. 그래서 실제로
장관 재직 시 공식적인 오찬과 만찬 장소는 가장 한국적인 장소를 빌려
한식을 적극 활용하려는 노력을 기울였다.
(2011년 8월 25일 대구 동화사에서 열린 공식 환영만찬에서. 아래)

냐가 상당히 중요하다. 한국 문화와 풍습을 세계화하고, 문화적 시너지 효과를 극대화하는 방안의 부족함에 대해 평소에 아쉬움을 많이 느꼈고, 그래서 실제로 장관 재직 시 공식적인 오찬과 만찬 장소는 가장 한국적인 장소를 빌려 한식을 적극 활용하려는 노력을 기울였다.

평창 올림픽은 경제올림픽, 문화올림픽, 환경올림픽

남아공 더반에서의 환호를 뒤로하고 이제 성공적인 평창 동계올림픽의 개최를 위해 다시 출발할 때다. 올림픽 정신의 '새로운 지평'을 열고, 세계 인구의 60퍼센트를 차지하는 아시아에서 겨울 스포츠의 새로운 시장을 형성해 아시아의 허브가 되겠다는 목표를 가진 평창 동계올림픽을 성공으로 이끌기 위해서는 해야 할 일들이 많다.

문화체육관광부는 2011년 7월 중순, '2018 평창' 의 비전을 반영해 대회 지원 특별법 제정 및 조직위원회 구성, 문화올림픽을 위한 문화관광 콘텐츠 확보, 환경올림픽을 위한 효율적 친환경 인프라 구축, 흑자대회 달성 및 사후 활용도 제고를 통한 경제올림픽 실현, 동계 스포츠 저변 확대 및 경기력 향상을 위한 '드라이브 더 드림 II' 추진 등 성공적인 대회 개최를 위한 5대 전략을 발표했다.

평창 동계올림픽은 '경제올림픽', '문화올림픽', '환경올림픽' 을 목표로 한다. 역대 동계올림픽들은 대부분 적자였다. 개최지는 산간오지인데, 경기시설에 막대한 예산을 투입하기 때문이었다. 하지만 평창 동계올림픽은 '경제올림픽' 이 될 수 있다. 현 시점에서 평창은 오지이지만, 2017년이면 고속철 개통으로 서울에서 50분이면

주파할 수 있게 된다. 2천만 인구를 거느린 수도권이 배후도시가 되는 것이다. 시설을 관광자원으로 활용할 여지가 충분하다. 월드컵이나 올림픽 같은 메가 스포츠 이벤트가 열린 다음 해에는 외국인 관광객이 평균 50-60만 명 증가하는 효과가 있다. 강원도의 이점이라 할 수 있는 관광자원을 비롯한 지역 산업을 올림픽과 연계해서 평창이 올림픽 이후도 계속 겨울 스포츠의 아시아 허브 기능을 할 수 있도록 해야 할 것이다. 스포츠 시설에 더해, 지역적인 특색을 살린 관광자원을 개발해야 한다. 무엇보다 대회 시설 및 도로 등 인프라 완비가 가장 중요한 과제다. 원주 강릉 간 복선전철 등 사회간접자본(SOC)은 국책사업으로 차질 없이 추진 중이며, 또 대회를 위해 필요한 열세 곳 중 앞으로 건설해야 할 여섯 개 시설물에 대해서도 5000억 원을 중앙정부와 강원도가 함께 부담해서 투입할 계획이다. 경기장은 사후 관리 및 활용 방안까지 고려하고, 친환경 시설로 건립될 예정이다.

'문화올림픽' 달성을 목표로 각종 콘텐츠 발굴도 필요하다. 문화체육관광부에서는 태스크포스(T/F) 팀을 운영해 '관광 · 문화 콘텐츠 발굴 및 올림픽과의 연계방안' 등의 계획을 수립하고 진행상항을 점검한다. 2012년부터 2018년까지 매년 해외 거점 지역을 정해, 국가별로 한국의 전통 및 현대예술 등을 망라한 '한국문화예술 한마당'을 개최한다.

모든 신축 경기장에 대해 친환경 건물인증 시스템인 LEED(Leadership in Energy and Environmental Design) 인증을 획득하고, 신재생 에너지 사용을 확대해 온실가스 발생량을 획기적으로 줄이는 등 '환경올림픽' 실현을 위한 2018 평창 동계올림픽의 제안 역시 적극적으로 추진한다.

동계 스포츠 육성방안 '드라이브 더 드림 II' 도 본격 추진한다. 이는 동계 스포츠 저변 확대와 경기력 향상을 위해 2012년부터 2018년까지 약 5500억 원을 투자하여 '제2의 김연아' 를 발굴해 낼 계획이다. 동계올림픽 개최국으로서 설상, 썰매 종목 경기력 향상과 우수 선수 및 지도자 양성에도 힘써야 할 것이다.

제3부
문화는 경제다

문화예술은 단지 사람들의 정서를 순화시키고 정신을 고양하는
예술의 영역에 머무는 것이 아니라, 엄청난 수익과 부가가치를 낳는
상품이고 산업이다. 그리고 세계 각국이 이 산업에서
주도권을 가지기 위해 치열한 경쟁을 벌이고 있다.
(2011년 8월 18일 서울 영등포의 한 극장에서
국산 애니메이션 최고 흥행기록을 경신한 〈마당을 나온 암탉〉을
관람한 후 한 가족관객과 인사를 나누며)

문화산업의 사회적 가치

15년 전쯤 미국 영화 〈주라기 공원〉 한 편의 수익이 우리나라 자동차 소나타를 몇백만 대 수출한 것과 맞먹는다는 말에 많은 사람들이 충격을 받았던 기억이 있다. 오락거리의 하나로만 여겨 왔던 영화라는 콘텐츠가 파생시키는 경제적 부가가치를 통해 문화예술의 산업적인 가능성을 깨닫게 되는 계기였다. 소설 『해리포터』가 1997년 이후 10년간 벌어들인 총 매출액이 308조 원에 달하고, 영국 경제기여도는 연간 30억 파운드에 이른다. 〈반지의 제왕〉은 영국에는 저작권료, 미국에는 영화 판매 수입, 뉴질랜드에는 관광객 증대 효과를 가져다 줬다. 제작비 중 총 2억 5000만 달러가 뉴질랜드에 지출됐고, 2만여 명의 고용 창출효과를 낳았다. 영화 이후 외국 관광객 수가 연평균 5.6퍼센트 증가했다. 오늘날 이런 분석들은 더 이상 새롭지도, 신기하지도 않다. 문화예술이 단지 사람들의 정서를 순화시키고 정신을 고양하는 예술의 영역에 머무는 것이 아니라, 엄청난 수익과 부가가치를 낳는 상품이며 산업이라는 것, 그리고 세계 각국이 이 산업에서 주도권을 가지기 위해 치열한 경쟁을 벌이고 있다는 현실은 이제 누구나 알고 있기 때문이다. 출판이나 영화, 게임, 애니메이션, 음반과 같이 복제 가능한 콘텐츠시장의 무한한 가치 창출 가능성, 또 올림픽이나 세계적인 체육 이벤트 유치, 선수 개인의 금메달 획득 같은 일들이 낳는 경제적 효과, 그리고 관광시장의 성장 등은 이제 문화를 산업적인 시각에서 바라보는 것에서 떠나, 세계의 치열한 문화산업시장 개편에서 우리가 살아남아야 하는 전략적인 자세를 취해야 함을 절실히 요구하고 있다.

현재 세계의 콘텐츠산업시장은 성장일로를 거듭하며 급속도로 각국의 대표 산업으로 급부상하고 있다. 세계 콘텐츠시장 규모는 1조 3566 달러로, 자동차(1조 2000억 달러)나 아이티(IT, 8000억 달러) 시장 규모를 이미 앞질러, 연평균 5퍼센트 이상 성장하고 있는 고성장산업이다. 특히 차세대 분야인 스마트 영역은 앞으로 3년간 400퍼센트의 고성장이 전망되는 등 고성장 · 고부가가치 산업으로 주목받고 있다. 세계 관광시장 역시 1조 달러의 시장 규모에, 연평균 4.3퍼센트의 성장률을 보이고 있다. 특히 다른 나라보다 부존자원이나 제조업을 위한 환경이 열악한 우리나라는 창의력과 상상력, 그리고 문화적인 우수성으로 무한가치를 창출하는 이 두 분야의 산업에 전력을 기울여야 할 필요가 있다. 게다가 최근 불어닥친 한류 열풍은 문화를 통한 기존 제조업 상품의 브랜드 가치를 제고시키며, 경제적 가치를 확대할 수 있는 가능성을 보이고 있다. 영국 비비시(BBC) 방송은 "한류는 삼성을 대체할 국가 브랜드"로, 블룸버그 통신 역시 "한국의 실질적 파워 브랜드는 삼성 아닌 소녀시대"라며 이 같은 가능성을 높이 평가하고 있다.

국내 콘텐츠산업은 2009년 기준으로 매출 69조 원, 수출 26억 달러, 종사자 52만여 명으로, 2005년 이후 연평균 매출 4.5퍼센트, 수

"오늘 이 자리는 저희가 여러분께 정책을 소개하고 알리는 자리가 아닙니다.
현장에 계신 정책 고객 여러분의 이야기를 경청하는 자리입니다.
정부 정책을 욕하는 그 어떤 따끔한 질책도 달게 들을 준비가 되어 있습니다."
(2011년 2월 10일 서울 구로구 동우 애니메이션 사옥에서 열린
문화체육관광부 콘텐츠정책 대국민 업무 보고회에서)

출액 18.9퍼센트, 종사자 1.4퍼센트의 성장세를 지속했다(2010 콘텐츠산업 통계). 그러나 세계무대에서의 현실은 그리 녹록하지 않다. 콘텐츠시장의 한국 세계시장 점유율은 2.2퍼센트밖에 되지 않는다. 세계 8위라는 순위에 만족할 수 없는 미미한 숫자다. 한국 관광수입(97억 8200만 달러) 역시 세계 26위 수준에 머무르고 있다. 우리가 정신을 바짝 차리고 이 시장의 경쟁력에 대한 고민이 필요할 때인 것이다.

일자리 창출이 한국경제의 가장 큰 과제인 현실을 놓고 볼 때, 콘텐츠와 관광 분야는 고용 유발 효과면에서도 제조업보다 훨씬 높은 효용을 가지고 있음에 주목해야 한다. 제조업과 달리 콘텐츠 관광산업은 기계로 대체가 어려운 고용 유발계수가 높은 친고용산업으로 청년 일자리 창출에 크게 기여한다. 콘텐츠산업 부가가치 및 고용 유발 효과를 보면, 문화산업의 고용 유발계수는 타 산업의 두 배 가까이에 이른다. 투자 대비 고용 창출효과가 높다는 점은 높은 청년 실업률을 보이는 국내 상황을 고려할 때 주의 깊게 봐야 할 부분이다. 문화체육관광부 자료에 따르면, 10억 원을 투자했을 때의 고용유발 효과는, 제조업은 9.2명, 콘텐츠산업은 12.11명, 관광산업은 15.5명에 이른다. 콘텐츠산업 고용 증가율을 보면, 2000년에서 2007년 사이 4.38퍼센트를 기록하여, 전 산업 평균이 1.47퍼센트임을 감안할 때 제조업 0.59퍼센트와는 비교도 되지 않을 정도로 높다.

무엇보다 콘텐츠나 관광 등 문화산업의 일자리는 종사자의 80퍼센트 이상이 20-30대로, 젊은 층이 선호하는 일자리다. 2011년 취업 대상자 1000명을 대상으로 한 실태조사에서 나타났듯, 청년층이 가장 선호하고 유망하다고 생각하고 있는 분야는 문화콘텐츠, 관광산업 분야다. 문화콘텐츠산업 분야는 유망 직종에서 31.3퍼센트가 꼽아 1위로 나타났다. 청년층은 디지털 네이티브 세대로, 영화, 게임, 모바일, 콘텐츠, 여행산업 등 콘텐츠와 관광 분야 일자리를 선호한다. 대표적인 게임 개발업체인 엔씨소프트의 경우, 전 직원 1958명 중 20-30대가 97퍼센트를 차지하고 있어, 청년층들의 이 분야 직업 선호도를 알 수 있다. 각종 직업 전망에서도 모바일 프로그램 개발자, 게임 기획자, 문화디자인 매니저, 레크리에이션 진행자 등 문화관광 서비스 분야는 미래 유망직업으로 대두되고 있다.

실제 영화 한 편을 만들면, 여기에 평균 67명의 일자리가 생겨난다. 18개 홀의 골프장 한 곳을 개장하면 평균 200명이, 관광호텔 300실짜리 하나를 개관하면 300명, 예술 · 스포츠 강사 배치는 학교 100개당 200명 정도가 가능하다. 연간 영화를 150편 만들고, 골프장 10개소를 만들고, 호텔 10개를 짓고, 예술 · 스포츠 강사를 5000개 학교에 배치하면 2만 5050개의 신규 일자리 창출이 가능한 것이다.

한류가 폭발적으로 확산되고 있는 대외적인 상황 역시 콘텐츠 투자에 대한 필요성을 높인다. 한국콘텐츠진흥원의 분석 보고서에 따르면, 한류 확산과 경기 호조로 2011년 1분기 콘텐츠산업 매출이 20조 53억 원을 기록하여, 2010년 같은 기간보다 12.7퍼센트 증가했다. 또 같은 기간 국내 콘텐츠의 해외 수출은 9억 2915만 달러로, 2010년 같은 기간 대비 26.3퍼센트 증가했고, 종사자는 53만 9441명으로 1만 1963명(2.3퍼센트) 늘었다. 2010년 같은 기간과 비교할 때 가장 높은 증가율을 보인 분야는, 매출액 기준으로는 음악산업으로 33.7퍼센트 증가한 8,805억 원이었으며, 수출액 기준으로는 게임산업이 40.4퍼센트 증가한 5억 2982만 달러를 기록했다.

특히 콘텐츠 상장사들의 영업이익률은 17.8퍼센트로, 전체 상장사보다 2.7배 높은 것으로 조사됐다. 이 같은 대내외적 상황을 고려해 보면, 콘텐츠와 관광을 중심으로 한 문화산업이 차세대 동력산업으로 미래를 이끄는 젊은이들에게 희망을 주는 국가의 핵심 투자 대상이 되어야 함을 잘 알 수 있다.

콘텐츠산업의 현재와 미래

치열한 경쟁 속의 콘텐츠산업

최근 몇 년간 급속히 변화하고 있는 세계 정보통신·가전업계의 상황을 세 가지 키워드로 정리하자면, '스마트화-융복합화-글로벌화' 로 정리할 수 있다. 각종 기기에 인터넷이 결합된 스마트시대로 급속히 진입하면서, 기기·서비스·콘텐츠가 함께 발전해야 하는 개방형 생태계 모델로 콘텐츠산업의 패러다임이 변화하고 있다. 그리고, 기존의 미디어 매체와 첨단통신 매체 간의 서비스 구분이 어떻게 다른지 설명하기 힘든 융복합화의 방향으로 나아가고 있다. '엔 스크린(N Screen)' 이란 말로 표현되는 각종 스크린과 매체 간 융합은 시청각 서비스와 관련되는 모든 사업자가 동일한 시장에서 경쟁하는 시대의 도래를 의미한다. 방송을 예로 들면, 스마트티브이(Smart TV)로 방송에 뛰어든 삼성과 같은 기기 제조사, 아이피티브이(IP TV)를 방송 중인 통신사, 종편으로 방송에 뛰어들 신문사, 시제이(CJ)와 같은 콘텐츠사, 마지막으로 구글(Google)과 같은 포털까지 다양한 기업들이 동일한 시장에서 경쟁하고 있는 것이다. 그리고 이 경쟁은 초고속 인터넷을 통해 전 세계에서 진행 중이다.

국산 캐릭터산업이 발전하기 위한 가장 중요한 과제 중 하나가
판로 개척과 유통 촉진 부문이다. 국산 캐릭터 유통 전문매장의 확대를 통해
국내 캐릭터 산업이 비약적으로 발전하고 해외로도 뻗어 나가기를 기대한다.
(2011년 9월 6일 국산 캐릭터 유통 전문매장 1호점의 오픈행사에서)

이러한 경쟁의 중심에는 콘텐츠가 있다. 애플(Apple)의 성공 신화에는 기기의 성공보다 콘텐츠의 성공이 더 큰 요인이 되었다. 수십만 개의 응용 서비스 어플리케이션을 보유한 이들은 스마트폰과 태블릿피시(Tablet PC) 시대의 경쟁전선에 콘텐츠로 가장 앞서 나갔다. 기기나 서비스 기술이 상향 평준화가 되면, 결국 누가 많은 콘텐츠를 보유하고 있느냐에 소비자의 선택이 갈릴 것은 확실하다. 즉, 콘텐츠가 신규 시장을 개척하고 관련 산업의 동반 성장을 견인하게 되는 것이다.

최근 구글은 모토로라(Motorola) 인수 합병과 기기 서비스 콘텐츠의 결합으로, 전 세계의 콘텐츠산업 생태계가 무한 경쟁에 돌입했음을 선언했다. 콘텐츠산업은 차세대 성장 동력으로 고부가가치산업이자, 스마트시대 성패를 좌우하는 핵심 영역이다. 현재 스마트폰, 스마트패드 등 치열한 기기 산업 경쟁은 이제 곧 콘텐츠산업의 경쟁으로 이어질 것이다.

이런 상황 속에서, 뛰어난 제조 기술로 세계 휴대전화와 영상가전 시장을 주도해 온 우리 국내 업체의 취약성이 부각됐다. 스마트시대는 곧 콘텐츠의 시대, 문화의 시대다. 글로벌시장을 선도하고 지속적인 발전을 위해서는 콘텐츠 분야에 대한 집중적인 지원과 육성이 시급한 상황이다.

그러나 이 같은 치열한 세계 산업의 경쟁 상황 속에서 국내 콘텐츠산업계는 튼튼한 경쟁력을 가질 만큼 체력을 키우지 못한 상태다. 현장에서 겪는 가장 큰 어려움은 영세한 사업 규모와 자금 부족 문제이다. 2010년 9월에 문화체육관광부에서 실시한 '업계 애로 실태조사' 에서 전체의 70퍼센트가 자금 조달에 어려움이 있다고 응답했다. 콘텐츠산업계의 대부분 사업체들은 전체 12만여 개 관련 기업 가운데 매출 10억 원 미만이 81퍼센트를 차지할 정도로, 규모가 영세하고 1인 창조기업 등이 다수를 차지한다. 콘텐츠기업의 영세성으로 인해 양질의 국산 콘텐츠가 부족하여 외국산 콘텐츠에 대한 의존도가 심화되고, 기기제조업 등 관련 산업도 동반 침체할 수 있다. 콘텐츠업체에 대해서는 수익 전망이 확실하지 않다는 인식 때문에 금융권의 투자나 융자 역시 인색하다. 초기 투자의 필요가 높은 콘텐츠 분야의 업계에서는 기획이나 스토리 개발, 기술 개발 같은 연구개발(R&D) 성격의 과정이 가장 필요한 데도 불구하고, 이러한 부문에서는 투자를 엄두도 못내고 있는 형편이다. 콘텐츠 개발의 시작이 되는 스토리텔러, 창작자, 작가 들은 기초적인 생활을 유지하기도 힘든 수입에 생계문제로 허덕이고 있는 사람이 대부분이다. 디지털 및 글로벌 환경에 상응하는 인력, 시설, 창작 인프라 모두 열악한 현실이다. 스리디(3D)나 컴퓨터그래픽 영상 제작 등 첨단영상 제작 기술은 선진국과 비교해 볼 때 약 삼 년 이상의 기술 격차가 존재한다. 한류 열풍 등으로 가시적으로는 해외시장이 열리는 듯하지만, 아직 산업적인 수익을 올리는 구조로 발전하지는 못한 상태이다. 영화나 음악, 드라마, 출판 대부분이 협소한 내수시장 중심의 산업구조로, 글로벌화되어 가는 시장에 제대로 진출하지 못하고 있다.

이와 아울러 대기업과 중소기업 수준인 콘텐츠 제작업체 간의 균형 있는 성장 역시 절실한 과제다. 티브이 · 휴대폰 등 플랫폼 기기 제조와 방송사 · 이동통신사 등 네트워크 사업자는 대기업 중심으로, 중소 콘텐츠기업에 비하여 우월한 지위를 가지고 있다. 영상이나 방송, 음악 분야에서도 마찬가지 구도다. 이를 이용해 대기업이 불공정거래를 하는 경우가 있으며, 이는 중소 콘텐츠기업의 창의력을 약화시키고, 궁극적으로 중소기업은 물론, 관련 대기업도 경쟁력이 약화될 것이다. 콘텐츠 및 관련 산업이 한 단계 더 발전하기 위해서는 대기업과 중소기업 간에 일방적인 거래가 아닌 모두가 윈윈할 수 있는 동반 성장 생태계의 조성이 필요하다.

무엇보다 정부의 정책 관리자로서 뼈저리게 느낀 부분은, 콘텐츠산업의 가장 기본이라 해야 할 저작권 보호가 제대로 이루어지지 않아, 콘텐츠 제작자들이 마땅히 거둬들여야 할 수익을 제대로 받지 못하고 있다는 것이다. 인터넷 강국, 아이티 강국이라는 명성 뒤에는 불법 다운로드 최강국이라는 불명예와 함께 콘텐츠 제작자들의 권리와 수익기반 악화라는 악순환이 숨어 있는 것이다. 온라인시장이 오프라인시장을 빠르게 대체하고 있는 가운데, 디지털 · 네트워크 기술 발전에 의한 온라인상의 저작권 침해는 점점 더 심각해지고 있다. 불법 복제율이 다행히 2008년 이후 감소 추세로 돌아서긴 했지만, 아직도 41퍼센트에 달할 정도로 불법의 규모도 커지고 있다. 이런 과제를 해결하지 못한다면, 콘텐츠 제작업체들이 아무리 열심히 제작을 한다 하더라도 수익을 낼 수 없는 형편이며, 이는 스마트 환경으로 변해 가는 디지털 유통환경이 발전해 나가면서 더 악화될 수밖에 없다. 여기에 시대 변화에 따르지 못한 각종 규제나 법규들이 이들의 발목을 잡고 있는 상황이다.

선택과 집중, 동반 성장

콘텐츠산업을 둘러싼 이 같은 대내외적 환경을 놓고, 주무 부처 장관으로서 콘텐츠 재정 및 투자 확대를 위한 제도와 환경 개선을 최우선 과제로 삼았다. 또 이 산업의 경쟁력 확대를 위해서는 '선택과 집중'을 통해 경쟁력 있는 분야에 투자가 집중적으로 이루어질 수 있도록 하는 동시에, 콘텐츠산업의 예술적인 기반을 튼튼하게 하기 위해서 영상, 음악 분야의 다양성을 늘일 수 있는 독립영화나 인디음악에 대한 직접적인 투자가 이루어지도록 하는 '투 트랙 방식'의 지원을 원칙으로 삼았다. 산업적인 관점에서 키워야 할 것은 전폭적인 지원으로 경쟁력을 키우되, '예술'의 영역으로 보호해야 할 것은 예산의 직접 수혈로 다양성 있게 지켜 간다는 것이다. 대기업과 중소 콘텐츠업체 간의 공정한 거래와 동반 성장 역시 중요한 원칙이었다. 가장 중점을 둔 것은 불법 다운로드로 피해를 보고 있는 산업을 지켜 주기 위해 저작권 침해를 엄중히 막고 권리 보호를 위한 정책을 펼치는 것이었다.

장관 취임 이후 기회가 있을 때마다 이 콘텐츠산업에 대해 "60년대 말 철강산업, 70년대 자동차산업, 80년대 반도체산업, 90년대 아이티(IT)산업의 뒤를 잇는 확실한 국가적 의제(議題)로 하는 것이 필요"하고, 그러기 위해 "콘텐츠산업의 재정 투입 규모를 현재 전체 재정의 0.16퍼센트 수준에서 최소 1퍼센트 내외로 대폭 확충해야" 함을 강조했다. 영국 문화미디어스포츠부(DCMS)의 2009년 콘텐츠 진흥 예산은 6조 2000억 원으로, 우리나라 문화체육관광부 콘텐츠 예산의 15배에 이른다. 기기-방송통신, 서비스-콘텐츠가 거대한 하나의 생태계를 이루고 있는 산업적 흐름에 부응하여 글로벌 경쟁력을 갖추기 위해 정책적 측면에서도 문화체육관광부 차원의 접근에서 벗어나 모든 정부 부처가 융복합적 관점에서 대응해 나아가야 한다. 이제는 말로만 콘텐츠산업이 중요하다, 육성해야 한다고 할 것이 아니라, 범정부 차원에서 콘텐츠 주무 부처가 되어 국가적인 아젠다로 격상시켜 90년대의 아이티(IT) 신화를 콘텐츠에서 만들어 가야 하는 중요한 시점이다.

한편, 국내 콘텐츠기업의 영세한 자본력 및 시장을 확충하기 위해 2011년 총 1500억 원 규모의 콘텐츠 펀드를 조성할 계획을 발표하고, 660억 원 규모의 2차 모태 펀드 출자사업 시행계획을 내놓았다. 문화체육관광부는 예산 400억 원을 출자하고, 민간 및 해외 투자자와 연계해 1000억 원 규모의 글로벌 펀드를 조성하고, 이어 2년에 걸쳐 모두 2000억 원 규모의 글로벌 펀드를 만든다는 목표를 세웠다. 이 글로벌 펀드를 통해 해외 진출을 목적으로 국내 기업이 제작하는 글로벌 프로젝트 및 국내 기업이 제작에 참여하는 해외 프로젝트 등을 지원할 것이다. 아울러, 방송 드라마와 영화 등에 500억 원 규모의 문화 콘텐츠 펀드 결성도 지원하기로 하였다.

또 정책 펀드 운영 활성화와 신규사업 추진의 근거 마련을 위한 「문화산업진흥기본법」, 「중소기업창업지원법」 시행령, 「모태 펀드 출자조합 규약 규정」 등의 제도를 개선하기로 했다. 수익률 중심의 펀드 운영의 한계를 보완하기 위해서는 완성 보증에 민간 참여를 확대하고, 보증 장르에 공연 분야도 추가시키는 한편, 콘텐츠 공제조합 설립과 소액 투자 활성화 등 신규사업을 검토하는 등 투자 지원 방안을 다변화하기로 했다.

아울러 대기업이 중소 콘텐츠기업과 컨소시엄을 구성하여 콘텐츠를 개발하는 프로젝트를 대상으로 총 47억 원을 지원하는 '차세대 콘텐츠 분야 대중소기업 동반성장사업'을 2011년 처음으로 시행하고 있는데, 여기에 투입되는 2012년 국고 예산 증액과 함께 대기업의 출자 역시 확대하도록 추진 중이다. 이 사업에는 삼성전자, 엘지전자, 에스케이티(SKT), 시제이이앤엠(CJ E&M) 등 여섯 개 대기업 컨소시엄이 참여하여 현금 237억 원을 출자하였다. 총 사업비는 312억 원〔대기업 80퍼센트(248억 원), 국고 15퍼센트(47억 원), 중소기업 5퍼센트(17억 원/현물)〕으로, 전액 중소기업의 차세대 콘텐츠 개발에 투입된다. 현재 약 백 개 이상의 중소기업이 참여하여, 스마트 기기(티브이, 태블릿피시, 휴대폰) 기반의 스리디(3D), 가상현실, 스마트 러닝 등 차세대 콘텐츠 1200여 종이 개발될 것으로 예상된다. 2012년 10월까지 개발이 완료되며, 개발된 콘텐츠는 2013년부터 본격적으로 대기업이 보유한 자체 플랫폼 또는 대기업의 적극적인 마케팅 지원을 통해 해외시장에 서비스될 예정이다. 여기에 투자되는 2012년 국고 예산을 50억 원에서 100억 원으로 증액토록 추진했고, 대기업 역시 현재 237억 원에서 1000억 원을 출자하도록 유도할 계획이다. 동반성장사업은 중소 콘텐츠기업에 국고만 지원할 때와 비교하면 다섯 배 이상의 현금 지원 효과가 있다는 점에서 의미가 있다. 이 사업을 계기로 양질의 콘텐츠 개발이 확대됨은 물론, 콘텐츠 생태계 선순환 고리의 형성과 대·중소기업 협업의 새로운 비즈니스 모델 발굴로 국내 콘텐츠기업의 육성에 기여할 것으로 본다. 대기업 또한 양질의 콘텐츠를 기반으로 기기·서비스 분야에서의 글로벌 경쟁력 강화가 기대된다. 삼성·엘지 등 대기업은 기기 분야에서 세계적인 경쟁력을 가지고 있으나, 양질의 콘텐츠 수급이 절실한 상황이다. 대기업의 자본과 중소업체의 콘텐츠 개발 역량을 결합하면 대기업과 중소기업 모두가 성장할 수 있을 것이다.

이와 함께, 여러 관련 제도가 콘텐츠산업 발전에 걸림돌이 되지 않고 관련 산업 발전을 이끌 수 있도록 선제적으로 대응하는 것이 필요하다고 판단했다. 문화콘텐츠산업은 글로벌화, 융복합화, 스마트화 등으로 급변하고 있으나, 이에 대응한 제도 개선은 부진한 상황이다. 방송과 통신이 결합하는 오늘날, 컨텐츠산업의 융복합화에 따른 새로운 시대를 맞아 장관 취임 이후 대국민 업무 보고 및 자체 발굴 등을 통해 콘텐츠 · 저작권 · 미디어를 아우른 문화콘텐츠산업 분야에서 50여 개 정도의 제도 개선 과제를 발굴하여 개선작업을 추진했다. 가장 시급한 것은 시대 변화에 대응한 제도 개선이다. 스마트환경에 대응하여 저작권법상의 방송 · 출판 등의 정의를 정비하고, 초기 전자출판산업이 활성화될 수 있도록 전자책에 대한 도서정가제의 별도 적용기준을 마련하는 등 문화산업 환경 변화에 따른 제도 개선을 중점적으로 추진했다.

이에 앞서 2009년 통과된 방송법, 신문법, 인터넷멀티미디어방송사업법(IPTV법) 등 이른바 「미디어산업발전법」 개정안 역시 방송과 통신이 결합하는 융복합화시대에 걸맞은 제도를 만들기 위함이다. 논란과 진통 끝에 국회를 통과한 「미디어법」 개정안으로 네 곳의 언론사가 종합 편성 채널로 진출하게 됐다. 나는 처음부터 「미디어법」 개정에서 소유 지분에 제한을 두지 말 것을 주장해 왔다. 무한경쟁의 시대로 진입한 미디어산업에 자본의 칸막이, 지역의 칸막이 등 모든 칸막이를 허물어 버리자는 것이었다. 하지만 개정된 「미디어법」의 경우, 야당이나 시민단체의 주장을 받아들이다 보니, 획기적으로 변화한 뉴미디어시대에 발맞추어 우리 미디어산업을 활성화할 충분한 여건을 만들지 못하고 어중간한 형태로 통과되었다.

그래도 디지털시대에 맞는 디지털방송 환경을 위한 발판은 마련되었다고 생각한다.

「미디어법」 개정에 반대하는 이들은 대기업에 대한 특혜, 특정 신문의 방송 장악을 우려한다. 하지만, 개정된 「미디어법」에는 이런 우려에 대비하여 여러 장치가 마련되어 있다. 대기업은 특수 관계자를 포함하여 지상파방송사의 지분 10퍼센트, 종합편성 및 보도전문 사업자 지분의 30퍼센트로 소유가 제한되도록 했다. 더불어 신문의 경우, 2012년 말까지 지상파방송의 최다액 출자자 또는 실질적인 경영권 지배자가 될 수 없다. 또한 대기업의 편파적인 방송, 지나친 상업적인 방송에 대해서는 재허가, 재승인, 방송평가, 방송프로그램 심의 등의 사후규제 장치가 마련되어 있다.

지금과 같은 다매체환경에서는 콘텐츠의 품질이 경쟁력 강화의 핵심 요소이며, 단지 종합편성 방송이라는 이유로 시청자들이 이들 채널을 선택할 리는 없다. 기업 규모가 크다는 이유만으로 방송산업의 진입을 원천적으로 차단하는 것은 후진적인 규제방식이며, 자금력 있는 기업의 방송 진입을 원천적으로 차단한다면, 치열한 세계 미디어시장의 경쟁 속에서 국내 미디어기업들은 사실상 뒤쳐질 수밖에 없다.

창작공간이 마련되어야 한다

콘텐츠산업의 발전을 위해서는 무엇보다 창작과 기획 환경을 만들어 주는 것이 가장 중요하다. 콘텐츠의 핵심은 스토리와 디자인이며, 이는 창조력과 상상력을 가진 인재들이 자유롭게 아이디어를 발굴해 낼 수 있는 환경이 만들어져야 나올 수 있기 때문이다. 그러나 우리나라에서는 콘텐츠의 최종 유통물인 하드웨어나 관련 첨단기술 개발에 대해서는 중요성을 인식하고 투자나 지원이 그나마 이루어지고 있지만, 콘텐츠 제작의 첫걸음이라고 할 수 있는 창작이나 기획에 대한 인재 발굴이나 환경 개선에는 인식이 뒤떨어져 있는 모순이 존재한다. 영화나 애니메이션, 음악 어느 분야의 제작 인력들을 만나도 하나같이 "문화 분야의 창작 · 기획에도 연구개발(R&D) 개념이 적용되어 국가적인 투자가 이뤄져야 한다"고 하지만, 현실적인 인식으로는 아직 먼 이야기이다. 장관 임기 시절, 영화 · 뮤지컬 · 가요 · 애니메이션 등 다양한 분야의 제작 인력들을 직접 만나면서 이야기를 많이 들었다. 이들의 말에 따르면, 창작 인력들은 극소수의 스타 작가들을 제외하고는 생계를 유지하기 힘들 정도이고, 영화나 뮤지컬, 드라마 제작사들 역시 사무실 관리, 유지가 힘들 정도로 수익을 내기가 힘든 형편이라 한다. 미국 할리우드의 애니메이션사인 픽사(Pixar)의 스토리텔러는 1년 연봉이 900억 원 가까이 되는 엄청난 고소득자라고 한다. 이런 것과 비교해 본다면, 콘텐츠산업의 '기초'라 할 수 있는 스토리나 디자인 같은 창작환경 개선이 없고서는 콘텐츠산업이 선진국 수준으로 발전한다는 것은 무리라고 볼 수 있다. 이런 상황이 지속된다면, 국가적으로 콘텐츠산업을 위해 아무리 재정 지원을 하고 대기업들이 투자를 한다 해도 콘텐츠산업을 지탱할 뿌리가 허약해져 건강하고 지속적인 콘텐츠 개발이 이루어지기 힘들다.

콘텐츠산업의 균형 있는 발전을 위해서 산업적으로 글로벌 경쟁력이 있는 선두 주자들에게는 과감한 투자가 이루어져야 하지만, 한편으로는 '예술'로서 보호받아야 할 창작 분야를 보호하고 다양하게 발전시키는 투 트랙 방식의 접근이 필요하다. 영화로 치자면, 할리우드 영화에 맞설 수 있는 블록버스터 영화를 발굴함과 동시에 예술영화 · 독립영화를 통해 신선한 피가 산업에 수혈될 수 있게 지원해야 하고, 가요로 치자면, 한류 붐을 이끌고 있는 아이돌 위주의 대중가요뿐 아니라 홍대 앞에서 개성 있는 새로운 음악을 내고 있는 인디음악인들 역시 성장해야 하며, 드라마도 해외에 팔려 나가는 대작 시리즈 드라마가 존재하려면, 60분짜리 단막극을 통해서 새로운 실험들을 계속해 나갈 수 있는 환경이 되어야 하는 것이다. 한마디로 말하자면, '다양성'을 추구하는 것이 핵심이다.

2011년 3월에 독립영화 스태프 및 작가와의 간담회, 베를린 영화제에서 단편영화 부문을 수상한 박찬욱 감독과의 면담, 그리고 홍대 앞 클럽에서 인디밴드 및 클럽 운영자들과의 간담회를 통해 대중문화 콘텐츠의 다양성을 위해서 힘들게 일하고 있는 사람들을 직접 만나고 문화다양성에 대한 현실적인 방안들을 만들기 위해 노력했다.

이들의 공통된 의견은, 힘들게 음악과 영화를 만들어도 상영하고 공연할 시설이 태부족이라는 것이었다. 먼저 독립영화계의 의견을 적극 수용하여, 3월에 독립영화 전용관을, 4월에 다큐멘터리 전용극장을 개관하고, 영진위 시사실을 독립영화 무료 개봉관으로 공개하기로 했다. 또 전국의 지역 문예회관 중 열두 곳에 500만 원씩을 지원해 예술영화와 독립영화의 상영을 추진하기로 했다. 또 최근 몇 년간 다양성 영화에 대한 직접 지원이 줄었다는 점을 개선하기 위해 2011년 10편으로 예정된 개봉 지원금 대상을 15편(지원금 4억 8000만 원)으로 확대하고, 시네마테크 전용관인 서울 아트시네마 운영

〈뿌리깊은 나무〉는 한국 드라마 최초로 경복궁에서 로케이션이 진행되었다. 우리의 궁궐이 드라마 속에 담겨 한류 콘텐츠로 수출이 되고, 드라마의 배경, 장소 때문에 한국을 찾게 만드는 선순환 한류가 되도록 노력해야 한다.
(2011년 8월 9일 경복궁에서 〈뿌리깊은 나무〉의
주연배우인 한석규 씨와 함께. 위)

"좋은 드라마 콘텐츠가 우리의 문화수준을 높이고 있고, 더불어 세계 속에 한국을 잘 알리고 있습니다. 열악한 조건 속에서도 이만한 한류를 만들어 낸다는 것이 기적이라고 생각을 하고, 정말 감사하게 생각합니다."
(2011년 5월 6일 드라마 〈내게 거짓말을 해봐〉 촬영장인 국립국악원을
방문하여 출연배우인 한인수, 윤은혜, 안정훈 씨 등과 함께. 아래)

에도 4월부터 2억 8000만 원을 지원하기로 했다.

인디음악계 지원을 위해서는 이비에스(EBS)의「헬로 루키」프로그램과 공동으로 우수 인디 뮤지션을 발굴하여 방송이나 공연홍보를 지원하기로 하고, 창작기반 강화를 위해 인디레이블 지원사업을 위한 신규 예산 확보를 추진했다. 또 홍대 앞 라이브 음악 클럽 지원센터 설치를 검토하고, 라이브 클럽 시설 개보수를 위한 예산 확보도 추진했다. 또 대국민 정책 보고회에서 "방송작가들의 창작공간이 마련되어야 한다"는 제안을 받아들여, 두 달 만에 서울 목동 방송회관에 작가 창작 공간을 오픈, 스물여덟 명의 작가들이 입주하도록 했다.

한편, 영화나 드라마, 뮤지컬 분야의 글로벌 경쟁력 확보를 위해서 영진위는 한·중 영화 공동 제작 협정을 추진하고, 국제 공동제작 지원 프로그램을 추진해 국내와 해외 영화 제작자들이 직접 해외에서 만나 공동제작을 논의하는 워크숍 및 비즈니스미팅을 추진하고 있다. 드라마 제작 재원을 마련하기 위해 1500억 원가량의 드라마 펀드를 조성하고, 방송진흥기금을 활용한 융자 지원을 확대할 계획도 밝혔다. 또 디지털방송콘텐츠지원센터와 고선명(HD) 드라마타운 건립 등 고품질 드라마 제작을 위한 물적 토대를 마련하고 전문인력 양성을 위한 드라마 프로듀서 스쿨, 사이버방송영상아카데미 등의 운영방안도 마련되어 있다.

뮤지컬 부문에서는 라이선스 뮤지컬에 편향된 국내 뮤지컬시장의 불균형을 개선하고 국내 창작 뮤지컬을 활성화시키기 위해 작품성, 장기흥행 가능성에서 검증된 우수 창작 뮤지컬을 공연 규모별로 총 일곱 편을 선정하여 완성도를 높이고 장기간 공연할 수 있도록 하였다. 또 뮤지컬의 해외 진출 기반을 마련하기 위해 해외 공연 지원은 작품의 완성도와 진출 희망 국가 등을 고려하여 성공 가능성 있는 작품을 규모별로 총 세 편을 선정하여 지원하기로 하였다.

저작권 보호는 미래 세대를 위한 의무

장관으로서 언론 인터뷰나 강연 등 발언 기회가 있을 때 가장 강한 어조로 말한 것은 저작권 보호와 관련된 답변을 할 때였다. 나는 "창작자들의 저작권을 보호해 주지 못하는 것은 국가의 직무유기"라는 말을 반복했다. 콘텐츠 창작자들에게 저작권이란 재산이며, 이 산업의 수익기반이다. 이것을 지키는 데 국가가 책임을 다하지 못하는 것은 그들의 최소한의 밥그릇을 지켜 주지 못하는 것이기 때문에, 장관 임기 중에 무거운 책임감을 가지고 임한 것이 불법 다운로드 방지와 저작권 보호 부분이었다.

초고속 인터넷 환경으로는 전 세계 최고라고 할 만큼 뛰어난 정보통신환경을 갖춘 우리나라는 아이티(IT) 강국이면서 동시에 불법 다운로드 강국이라는 명암을 한꺼번에 지니고 있다. 불법 다운로드로 인한 문제는 단순히 국제적인 불명예와 인터넷 윤리상의 문제가 아니라, 콘텐츠산업의 존립 근거를 흔드는 심각한 문제이다. 행정안전부가 매년 발표하는 정보문화 실태조사에 따르면, 2010년 우리나라 전체 네티즌의 29.5퍼센트에 달하는 숫자가 불법 다운로드를 경험해 보았다고 밝혔다. 인터넷 사용자 세 명 중 한 명 가까이 불법 다운로드를 하고 있다는 것이다. 무단복제는 이를 행하는 개인에게는 별 일 아닌 것처럼 여겨지지만, 산업적으로 보면 엄청난 규모다. 불법 다운로드로 인한 합법저작물시장 침해 규모는 2010년 기준으로 무려 2조 1173억 원에 달한다. 이는 전체 시장 규모의 19.2퍼센트에 달하는 것이다. 콘텐츠별로 살펴보면, 영화가 6933억 원으로 가장 큰 것으로 분석되었으며, 그 다음으로 음악이 5453억 원, 출판이 3589억 원, 방송이 2830억 원, 게임은 2368억 원의 순으로 나타났다. 콘텐츠산업은 신성장 동력산업으로 최근 종합편성 채널 도입과 콘텐츠산업의 스마트화로 전략적 중요성이 높아지고 있으나, 불법복제로 인해 산업 생태계가 파괴되었다. 2011년 6월 「콘텐츠산업 육성과 불법복제 방지를 위한 토론회」에서 김동호 부산국제영화제 명예집행위원장은 "불법 유통으로 인한 영화산업 합법시장 침해 규모가 7000억 원에 이름에 따라 영화 부가판권시장이 붕괴되고, 이는 다시 극장 배급 경쟁 심화, 불공정 거래, 스태프 처우 악화 등 각종 문제를 야기하고 있다"고 지적했다. 마땅히 생겨야 할 저작권 관련 시장이 무너짐으로써 영화산업 전체의 수익구조가 약화되고 산업 전체가 위기에 빠지게 되는 것이다. 이러한 결과를 바탕으로 잠재적 합법저작물 시장 규모를 예상해 보면, 총 11조 5200억 원에 이른다. 즉 불법복제물을 근절할 경우 약 2조 1000억 원 이상의 합법저작물시장을 추가로 창출할 수 있으며, 약 2만 7000여 명의 신규 일자리를 창출하는 등 고용 진작효과가 있을 것으로 기대된다(한국은행 고용 유발계수 적용 시 10억 원 당 12.9명). 스마트 네트워크로 이동해 가는 콘텐츠산업의 환경 변화에 따라 온라인 콘텐츠 수익은 저작권의 올바른 보호 없이는 산업의 기반을 잃어버릴 수 있다. 콘텐츠산업의 기반 정립과 청년 일자리 창출을 위해서라도 저작권은 반드시 지켜져야 하는 것이다.

저작권정책의 기본 기조는 불법복제를 조성하는 환경 및 저작권 침해사안에 대한 강력한 단속, 저작권에 대한 청소년층에 대한 교육과 자발적인 저작권 지키기 캠페인의 확산 등이었다. 먼저 2011년 장관 취임 후 4월부터 8월까지 한국저작권단체연합회 저작권보호센터와 함께 「2011 서울클린 100일 프로젝트」를 펼쳐 불법복제물 총 273건 7만 9909점, 제작공장 및 다량 유통업자 다섯 곳을 적발했다. 문화체육관광부 저작권경찰과 한국저작권단체연합회 저작권보호센터가 합동단속반을 구성했으며, 용산 등 서울지역 25개 구 역세권과 번화가 주요 판매 거점 200여 곳을 중심으로 단속을 실시했다. 합동단속반은 단속기간 중 용산지역을 중심으로 불법복제물 단속을 매일 실시하는 한편, 대규모 불법복제물 제작공장을 적발하기 위한 정보활동을 병행했다. 불법복제물 유통의 주범으로 꼽히는 웹하드업체와 이곳에 불법복제용 자료를 주로 공급하는 헤비 업로더(Heavy Uploader)를 대상으로 검찰과 합동 기획수사도 벌여 18개 업체, 17개 서비스 사이트를 대상으로 영장을 집행했다. 또 2008년부터 서울 · 부산 · 대전 · 광주 등 4개 지역에서 운영하고 있는 저작권특별사법경찰 인원을 33명에서 37명으로 늘리고, 7월에는 대구지역사무소를 신설했다. 2014년까지는 9개 사무소에 72명으로 확대 추진토록 했지만, 정부 인력 증원 억제 방침 때문에 관계 부처 협의에 어려움을 겪고 있는 상태이다. 이처럼 단속을 강화한 덕분에 불법복제물 적발 건수가 크게 줄어든 것으로 나타났다. 「2011 서울클린 100일 프로젝트」 결과 2010년 같은 기간 대비, 적발 건수는 11퍼

초고속 인터넷 환경으로는 전 세계 최고라고 할 만큼 뛰어난 정보통신환경을 갖춘 우리나라는 아이티(IT) 강국이면서 불법 다운로드 강국이라는 명암을 동시에 지니고 있다. 불법 다운로드로 인한 문제는 단순히 국제적인 불명예와 인터넷 윤리상의 문제가 아니라, 콘텐츠산업의 존립 근거를 흔드는 심각한 문제이다.
(2011년 6월 22일 「콘텐츠산업 육성과 불법복제 방지를 위한 토론회 및 협약서 체결식」에서)

온라인 콘텐츠 수익은 저작권의 올바른 보호 없이는 산업의 기반을 잃어버릴 수 있다. 콘텐츠산업의 기반 정립과 청년 일자리 창출을 위해서라도 저작권은 반드시 지켜져야 한다.
(2011년 3월 30일 서울 용산 터미널 상가에서 열린 '2011 저작권 지킴이' 합동발대식 후 홍보활동을 하며)

센트, 적발 점수는 19퍼센트가 감소했다. 또 상시적인 온라인 저작권 감시를 위해 활동하는 '저작권 지킴이' 에는 2011년 장애인 85명을 포함하여 100명으로 구성된 '온라인 저작물 재택 모니터링 요원' 들이 참여해 온라인상의 불법복제물을 24시간 감시하게 된다.

2011년 5월에는 불법 다운로드의 온상이 되고 있는 웹하드와 피투피(P2P, 파일공유) 서비스사업이 등록제로 바뀌었다. 그동안 신고제로 쉽게 개설되어 불법 음란 콘텐츠를 무분별하게 유통하면서 수익을 올린 뒤 몇 개월 뒤 폐쇄하고 다시 다른 이름으로 서비스를 재개하는 등 치고 빠지는 수법으로 콘텐츠 유통시장을 교란시켜 왔다. 이것이 등록제로 바뀜에 따라 저작권 보호 및 청소년 보호 담당자, 불법복제물 및 유해 매체물 인식 기술, 검색과 송신 제한 조치, 모니터 요원 등을 갖추지 않으면 서비스업체로 등록할 수 없게 되었다. 저작권과 청소년 보호 조치에 큰 전환점이 될 것이다.

단속만큼 비중을 둔 것은 팬 클럽이나 캠페인 등을 통해 청소년들의 자발적인 저작권 보호운동을 이끌어 내려고 한 것이었다. 2011년 3월에 발족한 '우리 스타 방위대' 는 스타들의 저작권 보호를 위해 자발적으로 활동하는 팬 클럽 중심 저작권 지킴이들이다. 8월에는 경기도 가평에서 200여 명의 방위대가 참석한 이틀짜리 캠프도 열었다. 2011년 4월부터 이 방위대활동에 참가한 한 대학생은 "제가 좋아하는 가수 슈퍼주니어가 신곡을 발표한 지 얼마 되지도 않았는데, 다른 팬 클럽 블로그에 가면 슈퍼주니어의 신곡 파일이 올라와 있더라. 팬으로서 어떻게 하면 좋을까 고심하다가 '우리 스타 방위대' 활동을 하게 됐다"고 하였다. 5월에는 아이돌 콘서트로는 최대 규모의 「드림 콘서트」에 참가하여 팬 클럽 저작권 캠페인 행사를

"제가 좋아하는 가수 슈퍼주니어가 신곡을 발표한 지 얼마 되지도 않았는데, 다른 팬 클럽 블로그에 가면 슈퍼주니어의 신곡 파일이 올라 와 있더군요. 팬으로서 어떻게 하면 좋을까 고심하다가 '우리 스타 방위대' 활동을 하게 됐습니다."
'우리 스타 방위대'에 참가한 한 대학생의 말이다.
(2011년 8월 25일 경기도 가평 좋은아침연수원에서 열린 '우리 스타 방위대' 여름 캠프에서)

벌였으며, 연중 팬 클럽을 통한 자발적인 저작권 홍보 캠페인을 전개할 예정이다. 또 전파력이 강한 매체를 활용하여 저작권에 대한 관심을 제고하도록 했다. 지속적인 저작권 홍보활동에도 불구하고 일반 국민들의 인지도는 낮은 수준이다. 거리 캠페인이나 인쇄물 배포 등 전통적 홍보방법에는 한계가 있다. 때문에 케이비에스(KBS)의 「퀴즈 대한민국」 같은 대국민 퀴즈 프로그램에 저작권 관련 퀴즈를 2–3주 주기로 연중 편성하도록 협조를 요청하고, 전국 초·중등학생을 대상으로 「저작권 퀴즈 골든벨대회」를 공중파 방송과 공동 추진토록 했다. 또 일간신문 공익광고를 통해 불법복제 금지를 홍보했고. 교육과학기술부와의 협의를 통해 초·중·고교 교과서 내에 저작권 내용 반영도 추진했다.

한편, 디지털환경으로 급변하는 콘텐츠환경에 맞는 저작권법 개정도 필요한 상황이다. 현행법상 출판의 정의가 아날로그 출판 중심으로 규정되어 있어, 전자출판환경 부응에 한계를 가지고 있다. 저작권법 개정안을 마련할 실무 태스크포스(T/F)를 운영하고, 「한·미 에프티에이(FTA) 저작권법」 개정안에 반영할 예정이다.

긍정적인 변화의 조짐은 나타나고 있다. 2010년 불법복제물 시장규모는 총 5101억 7326만 5350원으로, 2009년 8784억 3976만 1225원 대비 약 41.9퍼센트가 감소한 것으로 나타났다. 2010년의 잠재적 합법저작물시장 침해율은 19.2퍼센트로, 합법저작물시장 침해율이 지난 2006년부터 꾸준히 감소하고 있는 것으로 나타나, 저작권 보호환경이 지속적으로 개선되고 있음을 시사하고 있다. 영국의 경제주간지 『이코노미스트』는 최근호의 「불법 다운로드와 미디어 투자 : 해적행위의 색출」이라는 제목의 기사에서, 한국은 불법복제

웹사이트 차단, 불법 다운로드에 대한 청소년 교육, 불법서버 단속 등 거의 모든 조치를 취하는, 불법복제와 관련한 법에서 가장 강력한 나라라고 평가하기도 했다. 미국 무역대표부(USTR)는 우리 정부의 저작권 보호정책을 높이 평가하여, 지적재산권 감시 대상국에서 2009년부터 2011년까지 3년 연속 제외했다. 최근 들어 방송, 영화 등 영상매체와 디지털 음원의 불법 다운로드가 감소세를 보이는 것은 매우 다행한 일이다. 케이팝 등 한류 확산과 함께 우리 저작물의 해외 침해에 대한 국민적 관심도 향상되어, 정부와 민간의 대국민 교육 · 홍보로 인한 저작권 존중의식 확산 효과 등이 긍정적 영향을 미친 것으로 보인다. 국민들의 저작권 보호의식 수준 향상으로 불법복제물에 대한 부정적인 인식이 확산되는 사회적 분위기가 이용자들의 합법저작물에 대한 구입 의향 증가에 긍정적인 영향을 준 것으로 풀이된다. 그럼에도 불구하고 여전히 합법저작물 시장 침해가 발생하는 이유는, 이용자들이 합법콘텐츠의 판매가격이 이용하기에 비싸다고 생각하기 때문인 것으로 추정된다. 하지만 합법콘텐츠(음악 · 영화 · 방송)에 대해 이용자들이 적정하다고 생각하는 판매가격은 실제 유통가격의 약 65–82퍼센트 수준인 것으로 나타나, 이 같은 문제에 대해서도 논의할 여지가 있어 보인다.

관광객 천만 명 시대

2010년 우리나라를 찾은 외국 관광객은 약 880만 명으로, 10년 전인 2000년의 530만 명 대비 65퍼센트나 성장했다. 바야흐로 외국 관광객 '천만 명 시대'가 눈앞에 보일 정도로 관광 산업은 급속도로 성장하고 있다. 2005년 이후 동북아 삼국의 성장률을 보면, 한국 6.5퍼센트, 중국 2.1퍼센트, 일본 0.2퍼센트로 우리가 가장 높다.

세계 관광산업은 지속적인 성장을 거듭하고 있는 분야로, 문화의 경제적 효과를 잘 보여 준다. 세계관광기구(UNWTO)는 세계 관광시장이 연평균 4.1퍼센트 성장하여, 2010년에는 연간 관광객 10억 명, 2020년에는 15억 6천만 명까지 증가할 것으로 전망했다. 특히 우리나라가 속한 동아시아 및 태평양 지역의 연평균 성장률은 전 세계 연평균 성장률을 웃돌고 있으며, 2020년에는 세계 관광시장의 25.4퍼센트를 점유할 것이라는 예상도 나오고 있다.

또한 세계여행관광협의회(WTTC)는 2018년까지 관광산업이 세계 총생산의 10.5퍼센트를 차지할 정도로 성장하고, 세계 총 고용인구의 9.2퍼센트가 관광 관련 산업에 종사할 것으로 전망하고 있다. 이처럼 관광산업이 세계경제에서 차지하는 역할이 증가함에 따라 선진국을 비롯한 세계 각국은 관광산업 성장정책을 집중적으로 실행하고 있다.

특히 중국 관광객은 주목할 필요가 있다. 세계관광기구에 따르면, 중국 관광객은 2020년 1억 2000만 명 이상이 될 것으로 추정된다. 이 중 10퍼센트만 유치해도 총 1500만 명의 외래 관광객을 유치할 수 있다. 이들이 1인당 1천 달러만 소비한다고 가정할 경우, 150억 달러의 경제적 효과를 낳을 수 있고, 1조 원당 1만 5000개의 일자리가 생기는 것으로 계산할 경우 총 23만 개의 일자리가 발생할 것으로 예상된다. 최근 몇 년 동안 비자 발급 절차를 간소화하는 등 제도 개선으로 최근 들어 우리나라를 찾는 중국 관광객들이 급증했다.

관광한국의 가능성은 앞으로도 그 성장이 더 확대될 수 있다는 희망을 가지기에 충분하다. 석굴암, 불국사, 제주 화산섬과 용암 동굴 등 많은 문화관광자원이 유네스코 세계유산으로 등록되어 있을 정도로 우리나라는 천혜의 자연환경과 5000년 역사와 전통이 깃든 문화가 어우러져 어느 나라보다 독특하고 매력적인 관광자원을 가지고 있다. 제주도는 유네스코 생물권 보전지역, 세계 자연유산, 세계 지질공원 등 유네스코 자연과학 분야 삼관왕을 달성할 정도로 우리나라 관광지의 백미이다. 제주도가 세계 7대 자연경관으로 선정된다면, 제주 관광의 세계화는 한층 더 가속화될 것이다. 짧은 기간 동안의 급속한 경제 성장으로 인해 전통과 현대가 공존하고 있는 점도 특이할 만한 요소다.

한국은 2011년 현재 세계 14위권의 경제대국이지만, 국가 브랜드 순위는 30위(2010년 Anholt 지수)로, 일단 제주도가 세계 7대 자연경관으로 선정된다면 대한민국 브랜드 가치가 높아질 것이며, 특히

필리핀 출신 귀화 한국인 이자스민 씨가 “20만 명 정도의 이주 여성들은
다양한 국가의 언어 구사가 가능하기 때문에 출신국 언어로
관광 가이드를 하거나 블로그나 애플리케이션 등을 통해 여행담을 쓰도록 해
입소문을 내는 것도 관광상품 개발의 한 방법이다”라고 말하고 있다.
우리 정책 입안자들이 생각하지 못한 적절한 제안이었다.
(2011년 2월 22일 한국관광공사에서 열린 문화체육관광부
관광산업정책 대국민 업무 보고회에서)

한국관광의 획기적인 발전의 계기가 될 것이다.

하지만 2011년 세계경제포럼에 따르면, 한국관광의 경쟁력은 세계 133개국 중 32위, 관광친화성은 120위로 나타나, 국제 경쟁력과 관광친화성이 여전히 취약한 것으로 나타났다. 우리나라 관광산업의 현실을 보면, 관광수지는 아직 적자를 벗어나지 못하고 있다. 2010년 연간 방한 외래 관광객 수는 879만 8000명, 해외 관광객 수는 1248만 8000명 규모에 이르고, 연간 관광수지 적자는 약 35억 달러에 이른다. 이처럼 아직은 외국으로 나가는 국내 관광객 수가 외래 관광객 수를 초과하고 있으며, 외래 관광상품도 주로 중국 관광객들을 대상으로 덤핑관광이 주를 이루고 있어 수익 구조가 안정적이지 않다. 여기에 숙소 부족이나 식당 서비스 문제, 식단 개발, 관광 안내원(가이드)들의 수준 저하 등 관광 인프라의 부족 문제가 두드러지고 있다. 외국인 관광객은 2001년부터 10년간 65.3퍼센트로 늘어났는데, 호텔 객실 증가는 35퍼센트밖에 늘어나지 않아, 호텔 객실 부족현상이 심화되었다. 또 아직은 한국을 찾는 관광객의 숫자에 비해 고수익을 올릴 만한 고부가 가치 관광상품의 개발이 잘 이루어지지 못하고 있다. 이러한 점 때문에 관광산업의 수익을 늘릴 만한 새로운 관광시장 개발이 절실하다. 또한 오랜 역사를 가진 우리나라의 전통문화를 관광상품에 적극적으로 연결시켜 개발하지 못하고 있다. 아직은 선진국에 비해 외국인을 편안하게 맞이하는 환대 서비스의 수준이 높지 않은 것도 사실이다. 따라서 곧 도래할 외래 관광객 '천만 명 시대'를 준비하면서, 과거 관광정책 방향이 양적인 팽창 위주였다면, 앞으로는 양적 · 질적 동반 성장을 목표로 정책을 준비해야 할 때다.

장관 취임 후, 관광 인프라를 개선하고 관광 서비스의 질을 제고하고, 마이스(MICE)나 의료관광 등 고부가가치 관광상품을 적극적으로 개발하며, 고택 · 종택 등 한국의 전통문화를 살려 외국 관광객들에게 명품관광을 체험하도록 하는 상품을 개발하고, 외국 관광객을 대상으로 하는 고급식단을 개발한다는 것을 관광정책의 방향으로 삼고 중점적으로 추진했다. 특히 관광상품을 개발하고 정책을 개발하는 데 관광 분야에만 한정지어서 생각할 것이 아니라 다른 정부 부처나 문화체육관광부 내의 다른 실 · 국 사업 등을 연계, 총괄적인 시각에서 새로운 수요를 개발해 내고 상품을 창조적으로 만들어 낼 수 있도록 했다.

관광 인프라 개선

관광 인프라 개선을 위해서는 동남아와 서남아 지역 11개국의 비자 제도를 개선하고, 법무부와의 업무협약 체결로 선진 출입국 심사체계 구축, 관광숙박시설 확충을 위한 제도 개선 등을 중점 추진했다. 한국관광 이미지를 크게 훼손하고 있는 저가 방한상품과 덤핑상품의 퇴출을 위해서 관광의 가장 중요한 요소인 숙박, 가이드, 음식, 쇼핑 등의 질적 성장을 위한 핵심 네 개 분야에 대한 개선책을 마련했다. 고품격 방한상품을 추진하고, 관련 규정 위반 여행사에 대한 중국 전담 여행사 지정 해제 및 지정기준 강화 등을 통해 중국 관광객의 방한 여행 불편사항 해소와 만족도를 제고하는 데 힘을 기울였다. 아울러 '한국 방문의 해'를 맞이하여 외국인 환대 서비스를 강화하여 따뜻한 대한민국의 이미지로 '다시 방문하고 싶은 대한민

가깝고도 먼 한 · 중 · 일 세 나라는 이제 경쟁자에서 관광분야 성장을 위한 동반자로 한 테이블에 앉았다. 이날 세 나라의 관광장관들은 관광위기 발생 시 관광산업에 미치는 영향을 최소화하기 위해 세 나라간 정보공유를 강화하기로 했다. 또 저가(低價) 관광상품 등의 불공정한 관행을 시정하기 위해 공정관광 이니시어티브도 추진하기로 했으며, 청소년과 대학생의 관광 교류도 확대하기로 합의했다.
(2011년 5월 29일 평창 알펜시아리조트 그랜드볼룸에서 열린 제6회 한 · 중 · 일 관광장관회의에서)

국' 이 되도록 해야 한다는 것 역시 중점과제였다.

외국인 관광객들의 숙박시설 개선이 무엇보다 필요하다는 판단 아래 관광시설 확충 지원에 중점을 두었다. 이를 위해 유흥시설이 없는 호텔에 한해, 학교 환경위생 정화구역 내 설치를 허용하도록 하는 「관광진흥법」 개정안을 국회에 상정했다. 학교가 근처에 있다는 이유만으로 서울 시내 특급호텔 설립이 지연되고 있는 상황을 개선하기 위해서였다. 또 수도권 숙박시설 확충을 위해 경기도와 4월에 양해각서(MOU)를 맺고, 고양시 한류월드 내 관광 숙박시설 조기 확충을 위해 노력하기로 합의하고, 한류월드 내 호텔 부지 공급을 위한 설명회를 가졌다. 공항의 무인 자동 출입국 심사대 확대 등을 내용으로 하는 출입국 심사 선진화를 위해 법무부와 한국관광공사 등과 업무협약을 2011년 3월에 맺었다. 4월에는 관광객들의 입국 편의를 개선하기 위해 동남아 관광객의 비자 발급을 확대하고, 인천공항 입국장 개선과 김포와 중국 송산 간에 항공노선 개설도 추진토록 했다.

2011년 5월 28일부터 나흘간 강원도 평창에서는 제6회 한 · 중 · 일 관광장관회의가 열렸다. 삼국간의 관광 교류 확대 등을 논의한 이 자리에서 세 나라의 장관은 「평창 공동성명」을 채택했다. 위기상황, 즉 일본 대지진과 같은 자연재해나 테러, 질병 등 관광산업에 미치는 영향을 최소화할 수 있도록 삼국 간 공조체계가 필요하다는 것과, 역내 관광 교류를 이끌어 갈 장기적인 비전을 '투어리즘 비전 2020(Tourism Vision 2020)' 으로 정하고, 구체적 실행방안을 준비하기로 합의했다. 한편, 외국 관광객들의 쇼핑관광 만족도 제고를 위해 쇼핑 인증제를 실시하도록 사업계획을 수립하고 실태조사를 벌여 결과 보고를 받았고, 10월부터 한국관광공사 주관으로 인증제를 확대 실시토록 했다.

2010년부터 2012년까지는 '한국 방문의 해' 이다. 한국방문의해위원회(VKC)는 외래 관광객 천만 명 유치, 관광수입 130억 달러 달성, 국제 관광 경쟁력 20위권 진입을 목표로 한국 관광의 매력을 전 세계에 알리고 있다. 이를 위해 정부에서는 한류 스타와 연계된 상품 개발, 인바운드 관광박람회(Korea Travel Mart) 개최 등의 마케팅을 추진해 오고 있으며, 전주 음식관광축제, 경주 한류드림 페스티벌, 부산 불꽃축제 등으로 한국 관광의 즐거움을 높이는 이벤트를 마련하기도 했다. 한편, 요즘 의료관광이 급부상하고 있는데, 이를 적극적으로 활용하기 위한 의료관광상품 개발 확대, 해외 현지 마케팅 강화, 의료관광 원스톱서비스센터 확대, 한방의료상품 확대 등을 추진하고 있다.

국내 관광 활성화를 위해서는, 지역의 대표 여행상품을 만들어 내고 홍보를 하는 것이 중요하다. 문화체육관광부에서는 한국의 역사 문화환경을 관광자원화하기 위해 스토리텔링 관광상품을 개발하고, 스토리가 있는 전국 규모의 천릿길 구축사업을 추진하고 있다. 또한 태권도, 팔만대장경, 슬로 시티(slow city), 템플 스테이(temple stay) 등 한국의 정신과 문화를 활용한 관광상품화에 집중하고 있다. 특히 2015년까지 4대강 유역에 친환경 복합 문화관광 및 레저 스포츠 인프라를 조성하여, 4대강 주변이 문화관광지로 새롭게 태어날 것이다. 올해 1차 선도사업으로 '남한강 목계나루 문화마을 조성' (충주), '낙동강 신 나루문화 및 레저 스포츠지대' (안동 · 상주 · 구미 · 고령 · 대구), '생태습지 관광체험 루트' (창녕), '영산강 역사

"한국의 대표적인 음식 비빔밥입니다. 비빔밥은 여러 가지 다른 재료들이 섞이면서 서로를 보완해 주면서 독특한 맛을 내는 우리의 고유한 음식입니다.
한 · 중 · 일 세 나라도 비빔밥처럼 서로 돕고 이해하며 함께 나아가야 합니다."
(2011년 5월 30일 제6회 한 · 중 · 일 관광장관회의 일정 중 정강원에서)

문화체험 전통뱃길'(무안 · 영암), '금강 녹색바이오 관광지대 조성'(서천 · 익산) 등 여섯 개 사업을 시작해 2013년 완료할 계획이다. 또 지역별 관광자원으로 고택(古宅), 향교(鄕校), 폐교(廢校) 등을 활용한 숙박 및 체험상품을 개발하고, 이를 위해 전통한옥 숙박시설의 개보수를 지원하고 있다.

고택에서 한식을

오래 전부터 우리나라의 고택과 종택에 관심을 가지고 꾸준히 방문하면서 이를 관광자원으로 활용하는 것에 대해 생각해 왔다. 고택이란, 이삼백 년 전 조선시대에 건립된 사대부가(士大夫家)로, 안채와 사랑채, 별당 등의 규모를 갖춘 국가 지정 또는 시 · 도 지정 문화재인 주택을 말하며, 종택은 개별 성씨의 종손 집안, 통상 7대 이상(약 300년) 종손이 거주하며 봉제사를 행하고 사당과 선산을 지키는 전통적 사대부 가문을 말한다. 2009년 5월 나는 경북 안동 · 봉화 · 영주 일대의 종갓집을 답사했다. 우리나라 고택의 보존과 수리가 제대로 진행되는지를 직접 살펴보기 위해서였다. 그곳에서 수백 년 된 집에서 10대 이상 살아오면서 자신들의 가습문화를 지켜내는 종갓집 아들, 며느리 들을 만날 수 있었고, 각 집안마다 비슷하면서도 다른 문화에 매력을 느꼈다.

자신의 집을 찾은 손님에게 예를 갖추어 대접하는 종부의 차 한 잔에도 그 집안의 문화가 살아 있어 놀라웠다. 괴헌고택을 방문했을 때는 '이화주'라는 술을 대접받았는데, 배꽃으로 담은 술이 아니라 배꽃 필 무렵 누룩을 발효시켜 효모 양이 풍부한 술이라고 했다.

종갓집에 한국 전통문화 명장들의 그릇, 가구, 침구 등을 지원해 주고 종부가 그것을 관리하도록 한다면, 종가 고택을 방문하는 것만으로도 한국의 문화와 정서를 느낄 수 있을 것이다. 그리고 한번 우리 문화의 매력에 빠진 외국인들은 또다시 한국을 찾고 싶을 것이라고 확신했다.
〔하회마을 북촌댁의 숙박체험시설(위)과 북촌댁에서 차려 주는 아침상(아래)〕

이화주를 마시면서 이것이야말로 막걸리의 진수로구나 생각했다. 각 집안마다 내려오는 술이나 음식 비법 등 이런 것들이 사라지고 있다는 것이 너무 아깝고 안타깝다.

그런데 더욱 안타까운 것은, 몇몇 종택을 제외하고는 보수와 관리가 어려워 경매로 외지인들에게 넘어가기도 하고(민속자료로 지정된 건재고택을 비롯한 참판댁 등 65채 가운데 15퍼센트인 10여 채), 심지어는 국고로 만든 마을 일부가 외지 사람들이 소유하고 별장화하여 독점하고(아산 외암마을) 있는 실정이었다. 특히 영주 무섬마을 복원현장과 영덕 괴시마을 보수공사현장을 보니, 원형은 손상되고 사람이 살 수 없는 등 도저히 이해할 수 없는 모습이었다.

거듭 말하지만, 문화재는 그 특성상 한번 훼손되면 완벽하게 복원될 수 없다. 우리 조상들의 지혜가 담긴 주거공간을 각자 알아서 관리하라고 할 수는 없는 노릇이다. 종가를 선별, 지원하여 우리의 다양하고 고유한 가습문화도 지키고 관광상품화해야 한다.

종갓집에 한국 전통문화 명장들의 그릇과 가구, 침구 등을 지원해주고, 종부는 그것을 관리하도록 한다면, 종가와 고택을 방문한 것만으로도 한국의 문화와 정서를 느낄 수 있을 것이다. 그리고 한 번 우리 문화의 매력에 빠진 외국인들은 다시 또 한국을 찾고 싶을 것이라고 확신했다.

전국 곳곳에는 전통 양반 명가들의 가풍과 생활 모습을 그대로 면면히 이어 온 가문들이 있다. 이들을 외국인들을 대상으로 한 고급숙박시설로 개발한다면 훌륭한 명품 관광상품이 될 수 있다는 판단 아래 시설 개선과 단일화된 프로그램을 발굴하도록 한 것이다. 최근 들어 전국의 한옥들을 숙박시설로 개방하는 곳이 늘어나고는 있

경북지역에서 보유하고 있는 고택과 종택 등 전통한옥은
목재건축물의 아름다운 경관과 함께 예술관을 압축적으로 보여 주는
탁월한 인류의 보편적 가치를 지닌 문화재이기도 하다.
(2011년 7월 31일 경북 영주 인동장씨 16대 종손
장덕필 옹으로부터 오백 년 된 고택의 설명을 들으며)

자신의 집을 찾은 손님에게 예를 갖추어 대접하는 차 한 잔에도
그 집안의 문화가 살아 있어 놀라웠다. 대장원을 이룬 조선 후기의
살림집 강릉 선교장(船橋莊)의 정신은 열화당(悅話堂)이라는
명문 출판사를 통해 이어져 내려오기도 했다.
(2011년 5월 29일 '제6회 한 · 중 · 일 관광장관 회의'에 참가한
우원쉐 중국관광협회 부회장, 미조하타 히로시
일본 관광청장관과 함께 강릉 선교장 활래정에서)

으나, 단순히 한옥에서 잠을 자는 숙박시설로만 이용하는 곳이 대부분이다. 이곳에서 머물면서 전통 사대부가의 생활방식을 그대로 체험하고 고가구와 전통 생활용품의 박물관 기능을 접목하여 한국 전통문화 체험공간으로 활용하면 외국 관광객을 대상으로 하는 격조 높은 명품 관광시설로 발전시킬 수 있다고 본 것이다.

다양한 국제행사 유치로 외국 귀빈(VIP) 관광객이 증가하고 있지만, 호텔에만 집중되고 있는 숙박 수요를 분산하면서 전통문화를 소개하는 효과도 얻을 수 있다. 이를 위해서는, 외국인들이 숙박에 어려움을 겪는 일이 없도록 편의시설을 개선하고, 내부 인테리어나 침구 등 디자인을 일체감 있게 정비하고, 음식 프로그램 등도 정하는 일이 필요했다.

우선 경상북도 내에서 2011년 상반기 중에 열 개의 고택 명품화 시범사업 대상 주택을 정하고, 5월에 기금을 추가 확보했다. 경북지역의 안동 하회마을과 경주 양동마을은 우리나라에서 열번째 세계문화유산 등재의 기록을 세운 곳으로, 유교와 동양 전통사상의 조화 속에서 종택과 사당, 서원 등 씨족마을이 갖추어야 할 구성 요소와 마을을 둘러싼 자연환경까지 잘 보존되어 있는 지역이다. 특히 하회 · 양동 마을을 비롯한 경북지역에 산재해 있는 고택은 세계적으로 그 유례를 찾기 힘들 정도로 수백여 년이라는 긴 세월에 걸쳐 삶의 공간으로 우리 민족의 정신적 · 문화적 정수를 오롯이 보존하고 있는 곳이다. 경북지역에서 보유하고 있는 고택과 종택 등 전통한옥은 목재건축물의 아름다운 경관과 함께 예술관을 압축적으로 보여 주는 탁월한 인류의 보편적 가치를 지닌 문화재이기도 하다.

8월에 열린 대구세계육상선수권대회와 10월 경주에서 열린 세계

관광기구(UNWTO) 총회를 계기로 이 지역을 방문한 약 5000명의 외국 손님들이 이용하였다.

선정 기준은, 최소 150년 이상의 문화재로 지정된 가옥으로, 주인의 거처와 별도로 사랑채, 별당 등의 별개의 독립 건물을 갖추고 있는 고택이거나, 종손 · 종부가 거주하고 있는 종가로서 고택 고유의 음식 등 생활문화체험이 가능한 곳을 대상으로 했다. 경주 향단, 안동 치암고택, 청송 송소고택, 영주 괴헌고택 등 선정된 열 개 고택과 종택에 2011년 말까지 총 13억 원을 들여 체험 프로그램을 구성하고, 해당 고택에 적합한 고가구와 생활용품 및 인테리어 소품까지 구입, 비치하게 했다. 이 중 시범사업의 첫 모델로 안동 북촌댁을 선정해서, 가구 등 인테리어 등을 정비한 뒤 7월에 선을 보였다. 직접 이곳에서 하룻밤을 머물면서, 함께 초대한 외국인 관광객들과 고택의 정갈하면서도 아늑한 생활을 체험했다. 고택체험을 함께한 일본인 관광객들은 한국의 음식과 한옥의 멋스러움에 연신 감탄하는 눈치였다. 한국에서의 고택체험은 처음이라는 일본인 관광객 아카네 씨는 "한국에 이런 문화가 있었다니 대단하다. 한국 문화에 대해 더 공부하고 경험해 보고 싶다"며 한국에 대한 호기심을 드러냈다. 외국인 엘런 스타 씨는 "고택체험이 매우 좋고 흥미로웠다. 옛날 한국 사람들이 어떻게 살았는지 상상할 수 있었고, 일반적인 물품과 도구 등이 서양과 많이 달라 놀랐다. 한국의 음식의 깊은 맛에 반했다"고 했다. 정부는 앞으로 전국 635개 고택과 종택 가운데 150개 정도를 명품화사업 대상으로 선정하여, 전통 목조건축물의 아름다움을 널리 알리는 관광자원으로 중점 육성할 계획이다.

해외 관광객을 대상으로 한 먹을거리 개발에서는, 홍콩 음식평론가인 차이란 씨를 초청해서 서울과 제주도 등 전국 유명 식당 여섯 개를 답사하고 품평하도록 한 뒤, 중국인들을 대상으로 어떤 식단이 좋을지 추천해서 개발하도록 했다.

차이란 씨와의 만남은 2011년 3월 홍콩 순방 때 아이디어를 얻은 것이다. 중국문화권에서 최고의 권위를 얻은 차이란 씨와 만나서 한국 음식의 세계화를 위한 담화를 나누었고, 즉석에서 한국을 방문해 외국 관광객을 위한 식단 개발을 해 줄 것을 요청했다. 2011년 6월에 방문한 차이란 씨의 한국 음식 탐방 길에는 홍콩 언론사가 초청돼 자연스럽게 동행하며 한국 음식문화 탐방에 대해 현지 언론에 보도가 될 수 있도록 했다. 차이란 씨는 서양인의 입맛에 맞게 한국 음식을 변형시키기보다는 한국 고유의 맛을 담고 있는 요리를 소개하는 것이 더욱 중요하다는 것을 강조했다. 그는 보쌈 · 민물장어 · 삼계탕 등의 음식을 뛰어난 한국 음식으로 추천했으며, 7월부터 그가 추천한 메뉴들은 주요 식당에 반영되었다. 또 한식 요리사들이 직접 해외로 나가서 한국 음식을 알릴 수 있도록 하기 위해 한식 요리사 거점 도시 파견도 추진했다. 먼저 홍콩 방문 때 의논한 샹그릴라호텔에 연말까지 네 명의 한식 조리사를 파견하여 한식 뷔페를 제공하고, 홍보 리셉션과 전시 등을 하도록 했다. 홍콩 파견의 성과를 평가한 후 미국, 프랑스 등 다섯 개 거점 도시에도 확대를 추진할 계획이다.

보다 집적된 관광으로

오늘날의 관광은 단순히 보고 즐기는 것만이 아니다. 이동, 숙박, 교육, 오락, 휴식 등의 다양한 요소들이 조화를 이루는 총체적인 문화

세계적으로 마이스(MICE) 산업 육성을 위해 총력을 기울이는 이유는,
여기서 창출하는 부가가치가 일반적인 관광업보다 훨씬 크기 때문이다.
(2011년 4월 15일 중국 바오젠그룹의 리다오 총재를 만나
1만 명 인센티브 관광 한국행을 설득하며. 위)

홍콩의 음식평론가 차이란 씨는 서양인의 입맛에 맞게
한국 음식을 변형시키기보다는 한국 고유의 맛을 담고 있는
요리를 소개하는 것이 더욱 중요하다고 했다. 그는 보쌈, 민물장어,
삼계탕 등의 음식을 뛰어난 한국 음식으로 추천했다.
(2011년 6월 21일 서울의 한식당 '산당'에서
홍콩의 음식평론가 차이란 씨와 함께. 아래)

체험이다. 예전에는 주로 경치가 좋은 자연풍광을 즐기는 것이 관광이었지만, 요즘은 생태체험, 고적답사, 테마여행, 그리고 의료관광, 포상관광, 레저관광, 쇼핑관광, 휴양관광 등 그 목적이나 형태가 매우 다양해졌다.

최근에는 컨벤션과 상품 전시를 활용한 새로운 산업이 각광을 받고 있는데, 즉 기업회의(Meeting), 포상관광(Incentive travel), 국제회의(Convention), 국제전시(Exhibition) 등을 포괄하는 마이스(MICE) 산업이 그것이다. 세계적으로 마이스산업 육성을 위해 총력을 기울이는 이유는, 여기서 창출하는 부가가치가 일반적인 관광업보다 훨씬 크기 때문이다. 실제로 마이스 참가자들은 일반 관광객들에 비해 세 배 가까운 돈을 쓴다고 한다. 마이스에 포함되는 포상관광은 특정계층을 위한 것으로, 마이스산업의 포상관광을 효과적으로 유치하기 위해서는 정해진 시간 안에 효율적으로, 그리고 인상적으로 진행될 수 있는 다양한 맞춤형 관광상품을 개발해야 한다.

우리나라는 마이스산업에서 세계 11위, 아시아 3위로, 마이스산업 중심국으로 부상하고 있다. 특히 지난해 지이십(G20) 정상회의를 성공적으로 개최했고, 2011년 세계관광기구(UNWYO) 총회 등 대규모 국제회의를 유치하고, 중국 바오젠그룹의 1만 명 인센티브 관광 등 3년간 103건을 유치했다.

한국을 찾는 의료관광객은 2010년 8만 명에 이르렀다. 올해 11만 명의 관광객을 통해 관광수익 300억 원을 목표로 아시아 5대 의료관광 강국 대열 조기 진입을 위해 피부미용 · 성형 · 건강검진 등 의료상품을 개발하고, 한방의료관광 육성 지원계획을 내놓았다. 의료관광 활성화를 위해서는 미해결된 규제를 해소하는 데 초점을 맞췄다.

제4부

문화는 교육이다

정답만을 외우는 기계적인 학습 위주였던 이전 세대 교육의 문제점에 대해 새로운 시도를 하고 있는 우리 교육에서도, 단지 교육의 방법에 대한 변화뿐만 아니라 문화예술을 교육 안으로 적극적으로 끌어들여야 할 필요가 있다.
(2011년 4월 20일 서울 창덕여자중학교 3학년생을 대상으로 가진 「Readers are Leaders」 특강을 마친 후 책을 선물하며)

검색에서 사색으로

21세기는 창의성과 상상력이 지배하는 시대다. 경제와 산업 분야에서만 창의성이 요구되는 것이 아니라 정치 · 사회 · 군사 등 우리가 살고 있는 모든 분야에 상상력과 창의력이 필요한 시대이다. '1+1'은 2가 아니라, 3이나 4가 될 수 있다는 생각을 키워야 하는 것이다. 문화예술이 그러한 창의성과 혁신의 원천임은 두말할 나위가 없다. 문화예술은 오늘날의 사회에 반드시 필요한 인성과 감성을 키워 주는 중요한 교육적 가치를 가지고 있다. 문화적인 혹은 예술적인 것을 체험하게 함으로써 심미적(審美的) 감성을 기르고, 내재되어 있던 창의력을 계발하는 것이다. 미국 스탠포드대학 명예교수 엘리엇 아이스너는 "예술은 한 질문에 대해 하나 이상의 답이 있음을 알려준다"며 창의력 함양에 예술교육의 중요성을 강조했다. 음악을 연주하거나 춤을 추는 것을 통해. 어린이들이 단지 하나의 정답만이 아니라 다양한 의도와 표현이 존재한다는 사실을 알게 된다는 것이다. 정답만을 외우는 기계적인 학습 위주였던 이전 세대 교육의 문제점에 대해 새로운 시도를 하고 있는 우리 교육에서도, 단지 교육의 방법에 대한 변화뿐만 아니라 문화예술을 교육 안으로 적극적으

신문 활용 교육은 검색에만 능한 아이들에게 사색의 능력을 키워 준다.
교육적 용어로, 요즘 유행하는 '자기주도적 학습능력'이라고 할 수 있다.
자기주도적 학습능력은 세상을 폭넓게 이해하고 창의적인 사고를 하는 데
가장 중요한 요소라는 점에서, 신문 활용 교육의 교육적 가치는 대단히 크다고 생각한다.
(2011년 4월 20일 서울 창덕여자중학교 3학년생을 대상으로 가진
「Readers are Leaders」 특강에서)

로 끌어들여야 할 필요가 있다.

문화예술교육은 개념적인 가치뿐 아니라 실질적인 교육효과를 가지고 있다. 베네수엘라 의대생의 75퍼센트 이상은 이 나라가 1975년부터 해오고 있는 대표적인 오케스트라 문화예술교육 프로그램인 '엘 시스테마' 출신이라고 한다. 미국 시카고의 네이퍼빌 고교는 정규교과 전에 체육수업을 꾸준히 실시하고 있는데, 그 결과 1999년 과학 등 학업성취도 국제 비교평가에서 1위의 성적을 기록했다. 문화예술교육과 체육교육이 엘리트 인재에 필요한 자질을 키워 주는 직접적인 효과를 가지고 있어, 우리 사회의 문제인 사교육비를 절감하는 효과까지 기대해 볼 수 있는 것이다.

정보화사회, 스마트시대로 들어서면서 문화의 교육적 가치는 더욱 두드러진다. 손쉽게 기기에 접근할 수 있는 편의성 때문에 누구나 쉽게 정보를 찾아낼 수 있지만, 이는 단편적인 지식의 습득일 뿐 창의력과는 거리가 멀다. 첨단기기에 익숙해진 어린이와 청년세대들의 지식 수준은 이처럼 단편적인 정보의 검색 수준에 머무르고 있다. 그러나 이런 '검색'에만 능한 세대들을 '사색'의 단계로 끌어올려야 한다. 책을 읽고 예술작품을 보면서 아름다움과 세상에 대한 판단력을 키우고, 자신의 감성과 상상력을 발전시키는 문화예술의 교육적 힘이 필요하다.

예를 들어, 신문활용교육(NIE) 같은 것의 교육적 효과를 생각해 보면 잘 알 수 있다. 신문 활용 교육에 대해서는 이미 많은 연구를 통해 밝혀진 바 있다. 신문 활용 교육의 최고 선진국이라 할 수 있는 핀란드의 연구 결과, 신문을 조금 읽는 학생들과 많이 읽는 학생들 간에 읽기 능력, 자연과학 학습능력, 전반적인 문제 해결 능력 등에서 현저한 차이가 있음을 확인했다. 한국신문협회 연구에 따르면, 신문 활용 교육을 받은 학생들은 그렇지 않은 학생들에 비해 창의적인 글쓰기, 의사 소통 능력은 물론, 학업성취도에서 큰 차이를 보인다. 이 밖에 여러 가지 효과가 있겠지만, 가장 큰 효과는 스스로 생각하는 능력이라고 본다. 즉 검색에만 능한 아이들에게 사색의 능력을 키워 주는 것이다. 교육적 용어로, 요즘 유행하는 '자기주도적 학습능력' 이라고 할 수 있다. 자기주도적 학습능력은 세상을 폭넓게 이해하고 창의적인 사고를 하는 데 가장 중요한 요소라는 점에서, 신문 활용 교육의 교육적 가치는 대단히 크다고 생각한다. 또 스스로 생각하는 능력은 자신을 돌아보게 하고 다른 사람들을 생각하는 힘을 길러 준다. 즉 나를 넘어 우리를, 우리 이웃을 생각하게 한다는 의미이다. 다른 사람과 더불어 사는 방법을 알게 해 준다는 점에서도 신문 활용 교육의 가치가 크다고 생각한다.

"문화는 교육이다"라는 말은 문화가 교육적인 효과를 낳을 수 있다는 뜻 외에도, 다른 한편으로 문화라는 것이 학습되고 체험되는 대상이라는 의미도 담고 있다. 태어나면서부터 누구나 본능처럼 문화를 즐길 수 있는 사람은 없다. 어린 시절 예술작품을 향유하는 경험을 누리지 못한 사람은 커서도 그것의 가치를 알기 힘들다. 문화예술작품은 꾸준히 체험되어야 하고 학습되어야만 즐길 수 있는 것이다. 이것은 '주 5일 근무제' 등으로 여가시간이 늘어나고, 사회에 노령인구가 점점 늘어나면서 여가 활용을 어떻게 해야 할 것인가 하는 문제와도 맞닿아 있다. 소득은 늘어나고 여유 시간은 많아지는데도 문화예술을 향유할 수 있는 능력을 어렸을 때부터 학습하지 못했던 세대들에게 이 문제는 삶의 질을 떨어뜨리는 원인이 되기 때문이다. 어린이들과 청소년들에게 더 질 높고 다양한 문화예술을 체험하도록 하는 것은 매우 중요한 국가적 과제가 되었다. 때문에 국가가, 문화는 이 시대의 가장 중요한 교육이라는 인식하에 적극적으로 국민들에게 문화예술교육을 실시할 필요가 있다.

정책적으로 볼 때, 문화예술교육은 공급자 즉 문화예술 창작자 지원 중심에서 문화예술을 향유하는 수요자 지원의 비중을 높임으로써 예술창작품에 대한 공급과 수요 간의 유기적 연결 및 활성화를 도모하기 위한 것이다. 하지만 더 근본적으로는, 개인적으로는 창의력 향상에서부터 인간의 심성을 길러 나가는 문제, 사회적으로는 문화공동체 형성의 문제, 국가적으로는 문화를 통해 국가의 품격을 높이는 문제 등과 맞닿아 있다. 즉 문화란 정치 · 경제 등 여러 분야 중 하나가 아니라, 우리 사회 전반에 걸쳐 영향을 미칠 수 있는 토대이며, 그 토대를 닦는 것이 바로 문화예술교육이다.

문화예술교육이라 하면, 학교에서 이루어지는 특정 분야의 교육보다 그 범주가 훨씬 넓고, 상징적 의미 또한 크다. 대체로 학문적으로도 문화나 예술은 중요한 기초학문 분야이며, 특정 기간이 아닌 평생을 통해 이루어져야 하는 것이다. 문화예술교육의 방향은, 모든 이들에게 균등한 기회를 주고, 전문교육이라기보다는 정서와 교양교육의 수단으로 삼으며, 다른 교육과 조화를 이루며 진행되어야 하고, 사회생활, 그리고 역사적 · 문화적 배경에 관한 인식과 함께 이루어져야 한다. 그리하여 문화예술이 생활 속에 깊이 스며드는 수준 높은 삶의 추구에 그 궁극적 목적이 있다 하겠다.

미국은 2011년 5월 11일, 미셸 오바마가 명예위원장으로 있는 '예술과 인문학을 위한 대통령 자문위원회' 에서 『예술교육에 대한 재

투자』라는 제목의 보고서를 발간하여 연방정부 차원의 예술교육 활성화에 청사진을 제시하였다. 프랑스 문화부의 문화예술교육사업 예산은 한 해 630억 원에 달할 정도이며, 영국은 음악교육에만 4년간 6000억 원을 편성하는 등 미래의 창의인재 양성을 위한 선진국의 문화예술교육 열기는 뜨겁다.

우리 정부에서도 2007년에 '문화예술교육 활성화 중장기 전략'(2007–2011)을 수립한 바 있다. 이에 따라 우선 학교 문화예술교육 지원책으로 예술강사 지원사업, 문화예술교육 선도학교 지원사업, 예술꽃 씨앗학교 지원사업, 유아 문화예술교육 지원사업, 명예교사 운영사업, 소외계층 아동 · 청소년 문화예술교육 지원사업 등을 시행해 나갔다.

예술강사 지원사업은 전국 초 · 중등학교를 대상으로 예술 분야별 전문 인력의 학교 방문 교육을 통해 학교 문화예술교육의 질적 수준을 높이고, 예술 전공자 및 관련 전문가들에게 교육현장 참여 기회를 제공하는 데 그 목적을 두고 있다. 명예교사 운영사업은 음악 · 연극 · 무용 등 문화예술 분야의 저명인사가 현장에서 학생들을 직접 만나고, 문화예술교육 프로그램 제공 및 체험을 통해 문화예술에 대한 이해와 흥미를 높여 감수성과 창의력을 길러 내는 사업이다. 소외계층 아동 · 청소년 문화예술교육 지원사업은 소외계층 아동과 청소년을 대상으로 문화예술교육을 실시함으로써 교육 대상자들에게 문화감수성 및 자기이해 증진의 기회를 제공하는 동시에, 방과 후 돌봄 기능을 병행하는 데 그 목적이 있다. 2009년 시범사업으로 16개 시 · 도 운영기관에서 청소년수련관, 청소년 문화의 집, 지역아동센터 등 전국 92개 기관을 선정하여 문화예술교육 프로그램을 개설했다. 이 밖에 정부에서는 사회문화예술교육사업으로 사회 예술강사 지원사업, 다문화 문화예술교육 지원사업 등을 시행하고 있으며, 문화예술교육 전문 인력 양성에도 힘을 쏟고 있다.

우리나라의 문화예술교육은 산업화 및 근대화, 그리고 첨단기술 문명의 발달로 그 동안 중요성이 인식되지 못한 경향이 있다. 이는 학교교육의 목적과 기능이 인문교육에서 점차 자본주의사회가 요구하는 직업적 전문주의 경향으로 흘렀기 때문이다. 최근에 와서 문화예술이 갖는 파급 효과와 산업적 가치 등이 인식되고 개인의 인성교육, 전인교육의 중요성이 부각되면서 그 필요성이 높아지긴 했지만, 아직도 입시 위주의 학교교육으로 문화예술교육이 교육현장에서 체계적으로 적용되고 있다고 보기는 힘든 단계다. 교과과정 이외에 문화예술이나 체육교육은 시간적으로도 많이 부족한 형편이며, 학교 내에서 이루어지는 예술교육에 문화현장의 인력들이 제대로 연계성을 가지지 못하고 있고, 이에 대한 체계적인 교육 프로그램에 대한 연구 역시 부족한 것이 현실이다.

공교육현장 내에서뿐만 아니라, 다양한 연령과 계층에 문화예술교육이 이루어지기 위해서는 지역별로 있는 문화예술시설에서 활발하게 교육이 이루어져야 한다. 하지만 아직까지는 이를 활용한 주민들 대상의 문화교육이 전문적이고 체계적으로 이루어지지 않았다. 문화예술교육은 특히 소외계층에 더욱 절실하다. 이를 위해서 각 지역마다 존재하는 청소년아동센터, 소규모 공부방 등과의 연계를 꾀하고, 이들에 대한 지원을 늘려 나가는 일이 필요하다. 다른 정책도 마찬가지겠지만, 기존의 교육기관, 교육시설, 자치단체 등과 연계해 나갈 때 자연스런 흐름을 만들어 낼 수 있고, 장기적으로 자생적 구조를 형성해 나갈 수 있을 것이다.

장관 임기 중 문화예술교육정책에서 먼저 관련 교육기관이나 대학, 혹은 문화예술 전문가들과 교육 대상들을 정부가 나서서 연계시켜 주고 질 높은 문화교육이 부담 없이 이뤄질 수 있도록 장을 마련하고, 기존의 교육 프로그램들을 체계화하는 데 초점을 맞추었다. 문화예술 및 체육에 좀더 시간을 낼 수 있는 여름방학을 이용해서 예술 관련 학과가 있는 대학생들과 재능 나눔을 실천하려는 문화인들을 연결하는 방학 예술 캠프 등을 새롭게 마련하는 것을 비롯하여, 기존 문화체육관광부에서 실시하고 있는 공교육 내에서의 예술꽃 씨앗사업이나 예술 · 체육 강사 파견 등 기존의 문화교육과 체험사업을 전국적으로 더욱 확대하고자 했다. 또 '주 5일 근무제'와 늘어나는 여가시간에 맞추어서 주말을 이용한 문화교육과 체육교육을 좀 더 체계적으로 진행할 수 있도록 인력과 교육 프로그램에 내실을 기하는 데 역점을 두었다.

몸으로 체험하는 방학 예술 캠프

문화교육 부문에서 가장 중점을 두고 추진한 사업이 '방학 예술 캠프'다. 예술 캠프를 놓고 머릿속으로 그린 그림은, 학생들의 학교공부의 부담이 덜한 방학기간을 이용해서 역시 관련 학과가 있는 대학의 기숙사 같은, 방학 중 여유 있는 공간이나 지역 문화시설에서 저소득층 아이들을 위주로 캠프를 여는 것이었다. 이곳에는 문화예술, 체육 관련 학과 학생들과 일급의 문화예술 전문가들이 강사로 초청되어 마스터 클래스를 비롯한 다양한 단계의 교육이 이루어지도록 해서, 평소 문화예술의 사교육 혜택을 받을 수 없는 학생들이 방학이 되면 예술가 · 체육가의 꿈을 키우면서 전국 각지에서 교육을 받게 하고,. 이러한 캠프들을 꾸준히 발전시켜 장기적으로는 최상의 교육 여건을 갖추도록 하여 예술 부문 사교육을 대체하고 학생들이 가장 선망하는 교육 프로그램으로 발전되어 나아가는 것이었다.

2011년에는 시범적으로 2박3일에서 5박6일의 규모로 시작을 하고, 점차 정착되면 숙박이 포함된 것이 아니라 데이 캠프로 2주짜리 프로그램으로 확대해 나간다는 장기적인 계획을 세웠다. 문화 · 체육 기반시설 및 국공립 예술단체, 저명 문화예술체육인을 활용해서 소외 아동 · 청소년에게 체험 및 사회성 함양의 기회를 제공하는 것이다. 이것은 입시 위주의 교과과정에 따른 청소년기 문화예술 · 체육 활동 공백에 대응하는 방법도 된다. 청소년에게는 문화예술교육과 체육교육의 안전망을 제공하고, 문화 · 체육정책 자원의 활용도를 배가시켜 상호 윈윈 효과를 도모하는 것이다.

문화예술 캠프는 '방학 예술 캠프' 라는 이름으로 7월 말부터 8월 중 2박3일에서 5박6일 동안 열 개 권역에서 13개 프로그램으로 진행됐으며, 초 · 중 · 고생 1750명에 소외아동 20퍼센트를 포함해서 참가했다. 체육 캠프는 '청소년 체육 캠프—스포츠 즐겨찾기' 라는 이름으로 역시 7월 말부터 8월 중순까지 3박4일 동안 아홉 개 권역별 거점 대학에서 열었다. 중학교 1, 2학년 900명이 대상인데, 낙후지역 · 다문화가정 · 저소득층 등 소외계층이 중심이 되었다.

체육 캠프는 맞춤형 통합 프로그램을 운영하여 캠프 참가자에 적합하고, 모든 스포츠활동 종목을 활용한 놀이 체험 교육이 통합된 프로그램을 운영했다. 역시 지역 특성을 반영해 지역별 특화시켜 거점 대학별로 조정, 특화 운영하도록 했다.

강사로는 국립기관에서 참가한 26명을 비롯해 대학생 등 자원봉사자 146명, 명예교사 11명 등 총 332명이 투입됐다. 명예교사로는 시인 고은, 국악인 김덕수, 미술가 엄정순, 사진작가 최민식, 작가 이미도, 미디어 아티스트 이이남, 만화가 박재동, 음악평론가 장일범, 전통무용가 하용부, 가야금 연주가 송혜진 등 국내 정상급의 문화예술인들이 참가해 아이들의 교육에 힘을 보태 주었다.

2011년 '방학 예술 캠프' 는 각 지역의 문화예술인과 대학생 자원봉사자들이 참여하여 어린이 · 청소년의 눈높이에 알맞은 지역별 ·

정책적으로 볼 때, 문화예술교육은 공급자 즉 문화예술 창작자 지원 중심에서 문화예술을
향유하는 수요자 지원의 비중을 높임으로써 예술 창작품에 대한 공급과 수요 간의
유기적 연결 및 활성화를 도모하기 위한 것이다.
(2011년 8월 11일 충북 수안보에서 열린 방학 예술 캠프 현장에서)

장르별 문화예술 체험 학습을 할 수 있었다.

열 개 도시 중 충청북도 수안보에서 8월 8일부터 13일까지 6일 동안 열린 '여름 음악체험 교실'에 직접 현장을 방문해 보았다. '악기야 놀자'라는 주제로 마련된 이 캠프에 더운 날씨에도 불구하고 많은 학생이 참가하여 악기를 연주하는 즐거움과 서로 더불어 어우러지는 체험을 하고 있었다. 특히 이 캠프는 초보자보다는 악기를 이미 다룰 줄 아는 학생들을 대상으로 한 마스터 클래스 수업으로 열렸다. 음악을 이미 하고 있지만, 여러 가지 사정으로 전문가들의 손길이 필요한 아이들을 위한 프로그램이었다. 이석준 한국예술종합학교 교수 등의 지도로 바이올린, 첼로, 콘트라베이스, 트럼펫, 플룻 등 관현악과 타악기를 망라한 협연수업이 이루어지고 있었다. 캠프에 참가한 학생들에게도 수업이 열렸지만, 자원 봉사차 온 충주대 학생들에게도 관악합주 수업을 열었다. 캠프 첫날은 한국예술종합학교와 함께 작은연주회도 선보여, 단순히 배우는 것에서 그치는 것이 아니라 보고 느끼도록 해 주는 프로그램이었다. 충북 괴산고 관악부에서 플룻을 하고 있는 김모수아 양은 "사실 음표 보는 데 아직 익숙지 않았는데, 캠프를 통해서 배울 수 있었고 합주의 즐거움을 배울 수 있어서 좋았다"고 했다. 직접 현장에서 수업을 지켜본 느낌은, 여기서의 경험을 바탕으로 이 학생들이 앞으로 우리나라를 대표하는 훌륭한 음악가가 되었으면 좋겠다는 것과 더 많은 학생이 배움의 혜택을 누릴 수 있었으면 좋겠다는 것이었다. 아이들에게 이런 소감을 말하고 건의사항이 무엇이냐고 물었더니, 캠프에 참가한 여자 어린이는 "다 좋아서 건의 사항이 없는 게 흠이다"라고 밝혀 현장을 웃음바다로 만들기도 했다. 그들에게 얼마나 소중한 기회였는

2011년 시 · 도별 방학 예술 캠프 주요 프로그램

지역(장르)	운영단체	기간 · 장소	인원	캠프명 · 캠프내용
서울(통합)	한국예술종합학교	· 8. 6-10(4박5일) · 한국예술종합학교	120	「이게 바로 나예요」-통합예술캠프(음악, 무용, 연극, 미술, 영상)
부산(미술)	오픈스페이스 배	· 7. 30-8. 21(기간 중 토 · 일) · 오픈스페이스 배	90	「숲속 미술관 캠프」-통합형 미술 체험캠프
부산(통합)	인디고서원	· 8. 10-12(2박3일) · 부산유스호스텔	150	「꿈을 살다-창조적 열정을 지닌 청소년, 아름다운 세상을 꿈꾸다」-인문학 책을 매개로 토론형 문화예술교육
인천(통합)	인천아트플랫폼	· 8. 1-12 · 인천아트플랫폼	200	「신나는 여름예술캠프」-통합예술캠프(만화, 동화, 사진, 도자)
광주(통합)	광주문화예술교육지원센터	· 8. 10-12(2박3일) · 광주 전역 9개 문화예술공간	100	「문화예술 상상캠프」-미션 수행을 통한 도시문제의 문화적 해결
울산(통합)	문화예술센터 결	· 8. 6-9(3박4일) · 관성생활문화연수원	120	「선사의 꿈! 예술로 통하다」-통합예술캠프 (연극, 미술, 아카펠라, 타악, 애니메이션 등)
충북(음악)	충북도립예술단	· 8. 8-8.13(5박6일) · 수안보조선관광호텔	140	여름음악캠프「악기야 놀자」-전문 음악캠프(오케스트라, 마스트클래스 및 앙상블 전문가 레슨)
충남(전통)	(사)한국도농문화교류협회	· 8. 1-4(1차) · 8. 5-8(2차)/3박4일 수통리체험마을	120	「심마을 어린이 예술한마당-예술하고 놀자」-우리의 소리, 몸짓, 두드림, 옛이야기가 어우러져 만들어 가는 전통문화예술 체험(국악 · 난타 · 사물놀이 · 전통춤)
전북(전통)	(사)모악문예	· 8. 8-10(1차) · 8. 11-13(2차)/2박3일 · 한옥체험관, 공예체험관 등	200	「읽고 배우고 기행하는 판소리 문화유산 따라하기」-북장단, 사물놀이, 판소리 배우기
전북(전통)	전북문화예술교육지원센터	· 7. 20-22(2박3일) · 송광수련장	100	「청소년문화 빅뱅캠프」-전북의 맛 · 멋 · 소리 체험캠프
전남(전통)	국립남도국악원	· 7. 25-29(4박5일) · 국립남도국악원	90	「국악캠프」-국악기 심화학습
전남(통합)	(사)한국천연염색협회	· 8. 11-13(1차) · 8. 18-20(2차) · 8. 25-27(3차)/2박3일 보성천연염색공예관	120	「꽃이 세상을 물들일 때-꽃물캠프」-보성 문화스토리텔링 프로그램
제주(통합)	(사)제주도청소년교화연합회	· 7. 29-8. 1(3박4일) · 제주금릉청소년수련원	150	「내 몸 속 우리문화 DNA」-다양한 문화자원 발굴, 스스로를 표현하고 그 역량을 지속적으로 축적해 나가도록 지원
계	13개		1,700	

지 실감하게 됐다. 캠프의 장이 기쁘고 소중한 경험이었음은 교육 대상인 아이들에게만 그런 것이 아니었다. 이석준 교수는 "캠프에서는 협주곡을 연주하기에 악기 수가 조금 부족했음에도 불구하고 배우려는 학생의 열정이 대단했다. 학생들을 보면서 아쉬운 점은 많이 위축되어 있다는 점이었다. 비록 환경은 열악하지만, 자기 자신을 믿고 좀 더 적극적으로 했으면 좋겠다. 며칠 간의 수업으로 학생들의 실력이 일취월장했고 그 모습에 감동했다"며 "가르치려고 왔다가 무언가를 배우고 가는 셈이다"라고 말했다. 한성렬 충북도립교향악단 수석 비올라 연주자 역시 "평소 누군가에게 제 재능과 음악 하는 즐거움을 나누어 주고 싶다는 생각을 했다. 그러다 충북도립교향악단과 문화체육관광부가 함께하는 자리가 있다는 얘기를 듣고 도움이 될까 해서 참가하게 되었다"며 "음악을 접한 지 얼마 되지 않는 학생들에게는 합주가 어려울 수 있다. 하지만 열심히 하는 모습을 보고 감동했다. 사실 나 같은 전문 연주자도 어느 정도 경력이 되면 열정이 식는 순간이 온다. 그런데 아이들은 아니었다. 그런 모습을 보고 있으니 내게도 열정이 생기더라"며 벅찬 감동을 이야기했다.

이 캠프가 더욱 의미 있었던 것은 참가자의 20퍼센트는 문화 소외계층 자녀로, 이들이 다양한 사람과 만나고 함께 생활하면서 소통하는 법을 배울 수 있도록 했다는 것이다. 한마디로 참가자들은 배움의 기쁨을 누리고, 가르치는 사람 역시 감동을 느낄 수 있는 진정한 '문화 나눔 운동'의 실천이 문화예술교육 캠프를 통해 이루어지고 있었다.

독서훈련을 군사훈련 정규과목으로

10여 년 전 의원 시절부터 꾸준히 병영도서관에 대한 관심을 가지고 장병들의 독서운동 확대를 위한 노력을 펼쳐 왔다. 병영도서관에 대한 관심은 우연한 기회에 병영도서관 운동을 하고 있는 민간 시민단체 '사랑의 책 나누기 운동본부' 민승현 님을 만나면서 시작됐다. 의정활동을 하는 동안 '병영도서관 활성화를 위한 토론회'를 개최하기도 하고, 「도서관법」 개정을 통해 공공도서관의 범주에 병영도서관을 포함시키기도 했다.

이처럼 병영 독서운동에 관심을 가지게 된 이유는 역시 해병대 시절 내 경험 때문이다. 군대 시절 가장 행복했던 시간을 돌아보면 추운 바람과 눈으로 뒤덮인 초소에서 근무를 서고 돌아와 잠시나마 책을 읽었던 순간이었던 것 같다. 평생 가장 책을 많이 읽었던 시간이 군대 시절과, 민주화운동 때문에 교도소에 있었던 시절이다. 이때 나는 독서의 힘을 깨달았다.

군생활 2년은 시간만 흘려보내는 소모의 시기가 아니라, 책 읽기의 즐거움을 깨닫고 독서를 생활화함으로써 자기계발을 기하고 인생의 황금기가 될 수 있는 시기다. 또 체력적으로 왕성한 병사들에게는 사회와 격리되어 문화적 불안감이 가중되는 기간이기도 하다. 별다른 문화활동을 할 수 없는 군인들은 여가시간의 대부분을 텔레비전을 보는 것으로 보내기 일쑤다. 설문조사에 따르면, 텔레비전 보기가 여가시간의 50퍼센트 이상을 차지하는 것으로 나타났다. 하지만 이 시간을 책읽기에 활용한다면 독서를 통해 2년이라는 군 복무기간 중 평생 학습의 기반을 마련할 수 있고, 자기 설계형 학습과 여가 활용에 큰 도움이 될 수 있다. 게다가 현대전은 강한 정신력, 올바른 판단과 사고가 요구되고 있는바, 독서훈련을 통한 투철한 국가관 확립과 지식강군으로 국방력 확보에도 도움이 될 수 있다. 또 군대에 가면 시간만 낭비되고 자기 학습에 도움이 되지 못한다는 부정적 인식 때문에 병역을 기피하려는 현상을 극복하고, 군대가 실질적으로 도움이 되는 곳이라는 새로운 이미지도 부각시킬 수 있는 장점도 있다.

최근 들어 병영도서관을 개설해야 하는 「독서진흥법」 개정으로 대대급에 1600개의 병영도서관이 생기는 등 병영 독서환경은 많이 개선되고 있다. 과거처럼 독서하는 것을 죄인 취급하는 고참도 없어졌고, 토요휴무제에 따라 책을 읽을 시간도 많아져 자기 계발을 위한 독서나 개인학습 동아리활동 등에 투자하는 일도 늘어났다. 병영 전문 잡지 『HIM』이 군인들을 대상으로 한 설문조사를 보면, 다행히도 군대에 와서 오히려 독서량이 늘어서 한 달에 평균 두세 권의 책을 읽는다는 답변을 하고 있다.

내가 추구한 병영 독서운동은, 이처럼 군인들의 독서를 그냥 개인의 취미나 여가생활로만 맡겨둘 것이 아니라, 여기서 한걸음 더 나아가 군대의 독서가 군사훈련과 같이 정신훈련의 하나로 정규 프로

군복무 시절 가장 행복했던 시간을 돌아보면 추운 바람과 눈으로
뒤덮인 초소에서 근무를 서고 돌아와 잠시나마 책을 읽었던 순간이었던 것 같다.
군대는 청춘을 허비하는 곳이 아니다. 조국의 안보를 지키는 틈틈이 책을 읽고
사색하며 스스로를 돌아보는, 청춘의 영혼을 숙성시키는 곳이다.
(2011년 8월 3일 포항 해병대 제1사단 병영도서관에서)

그램으로 만들자는 것이었다. 지금까지의 군 훈련시간에는 전투훈련 외에 정훈교육시간이 구분되어 있지만, 독서훈련시간은 별도로 지정되어 있지 않아, 군 장병 전체가 참여하는 데 한계가 있고, 부대별 독서활동이 이뤄지고 있기는 하나, 통일된 매뉴얼이 없어서 지휘관 재량에 따라 편차가 심한 상태였다. 또 병영도서관 운영관리 프로그램이 없어, 도서 대출 등 효율적인 관리가 미흡하고, 독서활동 지원을 전담할 인력조직 역시 체계적으로 일원화되어 있지 않다. 게다가 병영도서관은 신간 서적 등 장병들이 좋아할 만한 책을 많이 가지고 있지 않다는 문제도 있다.

문화체육관광부가 도서관 정보 기획단을 중심으로 국방부에 제안한 정책은, 먼저 전투훈련시간에 정신력 훈련의 일환으로 독서훈련 과목을 신설하자는 것과, 군 입대부터 제대까지 스스로 목표를 정하여 책을 의무적으로 읽고 나오는 독서총량제를 도입하여, 목표를 달성한 병사들에게는 포상휴가를 주는 방식으로 독서를 정규 프로그램화하자는 것, 또 평일 일과 전후 또는 주말 자율시간 중 스스로 독서시간을 정하여 독서할 수 있는 기회를 확보하고, 개인 독서이력철을 관리해서 꾸준하고 일상적인 독서를 유도하자는 것이었다. 지역 공공도서관과 병영도서관 간의 이동도서관 활용 등 민·군 협력 모델사업을 발굴하고 독서운동을 활발하게 하는 40개 군부대를 선정하여 병영 독서 프로그램 지원, 문화체육관광부 우수도서 8만 권 지원계획 역시 제안했다.

이러한 내용을 바탕으로 문화체육관광부와 국방부 간에 수차례 업무 협의를 한 결과, 우선 육군·해군·공군·해병대 각 군의 추천을 받아 일일 독서생활화 시범부대 14개 대대를 선정해서 운영하기로 합의하였다. 이 시범부대는 매일 아침, 점심, 저녁 식사시간 전후 10분씩 하루 총 30분 또는 1일 정신교육시간 전후 1시간을 독서시간으로 보장하기로 했다. 또 병영 독서활동 우수 사례를 조사해서, 전 군에 전파해 독서환경을 조성하고, 장병 선호도조사를 통해 권장도서를 파악한 뒤 도서를 지원하기로 했다. 체계적인 독서교육이 이루어질 수 있도록 독서 지도 강사도 40개 부대에 파견하기로 했다. 시범사업 대대 신청을 받은 결과, 예상 외로 14개가 넘는 대대가 1일 독서생활화 시범부대에 신청함에 따라 2012년에는 50개 부대로 확대하기로 했다.

청소년들과 함께하는 꿈의 오케스트라

1975년 베네수엘라에서 시작한 아동 · 청소년 오케스트라 문화교육 시스템 '엘 시스테마'는 예술교육이 단순히 음악을 가르치고 감정을 순화시키는 데서 더 나아가 사회를 바꾸는 혁신적인 역할을 할 수 있음을 세계에 증명한 대표적 사례이다. 빈민가 차고에서 11명의 아이를 대상으로 시작된 '엘 시스테마'는 중남미 각국을 비롯해 미국 · 영국 · 오스트리아 등 25개국으로 확산되었다. 문화체육관광부에서도 이 같은 오케스트라를 통한 문화교육 시스템인 '꿈의 오케스트라' 사업을 추진하고 있다. 2011년 8월에는 '엘 시스테마'를 창립한 호세 안토니우 아브레우 박사와 함께 창단 멤버의 일원인 수전 시먼 씨가 한국을 찾아 경기도 화성 등지에서 열흘 동안 '꿈의 오케스트라' 아동과 함께 '엘 시스테마' 교수법 시범수업을 진행하고, 교육강사 대상 특강과 워크숍, 좌담회를 여는 등 쉴 틈 없는 일정을 보냈다. 수잔 시먼은 베네수엘라에서 가장 큰 몬탈반교육센터를 이끌며, 유아부터 청소년까지 8단계에 이르는 오케스트라 교육체계를 완성한 사람이다.

일정이 끝난 뒤 문화체육관광부 청사에서 시먼 씨와 만나 한국에서의 시범수업 소감을 나누고 사회를 바꾸는 예술의 힘을 보여 주는 '엘 시스테마' 의 생생한 이야기와 정책적 조언을 듣는 시간을 가졌다. 지속적으로 확대되고 있는 한국의 문화예술교육정책, 체험 · 창작과 공동체 경험을 강조하는 정책 방향을 설명하며 문화체육관광부의 꿈의 오케스트라 사업과 방학 예술 캠프 추진에 대해 이야기를 나누었다. 수잔 시먼 씨는 "어린이에게 성취감을 느끼게 하는 게 무엇보다 중요하다"고 말했다. '엘 시스테마' 같은 오케스트라교육은 어린이에게 어릴 때부터 성취감을 일깨워 주며 "관객이 곧바로 박수로 보답해 주기 때문에 스스로 '내가 성공했구나' 라는 느낌이 들게 된다"고 말했다. "승자와 패자로 나뉘는 스포츠와 달리 오케스트라교육은 참여한 모두가 승자가 된다"며 "오케스트라 연주가 끝나면 각 개인이 투입한 시간 등에 대한 보상을 받게 되는 셈"이라는 것이다.

'엘 시스테마' 의 성공 사례가 알려진 뒤 우리나라에서도 각 지자체별로 아동 · 청소년 오케스트라교육이 하나 둘씩 확산되고 있다. 문화체육관광부는 이 같은 오케스트라 교육을 체계적으로 지원하기 위해 '꿈의 오케스트라 네트워크' 라는 정책 네트워크를 2011년 5월에 발족시켰다. 오케스트라활동을 통해 아동 · 청소년들이 리더십과 책임감, 공동체의식을 갖춘 미래의 주역으로 자랄 것으로 기대하며, 이들을 '2030 오케스트라 세대' 로 키우기 위하여 국공립 오케스트라와 저명 음악가, 전문 공연장 등 전 음악계가 지지와 후원의 뜻을 같이한 것이다. '꿈의 오케스트라 네트워크' 는 학교, 복지시설 등 민 · 관의 다양한 교육현장을 체계적으로 지원하고 질적 도약을 꾀하게 된다. 전국 오케스트라 현장에서 활동하는 강사 500명에 대

1975년 베네수엘라에서 시작한 아동 · 청소년
오케스트라 문화교육 시스템 '엘 시스테마'는
예술교육이 단순히 음악을 가르치고 감정을 순화시키는 데서
더 나아가 사회를 바꾸는 혁신적인 역할을 할 수 있음을
세계에 증명한 대표적 사례이다.
(2011년 8월 11일 충북 수안보에서 열린
방학 예술 캠프 현장에서)

한 연수 프로그램 운영과, 이들 강사를 가르칠 핵심강사 20명 양성이 시작되며, 우수 핵심 강사에게는 베네수엘라 '엘 시스테마' 등의 현지연수 기회도 부여된다. 교수법 연구와 교재 개발을 비롯하여 기부금 유치와 홍보 등 현장 운영 매뉴얼 개발도 함께 추진된다.

네트워크 출범식에는 지역 문화재단, 국공립 오케스트라, 저명 음악가와 공연장 등 음악계가 뭉쳐 최근 확산되는 아동 · 청소년 오케스트라의 질적 도약을 위하여 적극적인 자문과 후원의 역할을 맡는데 뜻을 모았다. 예술의 전당, 세종문화회관 등 대표적인 공연장은 물론이고, 서울시향, 코리안심포니오케스트라, 부천필하모닉 등 국공립 교향악단, 대관령국제음악제 사무국과 크레디아, 빈체로 등 주요 음악 관계자가 지원 네트워크에 참여했다. 첼리스트이자 지휘자인 장한나는 평소 이 같은 청소년 오케스트라를 키우는 데 몸소 앞장서 왔던 사람이다. 본인이 수년간 노력해 왔던 아동 · 청소년 오케스트라 육성 프로젝트를 정부가 함께하는 것에 대해 기쁨을 표시하고 조언을 아끼지 않겠다는 축하 메시지를 보내왔다. 이와 함께, 정명훈, 정명화, 이성주, 양성원, 김대진, 송영훈, 오순화, 조윤범, 이강호, 백주영, 배일환, 크리스찬 루트비히(Christian Ludwig) 등 한국의 예술을 이끌어 가는 음악가들이 멘토로 참여하게 된다.

어린 예술혼을 싹틔운 예술꽃 씨앗학교

'예술꽃 씨앗학교' 는 우리나라에서도 '엘 시스테마' 못지않은 예술교육의 바람이 가능하다는 믿음을 가질 수 있을 만큼 커다란 변화를 낳고 있는 사업이다. 예술꽃 씨앗학교는 문화체육관광부와 문화예술교육진흥원이 어려운 여건에서도 문화예술교육에 힘써 온 전국 농어촌 10개 초등학교를 정해 4년간 매년 1억 원을 집중 지원하는 사업으로, 2008년부터 시작되었다. 400명 이하 소규모 학교를 대상으로 소외지역 초등학생들에게 국악 · 영화 · 음악 등 1인 1예능 교육을 실시해 문화적 감수성을 키우고 창의적인 사람으로 성장할 수 있게 해 주는 '예술꽃 씨앗학교' 사업은 2011년 26개교로 대상 학교 수가 확대됐다.

지금까지의 예술꽃 씨앗학교의 성공 사례들을 보면, 문화예술교육이 어린 학생들의 감수성을 얼마나 계발시키며, 학교, 더 나아가서는 공동체를 변화시킬 수 있는가를 깨닫게 해 준다. 어린이들은 복지시설 등에서의 연주 봉사활동, 지역사회와 연계된 축제 및 발표회 등을 통해 성취감을 고취시키고 있고, 예술꽃 씨앗학교 운영이 정착되면서 국내 언론의 대대적 보도로 공교육 내 문화예술교육의 특성화된 모델을 제시하고 있다. 성공 사례들은 다음과 같다.

전남 여수의 북초등학교는 바닷가에 있는 작은 학교로 학생이 줄어 폐교 위기를 맞았지만 '예술꽃 씨앗학교'로 선정되면서 학교가 다시 살아나는 기적을 일으켰다. 도심에서 떨어져 학원 한 곳 없으며 학생 수는 36명에 불과해 학교를 운영하기조차 힘들 지경이었다. 그러나 2008년 '예술꽃 씨앗학교'로 선정되면서 사물놀이, 한국무용 등 국악 교육프로그램과 플룻 앙상블, 윈드 오케스트라, 교육 · 연극 프로그램과 음악 캠프를 운영하면서 신입생과 전 학생이 몰려 1년 만에 68명으로 늘어났다.

부산 금성초등학교 역시 폐교 위기에서 4년 만에 예술꽃 씨앗학교를 통해 완전히 새롭게 태어났다. 이 학교가 실시하는 것은 예술통합교육이다. 학생들이 직접 영화를 찍고, 영화매체를 통해 사회 등 교과 수업을 진행하는 형식이다. 예체능교육에서는 어린이가 주체가 된다. 아이 10여 명이 들어갈 만한 학교 뒷산 통나무집도 아이들이 손수 만들었다. 무용시간에는 학생이 직접 동작을 만들어 표현한다. 이런 교육이 소문이 나자, 도시 학생 등 외지 학생 60여명이 전학을 오기 시작했고, 결국 학교 통폐합도 막을 수 있었다.

2009년 12월 이비에스(EBS)의 다큐 〈교육실험프로젝트 : 삼동초등학교 180일의 기록〉은 체임버 오케스트라 운영, 국악 합주부 운영, 타악 퍼포먼스 및 스쿨밴드 운영, 어린이뮤지컬 및 영어연극 운영 등으로 학생들 모두 1인 1악기를 연주하는 음악 특성화교육 실시로 학생들에게 정서적 안정과 자신감을 얻어 가는 과정을 그리고 있다. 이 학교는 학생들뿐만 아니라 학부모 대상 가야금반, 교사 오케스트라도 조직되어 학생과 학부모, 교사 모두 예술교육에 참여하고 있다. 사교육 없이 공교육만으로 이뤄 낸 삼동초등학교의 이 같은 교육 성과는 「2010 대한민국 좋은 학교 박람회」에서 대통령 리셉션장 단독 공연에 초대되는 결과를 낳았다.

제주 남원초등학교는 이제 영화학교로 더 유명하다. 영화교육을 특기교육으로 영화 감상에서부터 연기까지 가르쳐 전교생 모두 영화인으로 불린다. 앞으로 마을문화 활성화를 위해 영화 중심 테마파크를 만드는 계획을 추진하고 있다. 영화를 접하기 힘든 농촌의 현실에서 영화인의 꿈을 꾸는 아이들의 재능을 키우고, 영화교육 후 당당해지는 어린이들의 모습이 가장 큰 교육효과다.

이 학교의 5학년 고혜주 어린이는 "영화 캠프에 와서 게임을 하다 보니 이것도 하나의 공부라는 생각이 들었다. 순발력 게임은 영화 속 달리는 장면에서 빨리 달릴 수 있게 하고, 청각 게임은 미세한 소리에도 집중할 수 있게 한다"고 말했다.

이 학교 어린이들의 영화는 부산국제어린이영화제 본선 진출, 대한민국청소년영화제 금상 수상, 제11회 대한민국 영상대전 초등부 최고상 수상 등 전문가 수준으로 올라 있다.

어린이들의 표현력과 자신감을 키우고, 집중력과 정서적 안정을 심어 주는 문화예술교육의 활성화를 위해 문화체육관광부는 다양한 사업을 추진하고 있다. 문화체육관광부는 선정된 '예술꽃 씨앗학교'가 지역 문화예술교육 거점 학교로 육성될 수 있도록 워크숍 및 컨설팅 지원도 제공할 예정이다.

세계적인 예술가들의 요람

2011년은 케이팝으로 인한 대중문화 한류가 전 세계를 휩쓸었지만, 한편으로 보면 케이팝 못지 않게 클래식 한류의 바람이 어느 때보다 거센 한 해였다. 5월에는 소프라노 홍혜란이 세계 3대 콩쿠르로 꼽히는 벨기에 퀸 엘리자베스 콩쿠르 성악 부문에서 1위에 올라 우리를 깜짝 놀라게 했다. 7월에 쏟아진 차이코프스키 콩쿠르 소식은 더욱 놀랍다. 역시 3대 콩쿠르 중의 하나이면서 가장 높은 명성을 얻고 있는 이 대회에서 피아노 부문에서 손열음 씨와 고교생 조성진 군이 2, 3위를 기록했고, 남녀 성악에서는 박종민 · 서선영 씨가 나란히 1위를 차지했다. 이지혜 씨도 바이올린에서 당당히 3위에 올랐다. 1958년 콩쿠르 창설 이후 한국인이 거둔 최고의 성적이다. 성악 부문 남녀 동반 1위, 한국 국적 연주자의 피아노 2위, 고교생 입상, 바이올린 부문 수상은 모두 처음 세워진 기록이다. 차이코프스키 콩쿠르 역사상 주최국을 제외한 나라에서 다섯 명의 입상자가 한꺼번에 나온 것은 보기 드문 일이라, 주최국 러시아의 언론에서도 깜짝 놀랐다고 한다. 주목되는 점은 입상자 모두 국내 예술고등학교나 한국예술종합학교 등에서 음악을 배운 국내파 출신이라는 점이다. 남녀 성악 1위를 차지한 박종민 씨와 서선영 씨는 한국예술종합학교 출신이다. 이들은 최현수 교수의 제자로 실력을 닦은 뒤 해외에 스카우트됐다. 피아노 부문 2위를 차지한 손열음 씨와 바이올린 3위의 이지혜 씨도 모두 한국예술종합학교에서 공부했고, 벨기에 콩쿠르 입상자 홍혜란 씨 역시 이 학교를 졸업했다.

한국예술종합학교의 성과는 음악뿐이 아니었다. 국제적 명성을 가진 제6회 시칠리아 국제발레콩쿠르에서도 한국예술종합학교 출신의 한국 무용수 열 명이 상을 휩쓸었다. 한국예술종합학교 무용원 현대무용 전공 출신이 주축을 이룬 엘디피(LDP) 무용단은 미국 최고(最古)의 역사를 자랑하는 제이콥스 필로우 댄스 페스티벌에 한국 단체로는 처음으로 초청받았다. 이 밖에도 세계에서 손꼽히는 국제 발레단에 이 학교 출신들의 입단 소식이 올해 속속 전해져 왔다.

영화 부문의 쾌거도 있다. 세계 최고 영화제 중의 하나인 제61회 베를린 영화제에서 단편 부문의 1위를 차지한 유명 감독 박찬욱과 함께 나란히 2등상인 은곰상을 받은 양효주 감독이 있다. 그의 작품 〈부서진 밤〉은 양 감독이 한국예술종합학교 졸업 작품으로 만든 영화다. 이쯤 되면 전 세계의 예술인들이 '도대체 한국예술종합학교가 무엇인데?' 라며 궁금증을 가질 만하다. 실제로 5월 홍혜란 씨의 수상 소식이 알려진 직후 벨기에 출장 길에서 대회 관계자를 비롯해 현지 문화 평론가와 오찬을 가졌는데, 이 자리에서 나는 자랑스럽게 "우리 문화체육관광부가 직접 관리하는 산하 교육기관"임을 내세우며, 실기에 중점을 두는 한국예술종합학교의 시스템과 학풍에 대해 설명했다.

이처럼 두드러지는 성과를 내는 한국예술종합학교의 사례를 보면서, 문화예술 엘리트 교육의 바람직한 방법과 발전 방향에 대한 고민과 지원이 더 필요함을 느끼게 된다. 서울 서초구 예술의전당과 맞붙어 있는 한국예술종합학교 음악원은 예술적 재능이 있는 아이들을 선발해 훈련시키는 예술영재교육원 역할을 하고 있다. 이번 차이코프스키 콩쿠르 수상자 5명 가운데 4명이 한국예술종합학교 출신이라는 사실을 두고, 이번 대회를 계기로 토종 클래식 교육 시스템은 자연스럽게 성공적임을 검증받게 되었다.

1992년 문을 열어 내년에 성년이 되는 한국예술종합학교는 1990년대 후반부터 2000년대 초반에 졸업한 졸업생들이 문화예술 전 분야에 걸쳐 눈에 띄는 성과를 내면서 공연·영화계의 핵심축으로 떠오른 셈이다. 거칠 것 없는 이 학교 학생들의 탄생 뒤에는 제도와 시스템이 자리 잡고 있다. 한국예술종합학교의 성과는 예비학교→영재교육원→예술종합학교로 이어지며, 어린 나이의 영재를 조기에 발굴하고 이들을 선별해서 집중적으로 실기 위주로 가르치고, 학제에 구애되지 않는 자유로운 분위기를 만드는 교육정책이 지켜졌기 때문에 가능했다. 벌써 해외에서는 예술교육의 메카가 되고 있는 이 학교를 보고 벤치마킹하고 싶어한다는 말을 많이 들었다.

전문 음악교육기관이 없었던 1970–1980년대만 해도 국내에선 일정 수준 이상의 음악교육을 받기가 어려웠다. 당시 국내 클래식 연주자들은 독일, 미국 등 외국에서 어렵게 교육을 받아야 했다. 이러한 상황에서 1993년 한국예술종합학교 음악원 개원은 클래식 음악계에 전환점을 마련했다. 기존 예술대학의 교육 시스템에서 벗어나 철저하게 실기 위주로 교육하고, 어린 영재들을 조기에 발굴하고, 또 차이코프스키 콩쿠르 한국인 최초 우승자 출신인 성악가 최

발레학교 하나 없는 현실에서 간혹 배출되는 몇몇 천재적인 발레리나, 발레리노들에 의해 대한민국 발레의 운명이 좌우되는 것은 너무 암담하지 않은가. 이제 발레의 저변 확대를 위해, 또 한국 발레의 발전과 대중화를 위해 국립발레학교를 세워야 할 때다.
(2011년 6월 12일 제1회 대한민국 발레축제 개막공연이 열린 예술의 전당에서)

현수, 세계적 첼리스트 정명화, 피아니스트 김대진, 바이올리니스트 김남윤 등 세계 정상급 음악가들이 어렸을 때부터 집중적으로 교육을 받을 수 있도록 열정을 쏟은 덕분에 국내에서 체계적으로 예술인재를 키울 수 있는 장으로 발돋움했고, 학교가 성년을 앞둔 올해 이렇게 화려하게 꽃을 피워 올린 것이다. 이처럼 여러 국제대회에서 우리나라 젊은 음악인이 좋은 성적을 거두는 배경에는 많은 해외 경험을 학생에게 전해 주는 교수진의 노력이 담겨 있다. 수많은 학생들이 외국 유학을 떠나고 그 비용 때문에 고통을 받는 현실을 생각하면, 확실하게 검증된 교육 시스템의 확충을 서둘러야 하지 않을까 싶다.

현재 한국예술종합학교는 미술원 · 전통예술원 · 연극원 · 영상원과 음악원 · 무용원 등이 서울 석관동 교사와 서초동 교사 등에 분산되어 있다. 박사학위는 없으며, 석사학위에 준하는 전문사 과정과 학사학위의 예술사 과정으로 이루어져 있다. 이 학교의 석사 · 박사 학위 인정 문제는 내가 국회의원 시절부터 나왔던 문제다. 일반 교육편제의 창의성 한계를 극복하기 위해 학제에 얽매이지 않는 학교를 만들자는 뜻으로 개교한 이 학교에 대해서, 막상 이 학교의 학제를 바꾸자는 개선안이 나오자 특혜 논란이 일면서 기존의 예술학과를 포함한 일반 대학들이 반대를 하고, 개교에 힘썼던 사람들마저 반대를 하는 일이 벌어졌다. 한국예술종합학교의 발전을 위해서는 통합 건물을 만드는 것과 석사 · 박사 학위를 공식적으로 인증하는 절차가 마무리되어야 할 것이다. 이 학교 내부에서도 학교 시스템의 장점에 대한 적극적인 홍보를 통해서 이 같은 의견을 관철시키는 노력이 필요해 보인다. 앞으로도 개방적인 학풍을 잘 살려서 창의적이면서도 실험적인 시스템을 개발하고 경직되지 않은 효율적인 교육적 시도도 더 많이 해야 할 것이다. 이미 세계적인 성과로 검증된 만큼, 제삼세계에 이 학교의 시스템을 전파할 수 있도록 외국의 장학생들을 적극 발굴함으로써 문화교육을 통한 외교적 성과도 올릴 수 있을 것이다.

이와 더불어 한국예술종합학교의 성과에 맞먹는 효과를 얻을 수 있는 국립발레학교의 설립 역시 무용인들이 오랫동안 요구해 온 사항이다. 우리나라에서 가장 실력 있는 발레리나인 강수진, 김주원 등 발레예술을 꿈꾸는 이들은 대부분 어린 시절 유학을 떠났다. 강수진은 영국왕립발레학교를, 김주원은 볼쇼이발레학교를 졸업했다. 다른 예술 분야와는 달리 우리나라에는 초 · 중 · 고교와 대학에 이르는 일관된 발레 교육기관이 없기 때문이다. 발레학교 하나 없는 현실에서 간혹 배출되는 몇몇 천재적인 발레리나, 발레리노 들에 의해 대한민국 발레의 운명이 좌우되는 것은 너무 암담하지 않은가. 이제 발레의 저변 확대를 위해, 또 한국 발레의 발전과 대중화를 위해 '국립발레학교'를 세워야 할 때다.

우리 동네 문화 사랑방, 작은도서관

국회의원이 되기 전 미국 워싱턴에서 1년간 생활한 적이 있다. 처음 미국 땅을 밟은 뒤 가장 문화적인 충격을 받았던 곳은 동네의 작은 도서관이었다. 이곳에서는 나같이 처음 커뮤니티를 찾은 사람이 이용할 수 있는 모든 정보들이 한자리에 모여 있었다. 영어 등 어학 강좌, 문화 강좌, 영화 상영 등 주민들의 문화와 교육 정보는 물론이고, 거라지 세일(Garage Sale, 집안의 중고 물품을 마당에 내놓고 파는 장터) 정보나, 중고자동차 판매 정보, 아이 돌봐 주는 서비스 제공 정보 등 모든 정보의 중심에 도서관이 자리 잡고 있었다. 또 하나 인상적인 것은, 초등학교 아이의 학교에서 관련 도서를 읽어 오라는 숙제를 내주는데, 책 번호만 써서 찾아 가지고 오라는 것이었다. 지역의 어느 도서관에서도 통용되는 일원화된 책 검색 시스템으로 검색번호 하나만 있으면 어느 도서관엘 가든지 그 책을 찾아볼 수 있는 것이다. 여기서 나는 도서관에만 가면 모든 정보에 대한 궁금증이 해결될 수 있을 정도로 마을의 정보의 중심지가 도서관이 되어야 하며, 여기에 노인에서 어린이까지 두루 이용할 수 있는 놀이시설이나 체육시설까지 결합해, 도서관이 명실상부한 지역종합센터로 바

꿔어야 하겠다는 생각을 했다. 또 마을도서관별로 제각각 다른 도서 검색 색인이 하나로 통일이 되어 누구나 가까운 곳에서 원하는 책을 쉽게 찾아볼 수 있도록 해야 한다는 아이디어도 얻었다.

현대의 도서관은 국가 지식 인프라의 원천으로서, 국민의 지식 정보 격차를 해소하고, 궁극적으로 국가 발전을 선도하는 곳이어야 한다. 정부에서는 2008년 8월에 5년간의 도서관 발전 종합계획을 수립하여 발표하였고, 이를 기초로 하여 1 · 2 · 3차년도 시행계획을 확정함으로써 도서관 발전정책의 기반을 마련하였다.

구체적으로는, 도서관 접근성 확보를 위해, 공공도서관 · 작은도서관 등의 인프라를 지속적으로 확충하고, 이용자 중심의 서비스를 강화하기 위해 다양한 문화프로그램 개발과 보급, 도서관 개관시간 연장 권고 등을 실시하고 있다. 특히 최근 급변하는 디지털환경에 따라 온라인자료를 수집, 보존하고, 장애인 등 지식 정보 취약계층을 위하여 「도서관법」 개정을 추진하였으며, 도서관 서비스의 지역간 격차 해소와 균형 발전을 위해 지역 대표도서관 설립 등 지역별 도서관 협력체계 구축을 추진하고 있다.

2006년 10월 「도서관법」 개정으로 도서관정책 및 서비스체계가 전면 개편되었다. 그 동안 중앙집중적인 도서관정책 아래서 분산 발전해 온 도서관서비스 체계를 지역 중심으로 전환하여, 시 · 도가 지역 대표도서관을 지정 운영하는 등 지자체 단위로 조정 통합하도록 한 것이다.

이렇듯 국민의 정보문화 향수권을 신장하고, 도 · 농 간 정보 격차를 해소하기 위한 방편으로 정부는 지역의 교육 · 문화 중심지이자 복합정보문화 공간인 공공도서관도 확충해 나가고 있으며, 2004년부터 시작한 '작은도서관 조성사업'은 문화 소외지역을 중심으로 생활밀착형 소규모 도서관을 조성하여 2009년까지 총 319개소를 조성하였다. 장관 재임 중 작은도서관의 실질적 기능을 점검하도록 지시했다. 숫자만 늘리는 게 능사가 아니라, 지역에 있는 기존 민간 도서관을 잘 운영하는 것이 중요하다고 믿었기 때문이다.

최근 도서관은 지역주민의 요구에 따라 자료 수집이나 정리, 보존, 열람이라는 전통적인 기능에서 다양한 정보와 지적 욕구를 충족시켜 주는 지역의 복합문화공간으로 변화하고 있다. 실제로 도서관에서 다양한 형태의 지식과 정보의 교육 프로그램뿐만 아니라 문화예술교육 프로그램을 쉽게 접할 수 있고, 책과 관련된 예술 강좌를 포함해 취미생활을 돕는 교양 강좌, 지역주민을 위한 전시회 · 음악회 · 연주회 · 공연 등 다양한 문화예술 프로그램이 개최되고 있다. 『한겨레신문』 2011년 6월 20일자에 보도된 파주 교하도서관은, 공부만 하는 도서관이 아니라 문화공간으로 거듭나고 있는 새로운 도서관의 모습을 보여 주고 있다. 이 도서관에는 이십만 권 이상의 책을 읽고 빌릴 수 있는 자료실이 있지만, 다른 도서관처럼 학생들이 공부만 하는 열람실은 찾아볼 수 없다.

이곳에서는 아트센터와 소극장을 마련해 수시로 작은음악회와 미술전시회를 연다. 청소년들은 진로, 기행, 인문학 강좌, 학교로 찾아가는 교양강좌 등 도서관이 마련한 프로그램들을 이용할 수 있다. 지역사회를 대상으로 하는 봉사를 펼치는 소모임도 활발해, 도서관 그림 책 모임인 '책 마중'은 지역 아동센터를 찾아 책을 읽어 주고 한글교육 자원봉사도 한다.

도서관이 더욱 다양한 문화공간으로 태어나고, 여기에 더해 지역

최근 도서관은 지역주민의 요구에 따라 자료 수집이나
정리, 보존, 열람이라는 전통적인 기능에서 다양한 정보와 지적 욕구를
충족시켜 주는 지역의 복합문화공간으로 변화하고 있다.
(2011년 5월 13일 경기도 군포시 부곡동 휴먼시아아파트 느티나무도서관
개관식 후 김문수 경기도지사와 함께)

복합문화센터로 발전하기를 바란다. 동네 노인정도, 놀이방도, 스포츠센터도 모두 도서관으로 편입되었으면 한다. 다양한 사람들의 이해와 요구, 관심사들이 도서관을 중심으로, 책과 함께, 정보와 더불어 활기를 띠었으면 하는 것이다. 그렇게 되면, 노인 문제나 보육 문제 등의 일부는 자연스럽게 해결될 뿐 아니라, 새로운 전환점을 맞을 수도 있을 것이다. 지하에 스포츠센터를 두고, 1층에는 보육시설과 노인정을, 2층에는 다양한 문화공연시설을, 그리고 3층 이상은 본연의 도서관이 자리하는 복합문화공간의 풍경을 상상해 본다면, 우리의 삶은 도서관을 중심으로 정보와 지식을, 그리고 교육과 문화를 일상처럼 접하면서 살아가게 되지 않을까 싶다.

도서관별로 다르게 되어 있는 색인번호를 통합하여, 도서를 더 쉽게 검색할 수 있도록 하기 위한 통합검색시스템을 마련하도록 했다. 학교도서관과 지역도서관, 기타 도서관들의 데이터베이스 등 시스템을 연계하고 통합적인 검색 연계를 구축하기 위한 예산 확대도 추진했다. 디지털시대에 맞는 서비스 기반 마련을 위해서 디지털도서관의 원문 데이터베이스 이용 활성화방안을 추진하고, 공공 연구 성과물에 대한 자유로운 접근 및 이용을 가능하도록 공공 접근(오픈액세스) 활성화를 추진했다.

도서 대출 서비스를 위해 스마트폰을 이용한 도서 검색의 편의를 돕는 '스마트폰 공공도서관 소장자료 검색 서비스'를 2011년 4월에 오픈했다. 스마트폰으로 도서를 검색하면, 현재 위치에서 그 책을 소장한 가장 가까운 도서관 정보와 위치를 제공하고, 길 안내 서비스를 하는 것이다. 이 밖에 소셜 네트워크 서비스에서 수없이 쏟아지는 디지털자료들 역시 도서관에서 수집, 보존, 활용하는 시스템을 구축하도록 했다.

장애인 계층의 숙원사업인 국립장애인도서관 설립을 추진하기 위해 「도서관법」 개정안 입법을 추진하는 한편, 장애인에게 자유로운 정보 접근과 원활한 이용 기회를 제공해 주고자 '장애인의 도서관 이용 활성화 및 지식정보 접근 기회 확대'를 내용으로 하는 우편서비스 시범사업에 대해 지식경제부와 업무협약을 체결하고(2011. 6. 29) 「장애인 대상 무료 우편서비스제도(책나래)」를 도입하여 운영하도록 했다.

제5부

문화는 복지다

문화 복지는 일회적이고 소비적인 복지가 아니라, 생산적인 복지다.
물질적인 복지의 경우 물건을 사서 복지 수요자에게 공급하면 수요자들은 이것을 소비함으로써 일회적으로 끝나는 것인 데 비해, 문화 복지는 예술가 및 문화체육 단체의 공급과 향유자인 소비의 선순환을 낳을 수 있는 복지다.
(2011년 9월 2일 '다문화가정 어린이들을 위한 키자니아데이' 행사에 참석하여 아이들과 함께 피자를 만들며)

21세기, 문화 복지의 시대

산업화와 민주화를 거쳐 선진화로 나아가는 대한민국의 복지가 지향해야 하는 방향은 문화 복지다. 의식주와 관련된 생계형 복지로 국민들의 기초적인 생활이 어느 정도 안정화된 현 시점에서, 이제는 생계형 복지를 넘어서 어떻게 하면 전 국민이 소득이나 계층에 관계없이 문화와 체육생활의 혜택을 누리도록 하는가 하는 문화 복지로 나아가야 한다고 본다. 그 이유는, 이제 문화가 기초적인 행복감의 필요조건이기 때문이다. 물질적인 행복보다는 정신적인 행복을, 양적인 삶보다는 삶의 질을 더 중시하는 오늘날의 삶에서 문화생활을 누리지 않고서는 행복감을 누리기 힘들다. 21세기 복지는 삶의 물질적인 기초 생존조건을 확보하는 데 그치지 않고, 정신적인 기초적 행복감을 확보하는 데로 나아가야 한다. 그 중심에 문화가 놓여져야 하는 것이다.

오늘날 국가가 해결해야 할 가장 큰 과제 중 하나는 양극화로 인한 계층 간의 격차 심화이며, 이를 극복하기 위해 전 국가적으로 복지정책을 펼치고 있다. 계층 간의 격차 중에서도 문화적인 차이는 경제적 차이보다 더 큰 상대적 박탈감을 안겨 준다. 먹고사는 물질적인 격차는 국가가 단기간의 예산 투입으로도 해결할 수 있지만, 문화적인 격차는 국가가 재정을 늘린다고 해서 단기간에 해결되지 않는다. 문화란 지속적으로 학습과 체험이 쌓이면서 체득되고 향유할 수 있는 능력이 길러지는 것이기 때문이다. 문화적인 격차란, 돈이 생긴다고 해서 하루아침에 극복되기 힘든 것이다. 음악을 듣고 자라지 않은 가정의 자녀가 음악회 티켓이 생긴다고 해서 어느 날 음악회를 즐길 수 없고, 미술관에 한 번도 가 보지 못한 집안의 자녀에게 명화를 보여 준다고 해서 갑자기 미술애호가가 되기란 불가능하다. 마찬가지로, 어렸을 때부터 운동을 해온 사람들과 그렇지 않은 사람의 차이는 크다. 그렇게 문화 격차는 점점 벌어져 가고 세대를 통해 이어지며, 경제적 격차와는 차원이 다른 극복하기 힘든 위화감과 박탈감을 낳는다. 이것은 다시 정신적인 양극화를 심화시켜, 우리 사회의 갈등을 더 부추기는 위험 요소로 작동할 가능성이 많다. 즉 문화가 사회의 중심적인 영역으로 부각되는 문화의 시대가 될수록, 이른바 '문화자본(Culture Capital)'의 차이가 낳는 계층 간 갈등은 경제적인 계층 갈등보다 훨씬 구조적이고 극복하기 힘든 심각한 문제를 낳을 수 있는 것이다.

이것은 단지 경제적 계층의 문제뿐만 아니다. 아무리 돈이 있어도 어렸을 적에 문화를 접해 보지 못한 사람은 나이 들어 시간과 돈이 남아돌아도 문화생활을 즐길 줄 모른다. 노령화사회로 접어들면서 노인층은 늘어나고, 이들이 만족스런 삶을 살기 위해서는 여가시간을 어떻게 풍요롭게 쓰느냐 하는 것이 국가적인 문제가 될 것이다. 어렸을 적부터 문화자본을 축적해 오지 않은 사람들은 문화를 즐기지 못하고, 이것은 결국 삶의 행복으로 이어지지 못해 결국 질 낮은 만족감으로 정신적으로 건강하지 못한 노년을 보내게 되는 것이다. 이런 노년층이 많아질수록 노령화사회의 건강함을 유지하기 힘들다. 건강한 노령화사회를 위해서라도, 전 국민이 고루고루 문화예술을 체험하고, 문화예술교육을 받아야 할 필요가 있는 것이다. 경제자본의 격차가 문화자본의 심각한 차이를 낳게 되므로, 이 현상이 계층 갈등으로 이어지지 않기 위해서는 전 계층이 골고루 문화의 혜택을 누리고 문화자본을 고루 축적할 수 있도록 해야 하는 것이다. 이것이 21세기 국가가 지향해야 할 문화 복지의 핵심이다.

입시 위주의 획일화된 교육, 심화되는 빈부 격차와 실업난 등으로 살기 힘들어지는 우리 사회가 당면하고 있는 세계 최고 수준의 자살률 등 여러 사회적 병리현상을 근본적으로 치유하고 국민의 삶의 질을 개선하기 위해서는 문화와 체육의 역할이 매우 중요하다. 우리나라 사람들의 삶의 만족도 수준은 세계 155개국 대상 조사 결과 56위 정도이며, 주관적 행복지수는 오이시디(OECD) 평균 63퍼센트에 비해 36퍼센트에 그친다. 문화를 통해 삶의 행복과 만족감을 끌어올리는 문화 복지의 필요성은 여기서도 절실히 느낄 수 있다.

문화와 체육 분야의 복지는 실질적인 효과를 낳는 복지다. 1주일에 한 차례 이상 체육활동 시 1인당 의료비가 연 8만 원이 절감되는 효과를 낳고, 이것은 국가적으로 2조 8000억 원의 절감 효과가 있다.

문화 복지는 일회적이고 소비적인 복지가 아니라, 생산적인 복지다. 물질적인 복지의 경우 물건을 사서 복지 수요자에게 공급하면 수요자들은 이것을 소비함으로써 일회적으로 끝나는 데 비해, 문화 복지는 예술가 및 문화체육 단체의 공급과 향유자인 소비의 선순환을 낳을 수 있는 복지다. 예를 들어, 국가에서 저소득층에게 문화 바우처(Voucher)를 지원하는 것은 소외계층의 문화 향유 기회를 제공하기 위함이지만, 이들이 소비한 복지기금은 다시 공연을 만드는 예술인들에게 재투자되어 창작 여건을 개선하게 되면, 다시 이것이 소비자인 국민의 문화 향유권 확대로 연결될 수 있고, 결국 국민의 행복감을 증진시켜 삶의 만족도를 높이고, 국민의 생산성 향상을 낳는 것이다. 공급자인 예술가 입장이나 수요자인 국민의 입장에서 이것은, 다른 말로 상생의 복지라 할 수 있다.

이 같은 생산적 복지, 상생의 복지를 위해서는 문화 복지의 방향이 수요자뿐만 아니라 예술 공급자에 대해서도 초점을 맞추어야 한다. 지금까지의 문화정책은 창작활동 지원, 기반시설 조성, 예술 향유권 확대에 초점이 맞추어져 왔는데, 정작 예술의 창작 및 생산 주체인 예술인에 대한 지원정책은 외면되어 왔다. 이런 가운데, 예술인들은 기초적인 생활을 유지하기 힘들 정도의 생계적인 어려움에 봉착하는 위기에 처하고 있다. 창작자들이 예술활동을 하며, 적어도 생계 걱정은 하지 않아야 수요자인 국민들에게 문화를 공급할 수 있다. 예술활동이 활성화하기 위해서는, 예술인들이 창작활동에 전념할 수 있는 사회적 기반이 형성되어야 한다. 문화 공급의 균형적인 확대 이외에도, 의원 시절부터 「예술인복지법」 제정을 위해 노력했던 것은 이런 이유에서다.

우리나라의 문화재정 규모를 보면, 아직은 문화 복지를 입에 올리기에도 창피할 정도로 재정 투입이 너무 적은 상태다. 사회복지 예산은 2011년 86조 원 규모로, 정부예산 대비 26퍼센트나 차지하고, 2012년 예산안에서는 92조 원 규모로 28퍼센트를 넘는다. 이에 비해 문화체육관광부의 전체 예산은 3조 4500억 원으로 1.12퍼센트에 그친다. 이 살림을 쪼개어 문화 복지에 힘을 기울이자고 하는 것은 무리이다. 미래에 시급해질 문화 복지문제를 해결하기 위해서는 문화체육관광부의 예산 규모를 전체적으로 늘리는 일이 다시 한번 절실함과 동시에 앞으로 전 국가적으로 복지정책을 문화적인 방향으로 단계적으로 전환해야 할 필요가 있는 것이다.

문화예술인을 위한 안전망

예술을 지속할 수 있게 하는 희망, 「예술인복지법」

예술인들의 기초생활 보장에 대해 관심을 가지기 시작한 것은 10년 가까이 됐다. 2003년 겨울, 대학로 연극인들의 '송년의 밤'에 초대를 받았다. 배우 김지숙 씨의 사회로 시작된 행사는 어쩐 일인지 내내 어두운 분위기였다. 행사가 끝나고 나서야 그 이유를 알게 되었다. 연극인들은 자신들의 처지가 더 이상 연극이나 예술을 꿈꿀 수 없는 지경에 이르렀다고 했다. 그들은 이렇게까지 하면서 연극을 해야 하나 하는 생각이 들 때가 많았다며, 후배들이 만나자는 전화가 오면 찻값은 고사하고 대학로까지 나올 차비조차 없을 때도 많았다고 토로했다. 실제로 많은 배우들이 호구지책을 위해 막노동이나 식당 일을 하고 있다고도 했다. 연극배우들이 먹고살기 위해 닥치는 대로 이 일 저 일을 하다 보면 몸이 망가져 다시 무대에 설 수 없는 경우까지 생긴다는 것이다.

예술을 하는 사람들이 어렵게 살 것이라고 막연히 짐작은 하고 있었지만, 그날 들은 이야기는 충격적이었다. 허현호 당시 연극협회 회장은 무엇보다도 배우들의 재교육이 시급한 문제라고 했다. 재교육 없이는 재능 있는 많은 배우들이 무대를 떠나는 것은 시간 문제라는 것이었다. 해법을 물었다. 그는 1년에 3억 원 정도의 예산만 있으면, 배우들을 무대에 다시 세울 최소한의 조건을 마련할 수 있을 것이라고 했다. 최대한 빠른 시일 안에 예산이 책정되도록 노력해 보겠다는 말만 할 수밖에 없었다. 대답은 그렇게 했지만, 예산 확보라는 것이 늘 그렇듯이 쉽지 않았다. 마침 그해에 로또 판매 수익금으로 인한 문예진흥기금 500억 원이 생겼다. 그 돈 중에서 연극인들을 위해 5억 원만 배정해 달라고 정부에 요구했다. 하지만, 연극인 재교육이라는 예산 항목이 없다는 이유로 예산 책정을 해 주지 않았다. 생색내기 쉬운 일회성 행사에는 몇십억의 예산을 배정하면서도, 연극인들을 위한 최소한의 예산에는 난색을 표하는 게 현실이었다. 그렇다고 포기할 수는 없었다. 장관과 문예진흥원장을 비롯해 이 예산과 관련된 인사들에게 사업의 당위성을 주장하며 설득해 나갔다. 그리고 결국 연극인들과 했던 약속을 지킬 수 있었다. 2004년 동숭동에 무대예술인 재교육센터를 설립하고, 연극배우 및 연극학과 졸업생 등 무대예술인 중 150명을 선발하여 넉 달 동안 교육하는 무대예술인 재교육사업이 시작되었다. 그리고 배우협회 후원회장직을 맡았다. 앞으로도 계속해서 연극인들을 돕겠다는 스스로의 다짐이기도 했다. 이 사업을 통해 재교육을 받은 연극배우들은 지금도 소외지역을 찾아가 소외계층을 위한 공연까지 하고 있다.

21세기가 되고 이들 연극인들과의 만남 이후 7, 8년의 세월이 지났다. 문화체육관광부 장관으로서 다시 만난 예술인들의 생활은 그다지 나아진 것이 없었다. 연극인과 공연인들이 모인 대국민 정책보고회에서 이들은 여전히 같은 이야기를 했다. 시인 신용묵 씨는

2009년 10월 1일 나는 「예술인복지법」을 발의했다. 이 땅의 수많은 예술인들이
풍요롭게는 아니더라도 최소한의 인간적인 자존심을 지키며
예술혼을 불태울 수 있는 안전망을 마련하기 위해서였다.
(2009년 5월 18일 국회의원회관에서 연극 〈사랑에 속고 돈에 울고〉
공연 관람 후 출연진과 함께)

"10년 전쯤 보험을 들려는데, 시인은 위험직종군에 속해 보험료가 엄청 높아지더라. 그래서 취업희망생으로 기재를 했더니 보험료가 내려가더라. 시인은 백수구나 하는 생각을 했다"고 말했다. 박칼린 뮤지컬 감독 역시 "젊은 시절 프리랜서 뮤지컬 배우와 스태프로 일하면서 직업이 분명치 않다는 이유로 신용카드 발급을 거부당한 적이 있다"는 이야기를 했다. 연극인 박정자 선생님 역시 연극인 1만 명이 자존감을 가지고 살기 힘든 처지를 토로했다. 2009년 문화체육관광부가 실시한 문화예술인 실태조사를 보면, 예술 종사자의 창작 관련 월수입은 '전혀 없다'(37.4퍼센트)가 가장 많았고, 201만 원 이상(20.2퍼센트), 101–200만 원(13.8퍼센트), 51–100만 원(10.8퍼센트), 21–50만 원(6.9퍼센트), 11–20만 원(2.6퍼센트), 10만 원 이하(5.1퍼센트) 순이었다.

영화 쪽 역시 마찬가지였다. 독립영화인들과의 막걸리 만남에서도 비슷한 상황이 이어졌다. 아무리 열심히 일을 해 봐야 1년에 700–800만 원을 벌기가 힘들다는 영화 스태프들은 "내가 죄가 있다면 영화 좋아한 거밖에 없다"며 괴로운 현실을 토로했다. 이처럼 공연·영상 예술인들의 생활고는 그냥 단순히 개인들의 어려운 생계 문제만으로 그치지 않는다. 영화감독 박찬욱 씨는 "영화계에서 기술 스텝들의 보수가 방송이나 광고 등 다른 분야에 비해서도 워낙 낮고, 또 재교육이 전혀 이뤄지지 않고 있기 때문에, 영화판에서는 숙련된 기술자들을 고용하기가 아주 힘들다. 비숙련 기술자들을 쓰기 때문에 영화 제작에 그만큼 시간이 더 걸리고, 이것은 영화 제작비를 증가시켜 영화 수익구조에 악순환을 가져온다"고 말했다. 생계와 복지 문제가 산업의 경쟁력을 약화시키고 있는 것이다. 이들이 일관되게 주장하는 것은, 고용보험이나 산재보험, 건강보험 등의 혜택을 받을 수 있게 해 달라는 것과, 직업 재교육의 기회를 마련해 달라는 것이었다.

2009년 10월 1일, 나는 「예술인복지법」을 발의했다. 이 땅의 수많은 예술인들이 풍요롭게는 아니더라도 최소한의 인간적인 자존심을 지키며 예술혼을 불태울 수 있는 안전망을 마련하기 위해서였다. 그들이 예술을 생산해 낼 수 없는 열악한 환경에 처해 있다면, 정부의 예술정책은 존재이유조차 없어지는 것이기 때문이다. 「예술인복지법」의 핵심은 예술인의 활동 특성이 반영된 특수한 노동상황에 처한 이들의 특수성을 고려한 사회보험체계와 복지제도를 마련하자는 것이었다. 예술인들의 고용상황은 일반 근로자들처럼 연속적인 고용상태가 아니라 프로젝트별로 몇 달씩 고용되는 단속적인 노동의 형태이며, 정식으로 고용주와 근로계약을 맺는 것이 아니라, 도급 형태나 출연 같은 형태의 계약을 맺고 있어, 이 경우 사용 종속관계가 성립되지 않아 근로자들이 받는 고용보험 · 산재보험을 적용받지 못하고 있는 것이다. 이들이 고용보험 · 산재보험의 혜택을 받을 수 있도록 하기 위해서는 예술인들을 특수한 형태의 근로를 하는 근로자로 인정하고, 예술인들을 위한 별도의 복지재단을 설립하고, 별도의 복지기금을 마련해 이들의 사용자 역할을 하면서 복지사업을 추진하자는 것이 법안의 골자였다. 한국의 전체 예술인 수는 디자이너 · 공예인 · 예술교육가까지 포함하면 54만 명 정도, 이들을 제외한 문학 · 미술 · 음악 등 열 개 분야에서 창작 · 실연 · 기술지원 등의 활동을 하는 예술가 및 스태프는 18만 명이며, 「예술인복지법」이 대상으로 하는 예술인은 이들 18만 명을 대상으로 한다. 이

문화와 예술이 우리 사회에서 없어서는 안 되는
귀중한 가치라고 한다면, 그것을 생산해 내는 예술인들 역시
경제적으로나 사회적으로 충분히 존중받는 사회가 되어야 한다.
(2010년 7월 27일 국립극장에서 안중근 의사의 삶을 그린
연극 〈나는 너다〉 관람 후 출연 배우들과 함께. 위)

(2007년 7월 27일 대학로 아르코예술극장 지하
연습장에서 연극배우들과 대화하며. 아래)

그동안 정부, 사회, 야당에서조차 관심 없던 예술인 복지 문제는 2011년 1월
시나리오 작가 최고은 씨 사건 이후 사회에서 부쩍 관심을 가지고
목소리를 높여 정책적인 대책을 요구하게 되었다.
(2008년 11월 26일 서울 대학로 아르코예술극장에서 개최한
「예술인복지법」 제정을 위한 대토론회에서)

법은 프랑스의 예술인 실업보험제도인 '앵테르미탕(Intermittent)'을 모델로 해서 우리 상황에 맞게 변용시켰다.

그동안 정부, 사회, 야당에서조차 관심 없던 예술인 복지문제는 2011년 1월 시나리오 작가 최고은 씨 사건 이후 사회에서 관심을 가지고 목소리를 높여 정책적인 대책을 요구하게 되었다. 이 사건 이후 야당에서도 「예술인복지법」이 제출되었고, 2009년에 내가 제출했던 법안과 함께 상임위에 상정되었다.

최종적으로 마련한 대안은, 18만 명의 예술인들 중에서 근로자 성격을 상대적으로 인정할 수 있는 연극·무용·음악·국악·영화·연예 등 공연·영상 분야에 한정된 다섯 개 분야에서 일정한 소득이 있는 임시고용직, 자유전문직(기간제·시간제 종사자) 5만 7000여 명을 보험 대상 예술인으로 인정하고, 다른 분야 예술인에겐 복지사업을 통해 지원한다는 입장이다. 원래 사용주 역할을 하는 것으로 상정됐던 복지재단은 사용주 역할 기능을 없애고 복지사업을 총괄하는 역할로 한정했으며, 복지기금을 신설하는 조항은 삭제하고 복지금고를 설치하기로 했다.

그러나 이처럼 수정안을 거친 뒤에도 이 법의 통과는 난망했다. 고용노동부의 강력한 반대에 부딪혔다. 문제의 핵심은, 고용보험과 산재보험의 대상인 예술가들을 근로자로 정의하기 힘들다는 것이다. 또 기획재정부는 복지재단의 기금 마련이 어렵다는 것이었다. 고용노동부의 의견은 "공연·영상산업 종사자 등은 실제 도급계약 형태 등으로 근로자로 인정하기 어려워 고용보험 등의 가입 허용이 곤란하다"는 것이다. 이들을 특수한 형태의 근로자로 인정할 경우 비슷한 근로 형태를 가진 보험영업이나 레미콘기사 등 자영업자와의 형평성 문제가 발행한다는 것이다. 기획재정부에서는 "복지금고나 복지재단에 국고를 투입하는 것은 타 직종과의 형평성 문제를 초래한다"고 했다. 이 두 부처의 논리대로라면 기존의 복지 관련법이나 노동 관련법으로 예술가들의 복지 문제를 해결해야 한다는 것이다. 예를 들어, 예술가들이 근로계약을 제대로 맺는다면 근로계약법의 틀 내에서 보호받는 임금근로자로 적용받을 수 있고, 그 틀을 벗어나는 부분은 자영업자의 규정을 개정해서 적용할 수 있지 않느냐는 것이다. 그러나 이것은 예술인 근로자들의 단속적 근로의 특성을 전혀 인정하지 않으려는 것이다. 기존의 법에서 예술인 근로자들의 생활 보호가 이루어질 수 있었다면, 이러한 새로운 법안을 만들 이유가 전혀 없을 것이다.

여야가 발의한 「예술인복지법」 제정안은 2011년 6월 22일 국회 문화체육관광방송통신위원회(문방위)를 통과했으나, 법사위 논의 과정에서 고용노동부와 기획재정부의 반대로 법안은 결국 유보되는 처지에 놓였다. 당 · 정은 유보한 「예술인복지법」에 대해 별도의 전담팀(태스크포스)을 꾸려 내용을 보완한 뒤 법안을 처리해 본회의에서 통과시키기로 합의하는 데 그쳤었다.

「예술인복지법」이 이처럼 오랜 기간 꾸준히 논의되어 왔음에도 불구하고 아직도 결실을 맺지 못했던 이유는 예술인들의 근로의 특수성을 인정하지 않기 때문이다. 더 큰 문제는 "예술인들은 자기가 좋아서 하는 일인데, 왜 그 일에 국가가 나서서 복지정책을 해 줘야 하는가"라는 인식이 팽배해 있기 때문이다. 문화예술이 국가의 공공재로서 인식되지 못하는 현재의 상황에서, 문화예술인들이 특수한 형태의 근로노동자이며 예술활동은 국가가 나서서 지켜야 할 것이라는 점에 대한 공감대가 서지 않고서는 「예술인복지법」의 통과는 쉽지 않을 것으로 보였다. 문화와 예술이 우리 사회에서 없어서는 안 되는 귀중한 가치라고 한다면, 그것을 생산해 내는 예술인들 역시 경제적으로나 사회적으로 충분히 존중받는 사회가 되어야 한다. 예술이 가지고 있는 사회 통합이라는 본연의 힘과 기능이 발휘되기 위해서는 예술에 대한 최소한의 사회안전망 구축이 필요하다.

이 책의 교정을 마무리하던 2011년 10월 28일, 드디어 「예술인복지법」이 국회 본회의를 통과했다. 비록 완전하지는 않지만 예술인복지에 대한 최소한의 개념이 제도적으로 규정되었다는 의미를 갖는다. 앞으로 예술인들이 자존심을 지키며 예술혼을 불태울 수 있는 안전망이 계속 확장되어 가기를 기대한다.

누구나 문화예술을 향유할 수 있는 사회

우리 국민의 예술행사 관람률은 67.2퍼센트로 높은 수준이나, 지역 간, 소득 간 격차가 매우 커 문화 소외계층의 문화예술 향수에 대한 지원이 필요하며, 국립 예술단체나 민간 예술단체의 우수한 공연 등 양질의 문화예술 프로그램을 문화 소외계층도 같이 향유할 수 있도록 전국적인 문화안전망이 조성될 수 있도록 지원해야 한다.

2010년 문화 향수 실태조사 결과에 따르면, 월 소득 100만 원 미만 가구의 경우에는 예술행사 관람률이 24.6퍼센트인 데 비해, 400만 원 이상 계층은 84.7퍼센트로 큰 차이를 보이고 있다. 연간 예술행사 관람 횟수 역시 400만 원 이상 계층이 5.84회인 데 비해 100만 원 미만 세대에서는 0.89회에 그쳤다. 경제 · 교육면에서도 양극화 현상이 가속화하여 큰 사회적 문제가 되고 있는 오늘의 현실에서, 안타깝게도 문화생활 역시 예외일 수는 없었다. 교육문제도 그렇지만, 문화예술 향수의 기회 역시 전 계층에 골고루 주어져야 한다. 문화는 나라가 다르고, 이념이 다르고, 종교와 인종, 언어가 다른 사람들 사이에서도 문화예술작품을 통해 받는 감동으로 공감대를 만들고, 소통을 통해 하나가 되도록 만들어 주는 힘을 가지고 있다. 이처럼 어느 곳에 있든 어떤 계층이든 문화 혜택을 고루 받도록 하는 사회적 통합력이 중요하다.

장관으로 취임하면서 3대 역점 목표 중의 하나로 발표한 것이 '문화안전망' 확보였다. 전국의 어느 지역에 있든, 어떤 계층이라도 문화의 혜택을 누리도록 하겠다는 것이 중요한 목표였다. 2011년 4월 초 문화안전망의 큰 골격을 담은 「사회 취약계층을 위한 문화예술교육 지원계획」과 「국립 예술단체 방방곡곡 문화공감사업계획」을 발표하였다. 이에 따라 저소득층 아동과 노인 · 미혼모 · 노숙인 등 소외계층 약 1만 7690명이 맞춤형 문화예술교육을 받게 되며, 12개 국립 예술단체가 낙후지역의 지방 문예회관에 찾아가 총 160회의 공연을 펼치며, 약 7만 2000명의 관객을 만나게 된다. 문화예술교육은 장르별 실기교육을 지양하고, 삶을 문화적으로 바라보고 향유할 수 있는 감수성을 일깨우는 '과정으로서' 의 교육과 참여자 간 소통과 협력을 강조한다. 2011년 한 해 문화예술교육이 지원되는 복지기관은 전국 복지기관의 약 52퍼센트에 해당하는 334개 기관과 전체 교정시설의 60퍼센트인 30개 시설, 소년원학교의 100퍼센트인 9개교인데, 이곳에서 전문 예술교육단체가 활동하게 된다. 특히 2011년은 지역사회 문화예술교육사업을 통하여 미혼모, 노숙인, 임대 아파트 주민, 농 · 산 · 어촌 주민, 산업단지 근로자 등 문화의 사각지대에 있는 사람들을 적극적으로 발굴하는 것이 강조되었다. 2011년부터 지역별 특성화를 위하여 전국 광역 문화예술교육센터와 함께 선정한 277개의 지역 단체가 사각지대를 '찾아가는 문화예술교육' 을 추진하게 된다.

'국립예술단과 함께하는 방방곡곡 문화공감' 은 국립 예술단체가

문화는 나라가 다르고, 이념이 다르고, 종교와 인종, 언어가 다른 사람들
사이에서도 문화예술작품을 통해 받는 감동으로 공감대를 만들고, 소통을 통해
하나가 되도록 만들어 주는 힘을 가지고 있다.
(2011년 9월 5일 추석 명절을 기하여 서울 성북동에 위치한 성가정입양원을 방문하여)

문화 소외지역의 문예회관과 연계시설에 직접 찾아가 다양한 공연을 선보이는 사업으로, 2008년부터 2010년까지 132개 지역에서 총 238회 공연을 하여 약 12만 명의 관객을 만났다. 2011년은 전해보다 두 개 단체(국립극단, 국립현대무용단)가 추가된 열두 개의 국립예술단체가 재정자립도 40퍼센트 미만인 지역의 지방 문예회관(특별시 · 광역시 소재 및 도립 제외)에서 발레 · 창극 · 뮤지컬 등 각 국립 예술단체의 대표적 레퍼토리를 공연한다.

2011년 4월 말부터 12월 말까지 레퍼토리 총 27개를 가지고 80개 지역 문예회관에서 총 160회 공연을 진행할 계획으로, 수혜자 수도 약 7만 2000명에 달할 전망이다. 사업에 참여하는 열두 개 국립 예술단체는 대표적 레퍼토리를 공연할 뿐만 아니라, 지역에 맞는 예술체험, 마스터 클래스, 작은공연 등 연계 프로그램을 계획하고 있어, 소외지역 주민들은 수준 높은 공연과 더불어 다채로운 예술 체험활동을 접할 수 있을 것으로 기대된다.

국립 예술단체의 지방 순회공연 시 문제점과 한계도 있다. 국립중앙극장 및 예술의 전당을 무대로 기획한 공연이 지방의 문예회관에서 공연할 때는 전체의 규모나 내용이 축소, 변형될 수밖에 없다. 관객은 제대로 된 공연을 볼 수 없다. 이 같은 약점을 보완하고 지방 관객에게도 서울의 공연 그대로를 온전히 즐길 수 있도록 하기 위해 '팔도 관객 프로젝트'를 시행했다. 모든 국립 예술단의 공연 중 한 차례 이상은 지방 관객에게 제공하는 제도이다.

전국에 193개 문예회관이 있는데, 이곳에 민간 예술단체를 전속단체로 두는 상주 단체 지원사업을 적극 확대하도록 했다. 전국의 문예회관은 무분별하게 시설을 건립한 후 운영에 소홀한 채 방치되고 있어, 2009년 현재 공연프로그램 가동률이 32.1퍼센트에 그치고 있다. 그런 한편, 민간 예술단체는 운영의 어려움으로 단원들이 복지의 사각지대에 놓여 있다. 따라서 지자체별 문예회관과 민간 예술단체를 연결시키면, 시설의 활용도도 높일 수 있고, 전속 단체로 소속되는 예술단체의 회원들은 소속 단체가 생김으로 해서 고용 불안을 해소할 수 있는 효과를 얻을 수 있는 것이다. 이처럼 전속 단체를 두는 지역 문예회관에 문화체육관광부가 공동 프로그램 운영비 등의 경비를 지급하고 2012년부터는 우수 활동 단체를 선정해서 이들이 타 문예회관 상주 단체와 교류 공연을 할 수 있도록 했다. 이렇게 선발된 지자체 공연은 무료로 지역주민들에게 고급문화를 향유할 수 있는 기회를 주고, 문화 수요자와 공급자, 그리고 문화시설 모두가 최상의 효과를 누리며 문화안전망을 확대할 수 있게 되는 것이다.

정부는 2005년부터 시행하고 있는 문화 바우처 사업을 통해, 경제적 어려움으로 문화생활을 하지 못하는 저소득층의 문화 향수 기회 확대를 위해 공연 · 전시 등 문화예술 관람비용을 지원하고 있다. 그러나 이것이 인터넷을 통해 신청을 해야 하기 때문에 이용이 쉽지 않다는 지적에 따라 2011년부터는 '문화카드' 제도를 새롭게 도입하여, 이용자가 인터넷을 이용하지 않고도 개인적인 선호에 따라 문화예술 프로그램을 자유롭게 선택할 수 있도록 하였다. 10-19세 저소득층 청소년과 복지시설 거주자(노인요양시설 · 아동양육시설 · 장애인생활시설 등)에게 문화 바우처 개인카드(5만 원)를 추가 지급하여 실질적 혜택을 확대했다. 이에 따라, 기초생활수급자와 차상위 계층에 대한 가구당 지원이 기존 5만 원에서 최대 35만 원(가

청소년들에게 공연예술 경험 기회를 주고자 매월 넷째 주
토요일에 '관객의 날' 사업을 시작했다. 해당자들은 티켓 가격 중에서
1000원만 내면 연극 · 뮤지컬 · 음악 · 무용 · 국악 등 다양한
공연 관람을 할 수 있으며, 연 1회 동반 2인까지 혜택을 볼 수 있다.
(2011년 2월 6일 연평도 포격사건으로 김포 양곡지구에서
임시로 생활하고 있는 어린이들과 영화관으로 이동하며)

구당 청소년 최대 6명 한도)까지 확대되어, 전국 60여만 저소득층 청소년 중 42.1퍼센트인 25만 명과 3770개 복지시설의 14만여 명의 거주자가 문화카드를 통해 문화예술활동을 할 수 있게 됐다.

문화시설이 없는 도서 산간벽지 거주자나 중증장애인 · 독거노인 등 거동이 힘들어 문화예술 프로그램 관람활동이 어려운 대상자를 위하여, 지역별로 기획사업이 제공된다. 기획사업은 아동 · 장애인 등에게 이동 편의 및 보조인솔자 등을 제공하는 '모셔오는 서비스', 거동이 불편하여 집밖 출입이 어려운 재가노인 또는 장애인을 위해 재능 기부자들이 맞춤형 프로그램을 마련하여 방문하는 '찾아가는 서비스' 등을 중심으로 구성된다.

2011년도 문화 바우처 사업에는 총 347억 원의 예산이 투입되었다. 이는 2010년도 예산(67억 원)에 비해 약 다섯 배 정도 증가한 것이다. 수혜 대상도 2010년 47만 명에서 2011년 68만 명으로 대폭 확대됐다. 관광 바우처 역시 같은 기간 중 16억 원 1만 1000명에서 66억 원 4만 명으로 확대됐고, 체육 바우처도 35억 원 14만 5000명에서 86억 원 2만 9000명으로 확대되었다.

청소년들의 공연예술 경험 기회를 주고자 매월 넷째 주 토요일에 '관객의 날' 사업을 시작했다. 해당자들은 티켓 가격 중에서 1000원만 내면 연극 · 뮤지컬 · 음악 · 무용 · 국악 등 다양한 공연 관람을 할 수 있으며, 연 1회 동반 2인까지 혜택을 볼 수 있다. 관람료 1–5만 원인 공연이 그 대상으로, 관람료는 공연예술단체가 20퍼센트를 부담하고, 관람객이 낸 1000원 외에 나머지는 국가 예산으로 지원한다. 올해 '관객의 날' 사업 예산은 모두 17억 원이며, 수혜자는 4만 7천여 명에 이를 것으로 예상된다.

언제나 그렇듯, 이런 사업에서 중요한 것은 지속성과 관찰력이다. 여건이 허락하면 하고, 그렇지 못하면 안 하는, 쉽게 말해 장기적인 비전 없이 사업이 행해져서는 안 된다. 또한 지속적인 관찰에 따른 정확한 분석 없이, 타성에 의해 행해지는 것도 큰 문제이다. 모든 지역민들이, 모든 서민층들이 같을 수는 없기 때문에, 그 지역에 맞는 나름의 방법, 다양한 프로그램의 개발에 늘 고민해야 할 것이다.

한편 우수문학도서를 선정하여 경제적으로나 지역적으로 소외되어 있는 복지시설, 지역의 초 · 중 · 고등학교 아동센터, 마을문고, 군부대, 교정시설 등에 보급하고 있다. 아울러 우리 문학에의 관심을 유도하기 위해 우수문학도서 보급과 연계한 독서 감상문 쓰기대회 개최, 시인 · 작가 들이 시나 좋은 문장을 선정, 녹음하여 이메일로 배달하는 문학 집배원사업, 전국 청소년 시낭송 축제 등의 사업을 추진하고 있다.

또한 정부는, 출판의 이상적인 제작기반을 마련하고자 하는 파주출판도시를 꾸준히 지원해 왔는데, 이곳은 문화와 산업의 복합공간으로, 출판 · 인쇄 · 제책 · 디자인 · 지업 · 유통 등 출판과 관련된 모든 분야의 업체가 집적된 책의 도시이다. 2011년 현재 영화 · 방송 · 전시 · 공연 · 소프트웨어 업체로 구성되는 2단계 사업이 진행중인데, 이곳에 건립을 추진하고 있는 한국출판역사박물관은 세계적으로 그 유례를 찾아보기 힘든 독창적인 문화시설로, 국민들로 하여금 우리 출판문화의 우수성을 체험하도록 하고, 진정한 책의 문화를 향유케 할 이 박물관의 건립을 위해서는 국가적인 관심과 지원이 필요하다.

다양한 방법으로 문화 향수의 기회를 넓히려는 시도는 계속되어야 하지만, 이에 대한 결과를 정확하게 판단하는 일, 그리하여 좀더 효율적인 방법으로 지원하는 것이 필요하다. 그렇게 해서 안정적인 시스템을 구축해야, 우리는 비로소 문화 선진국에 한 걸음 더 다가설 수 있을 것이다.

제6부

현장에 답이 있다

'현장에 답이 있다'는 말은 가장 자주 쓰는 말이다.
국민의 관점에서, 민원인의 관점에서 직접 현장을 방문하여
보고 듣고 대화를 나눈 후에야 맞춤형 정책이 생산된다.
책상에 앉아서 수치와 통계로 정책을 입안하다 보면
현실과 동떨어진 정책이 생산된다.
(2011년 2월 22일 한국관광공사에서 열린
'2011년 관광산업 정책 대국민 업무 보고'에서)

문화 선진화를 위한 2퍼센트 재정 지원

문화의 다섯 가지 가치를 실현하기 위한 최우선 과제는 문화예산의 확대이다. 사회 통합과 외교적 · 경제적 · 교육적 · 복지적 가치를 가지고 선진 일류국가를 여는 데 필수적인 문화가 제 힘을 발휘하기 위해서는 무엇보다 예산의 적절한 투입이 시급한 과제였다. 장관 재임기간 중 문화체육관광부 전 공무원들과 한마음으로 가장 큰 목표로 문화예산을 2012년 정부재정 대비 1.5퍼센트로 확대 후 2013년 2퍼센트 도달로 세웠다. 이것이 선진 일류국가로 나아가기 위해 문화가 제자리를 찾는 데 필수적인 조건이기 때문이다.

문화재정현황은 2011년 기준 문화 · 체육 · 관광 예산 3조 4557억 원으로, 정부 총 재정 점유율 1.12퍼센트 수준이다. 2012년의 목표로 세운 1.5퍼센트는 4조 6915억 원이며, 2013년 2퍼센트는 6조 3304억 원이다. 정부에서 문화부가 출범한 1990년 이후 문화재정은 꾸준히 증가해 오기는 했으나 1999년 정부재정 1퍼센트 도달 이후에는 이후 10년간 답보상태를 거듭해 왔다. 문화체육관광부는 최근 5년간 부처 업무가 대폭 확대되어, 현재는 문화 · 예술 · 콘텐츠 · 저작권 · 미디어 · 관광 · 체육 · 종교, 그리고 국정 홍보 등 정부의 어느 부처보다 넓은 업무 영역을 관장하고 있다. 이것을 감안한다면, 지난 10년간 문화재정이 정부재정의 1퍼센트 수준에 머물고 있는 것은 현상 유지도 아닌 실질적 예산 감소라 할 수 있다.

선진화로 진입하는 중요한 시점에서 '문화재정 2퍼센트시대'가 큰 의미를 가지는 것은 국내외적으로 문화예산의 비중을 비교해 보면 잘 알 수 있다. 문화예산이 정부재정 1.12퍼센트라는 숫자는 경제협력개발기구(OECD) 주요 회원국의 절반 수준에 불과하다. 오이시디 회원국 25개 나라 가운데 미국·영국·독일·호주·벨기에 등 예산 지출 구조가 상이한 연방국가 다섯을 제외한 20개국의 2009년 기준 정부재정 대비 문화예산은 평균 2.21퍼센트 수준이다. 산출액과 고용 측면에서 문화 분야의 기여도가 8.7-10.4퍼센트에 달하는 것을 고려하면, 1퍼센트 초반대의 예산은 턱없이 낮다. 한국문화관광연구원의 재정 관련 보고서에 따르면, 문화 분야의 사회적 파급효과와 오이시디 국가의 문화재정 비율을 고려할 때, 우리나라 문화재정은 정부재정의 2.5퍼센트 수준은 돼야 한다.

이런 비교는 다른 나라의 문화예산과의 비교뿐만 아니라, 국내에서 타 분야와의 재정 규모를 비교해서 보더라도 열악한 상황이다. 산업화시대 주력 산업에 정부가 집중 투자했던 재정비율들을 보자. 90년대까지 과거 국가전략산업으로 육성한 철강·선박·자동차·반도체·아이티(IT) 산업은 단일 산업임에도 정부재정 대비 2-7퍼센트까지 예산을 투입했다. 그런 과감한 예산 투자에 힘입어 이들 산업이 대한민국을 대표하는 기간산업으로 성장해 올 수 있었던 것이다. 그런데 문화재정은 문화와 체육, 관광, 국정 홍보 등 실로 다양한 영역을 포괄하고 있음에도 이들 단일산업의 과거 재정 비율에도 이르지 못하는 1퍼센트대에 머무르고 있는 것이다. 특히 정부에서 국가적으로 미래의 신성장 동력산업으로 꼽고 있는 콘텐츠산업은 영화나 애니메이션, 가요, 패션 등 대중예술 및 미디어산업과 저작권정책을 아우르는 광범위한 분야임에도, 2011년 재정은 4868억 원, 정부재정의 0.16퍼센트에 불과하다. 미국의 제임스 카메론이 만든 스리디(3D) 영화 〈아바타〉의 제작비와 홍보 마케팅비를 합치면 5000억 원에 가까운 돈이 들었다고 하니, 우리나라의 콘텐츠산업 전체를 키워야 하는 돈의 규모는 할리우드의 근사한 영화 한 편 만드는 액수에 지나지 않는다. 이런 수준의 예산 투입으로 어떻게 콘텐츠산업이 미래 성장산업이며, 2015년 콘텐츠 5대강국을 목표로 하는 국가 전략산업으로 육성한다고 말할 수 있겠는가. 투자 없는 곳에 발전이 있을 리 없다. 세계 콘텐츠산업 시장 규모는 1조 3556억 달러로, 이미 자동차(1조 2000억 달러)나 아이티(8000억 달러) 같은 산업을 능가하는 수준으로 뛰어오르고, 연평균 5.6퍼센트 이상씩 성장하는 고성장산업으로 선진 각국이 미래 근간산업으로 발전시키며 치열한 경쟁을 벌이는 전쟁터다. 콘텐츠산업과 관광산업은 재정 투입에 따른 부가가치 유발과 고용 유발이 타 산업에 비해 우월하다. 10억 원당 고용 유발계수는 제조업 분야가 9.2명인 데 비해, 콘텐츠산업은 12.11명, 관광산업은 15.5명이다. 2000년에서 2007년까지의 고용 증가율을 비교해 보더라도, 제조업이 마이너스 0.59퍼센트, 일반 산업이 1.47퍼센트인 데 비해, 콘텐츠산업은 4.38퍼센트이다. 관광산업의 외화가득률(88퍼센트)은 휴대폰(52퍼센트), 반도체(43퍼센트) 등 타 산업에 비해 월등히 앞서 있다. 이처럼 재정 투입 효과가 타 산업에 비해 월등한 것이 숫자로 증명되었음에도, 이들 산업에 대한 재정 투자 비중은 0.5퍼센트(콘텐츠산업 0.16퍼센트, 관광산업 0.29퍼센트)도 되지 않는다. 그러다 보니 세계 5대강국을 꿈꾼다는 우리나라 콘텐츠산업의 세계시장 점유율은 2.2퍼센트로 미미한 수준이다. 2013년까지 콘텐츠산업의 재정은 정부 예산의 0.6퍼센트, 약 1조 9000억 원까지 확보하는 것이 목표다. 또 현재 국가 연구개발(R&D) 예산 중 0.54퍼센트밖에 차지하지 못하고 있는 콘텐츠 연구개발 투자를 국가 전체의 연구개발 예산 2퍼센트 수준까지 확대하는 것이 2012년 이후 중점을 두고 추진해야 할 과제이다.

문화재정 확충의 시급성에 대해 문화체육관광부의 전 부처 직원들과 문화계 인사들은 한마음으로 목소리를 높였다. 이어령 전 장관과 문화체육관광부 정책 관련 전문가들이 한자리에 모인 문화재정 관련 토론회에서는, 문화전쟁을 치르고 있는 오늘날 세계 속에서 경쟁력을 가지고 질 높은 일자리 창출을 위해서 문화예산 2퍼센트 시대가 열려야 함에 공감했다. 각 분야의 문화예술 · 관광 · 체육계 인사들은 신문 기고나 방송을 통해 문화예산 확충을 호소했다. 이처럼 문화예술계와 정부가 하나로 뭉쳐 노력한 결과 2011년 8월 23일 여당과 정부의 당정협의에서 문화체육관광부 안대로 2012년 1.5퍼센트, 2013년 2퍼센트로 늘리는 방안을 추진하기로 의견을 모았다. 기획재정부가 중기재정계획을 이유로 이 같은 문화재정의 확충에 난색을 표하고 있지만, 여당과 정부가 문화산업에 대한 패러다임 전환이 필요하다는 공감을 이끌어 내고 예산 확대를 적극 추진하기로 합의한 것만으로도 큰 성과라 볼 수 있다.

문화재정의 상황을 들여다보면, 말로는 문화가 신성장 동력산업

"우리는 경제자본이 문화자본으로 이동하는 시대에 살고 있습니다. 사회복지에 밀려 문화부 예산이 가장 먼저 깍이곤 하는데, 생선을 주는 게 사회복지라면 생선을 잡는 요령을 알려주는 게 문화 복지입니다." 이어령 전 문화부 장관은 문화 복지의 중요성을 이렇게 강조했다. (2011년 6월 28일 예술가의 집에서 열린 '문화재정 확충을 위한 대토론회' 에서)

이라고 하면서도 새롭게 성장하는 동력을 위한 투자에는 인색함을 알 수 있다. 문화의 중요성에 대한 인식과 패러다임의 전환이 시급함이 여기서 여실히 드러난다. 현재의 부처 이기주의적인 예산 시스템으로는 문화예산의 획기적 증액은 사실상 불가능하다. 따라서 국가 전체적인 틀에서 각 분야별로 재원 배분을 다시 짜야 하며, 그런 면에서 재정 투입에 따른 부가가치 유발과 고용 유발이 타 산업에 비해 우월한 콘텐츠 · 관광산업에 집중적인 투자가 필요하다. 그럴 때만이 선진국가의 격에 걸맞은 문화재정 투자로 문화의 5대 가치를 제대로 구현해 낼 수 있는 것이다.

현장의 목소리를 듣다

대국민 정책 보고회로 문화정책을 정하다

문화체육관광방송통신위원회를 10년 넘게 지켜오면서 이 분야를 깊이 연구해 오긴 했지만, 행정부를 견제하고 정책 입안과정과 집행과정을 감시해 오는 국회의원의 입장과, 직접 예산을 수립하고 정책을 구체적으로 집행하는 행정부의 장관으로서의 입장은 다를 수밖에 없다.

문화체육관광부 장관으로 취임하고 난 뒤, 첫번째 과제는 문화의 힘을 어떻게 구체적으로 정책의 방향으로 연결시킬 것인가 하는 것이었다. 여기서 찾을 수 있는 해답은 한 가지였다. 국회의원 시절부터 늘 지켜 온 철칙, 즉 '현장에 답이 있다'는 것이었다. 문화가 벌어지는 현장에서, 문화산업과 문화예술을 꾸려 오던 현장 속의 사람들 속으로 뛰어들어 그 사람들이 원하고 있는 바를 찾아내는 것이었다.

이를 위해 가장 먼저 실행한 것이 '대국민 정책 보고회'였다. 정책 보고회는 새 장관이 취임하면 일상적으로 이뤄지는 '실·국별 업무 보고'를 획기적으로 전환시킨 것이었다. 문화체육관광부의 각 실·국에서 장관을 상대로 업무현황과 한 해 업무계획을 보고하는

"워싱턴 홀로코스트 박물관이나 아우슈비츠 수용소처럼 이제는 5 · 18 민중항쟁의 정신을 문화 · 예술적으로 승화하여 감동을 재현해야 합니다. 이를 위해 하드웨어인 문화의 전당 건립과 함께 그 안에 담을 콘텐츠를 개발하는 데 역량을 집중할 때입니다."
(2011년 3월 23일 광주 아시아문화중심도시 조성사업 대국민 업무 보고에서)

일정을, 정책 고객이자 소비자인 국민을 상대로 하자는 것이었다. 부처 내의 모든 업무란 결국 정책의 고객인 국민들에게 행하는 서비스이기 때문에 나 혼자 업무 보고를 듣는 것보다 정책의 최종 소비자인 국민들에게 현황과 계획을 공개적으로 소개하고, 현장의 목소리를 직접 수렴해서 그것을 다시 반영하자는 의도였다.

대국민 정책 보고회를 도입한 이유는 국회 상임위 시절에 절실히 느낀 점들이 있었기 때문이다. 10년이란 오랜 시간을 상임위원으로 일하다 보니, 매년 국회의원들이 지적하는 문제점들이 비슷한 주기로 반복이 되었다. 그때마다 행정부의 보고서상에는 늘 이런 저런 대책과 계획들이 세워졌다. 문서만으로는, 풀리지 않는 문제가 없어 보였다. 그러나 현장에서 그런 문제점들이 해결되었나를 살펴보면 전혀 그렇지 않았다. 정책 고객들은 늘 불만을 토로했다. 이유가 무엇일까. 정부 정책을 입안하는 사람들이 잘못된 정책을 내기 때문은 아니었다. 공무원들은 업무 부서를 바꾸는 순환보직제를 채택하고 있기 때문에 정책이 입안되고 난 뒤 일관성을 가지고 집행이 되지 않는 문제점이 있었다. 해마다 같은 문제점들이 제기되고, 새로운 대책이 세워져도 막상 정책 집행의 현장까지 이르면 흐지부지되는 일들이 다반사였기 때문에 결국 정책 입안자들과 정책 고객인 현장 사이에 점점 거리감이 생겼다. 현장에서 정책을 보는 사람의 입장에서 입안되고 추진되지 않으면 진정으로 국민을 위한, 국민이 체감할 수 있는 정책이 될 수 없었다. 정책 고객의 생생한 목소리를 듣고, 집행해야 할 정책의 순서와 중요도를 함께 실감해야겠다는 생각에서 대국민 정책 보고회를 과감히 시작했다.

2011년 2월 10일부터 4월 26일까지 문화콘텐츠산업실 소속의 콘텐츠산업정책 및 저작권정책, 문화예술정책을 주관하는 문화예술국, 관광산업국, 도서관정보기획단, 종무실, 체육국, 미디어정책국, 홍보지원국, 아시아 문화중심도시 추진단 등 본부의 각 국별로, 또 해외문화홍보원, 영화진흥위원회 등 주요 소속 기관과 역사박물관 등을 포함해 모두 열세 차례의 대국민 정책 보고회를 열었다. 문화체육관광부 인터넷 홈페이지와 보도자료 등을 통해 국민 누구나 참여할 수 있음을 홍보했다. 정책 보고회의 구체적인 방식은, 업무 소관 국이 담당하고 있는 업무의 현황과 한 해 예산 운용안 및 업무계획을 먼저 보고한 뒤, 각계의 전문가들이 주제토론을 벌이고, 마지막으로 현장에 참석한 정책 고객인 국민이 자유롭게 건의와 토론에 참가해서 난상토론을 벌이는 것이었다.

물론 예상했던 내부 반발이 처음에는 있었다. 누구나 와서 부처의 한 해 계획을 다 듣도록 정책을 모두 외부적으로 공개하고, 또 그것에 대해 전문가가 아니라도 자유롭게 발언할 수 있다는 방식에 대해 거부감을 가지는 것이 어쩌면 당연한 것인지도 몰랐다. 처음 한두 번 열린 정책 보고회에서는 공무원들이 기존에 하던 방법 그대로 움직였다는 것이 느껴졌다. 정치인으로서 오랜 시간 동안 사람들과 만나다 보니, 현장에 참석한 사람들과 악수만 나누어도 자발적으로 온 사람들인지, 아니면 억지로 불려온 사람들인지가 손으로 파악이 되었다. 참석자들은 짜여진 순서와 시나리오대로 발언하고, 열린 토론이 잘 이뤄지지 않았다. 현장에 직접 나가 딱딱한 분위기를 깨고 자유발언을 이끌고 정책 고객들 사이에 끼어 앉는 식으로 의도가 진심임을 보였다. 시행착오를 몇 번 거치고 나서 점차 참가자들도 늘고 자유로운 발언이 이뤄지는 정책 보고회가 꾸려졌다. 처음에는

50-60명 정도의 인원이 참석했지만, 갈수록 늘어나 과천 정보도서관에서 열린 도서관정보기획단 보고회 때는 120명, 광주 아시아문화마루에서 열린 아시아 문화중심도시 추진단 보고회에는 250명의 고객들이 참석해 발 디딜 틈이 없을 정도였다. 4월에 열린 영화진흥위원회의 업무 보고 때는 기자들과 영화인들이 보고회장을 가득 채우며 영화계의 현안에 대해 가감 없이 열띤 토론을 벌여 열기를 식히느라 애를 먹을 정도였다. 짧게는 두 시간, 길게는 네 시간까지 보고와 토론, 건의가 이어졌고, 토론시간 내내 수첩에 정책 고객 의견들을 하나하나 다 메모했다.

총 1,000여명의 정책 고객이 참석했으며, 237건의 과제가 현장에서 제안됐다. 이 가운데 현재 190여 건을 받아들여 정책에 반영, 사업을 추진하고 있다. 237건의 제안과제에 대한 검토 결과를 문화체육관광부 홈페이지에 게시했다. 제안과제 중 단기간 내에 개선이 가능한 사항은 바로 추진하도록 하고, 예산 확보나 장기 검토가 필요한 사항은 2012년 예산에 반영을 추진하거나 정책 연구 등을 통하여 단계적으로 추진하도록 했다. 중요한 것은 우선순위를 정하는 것이었다. 정책 보고회가 있을 때마다 "여러분들의 제안 사항 중 예산을 변경해야 하는 일에 대해서는 당장 개선이 불가능하며 내년 예산에 반영하겠다는 약속을 드릴 수밖에 없다. 그러나 예산을 변경해야 하는 것들 외에 기존 편성되어 있는 예산의 우선순위를 바꾸어 집행할 수 있는 일이라거나 정부가 바꿀 수 있는 시행령을 개정하는 것으로 가능한 일에 대해서는 최선을 다해서 즉시 집행하도록 하겠다"는 말을 강조했다. 이런 방식을 적극 활용해서 현장에서 나온 의견들을 실행에 옮기도록 했다. 예를 들어, "국산 애니메이션은 제작되어도 방영할 텔레비전 채널이 없어 사장된다. 애니메이션 전문 채널 확보가 필요하다"라는 정책 고객의 제안에 대응해, 부처의 소속기관인 한국정책방송 케이티브이(K-TV) 황금시간대인 여섯 시에 국산 애니메이션을 2011년 3월부터 즉각 편성하도록 했다. 방송작가들이 모여서 작업을 할 수 있는 창작공간이 절실히 필요하다는 요청에 방송작가협회와 협의를 통해 목동 방송회관 내에 공간을 마련해 5월에 방송작가 창작공간을 개관했다. 콘텐츠정책 관련 토론회에서는 게임과 애니메이션, 영화 등 굵직굵직한 분야의 현안들이 쏟아져 자세한 현안토론에는 시간이 부족했다. 자유토론시간에 독립영화계의 한 분이 손을 들어 "영화 스태프 처우 개선과 관련해 추가 토론이 필요하다"라는 의견을 제시했다. 이야기를 해보라고 하니 "여기서 모든 걸 말하기는 힘들고 막걸리나 나누면서 하자"고 해서 즉시 독립영화계의 사람들을 모아 추가 간담회를 가질 것을 약속했다. 이런 방식으로 독립영화계의 간담회와 스포츠산업 관계자의 추가 간담회를 또다시 열었다. 이 밖에도 「예술인복지법」 제정 지원, 미술관 학예사제도 개선, 공교육 등에 저작물 이용 활성화, 고택 등 한옥 활용 외국인 고급 관광체험 프로그램 개발 등은 현장의 의견을 수렴한 결과 즉각 실시한 주요 사례들이다.

재정 부담 없이 국민생활 편익의 실질적 증진이 가능하도록 관광과 콘텐츠 등 다섯 개 분야별로 규제 · 제도 개선 태스크포스(TF)를 만들어 2011년 9월 말 현재 145건의 규제 완화 및 제도 개선 과제 가운데 72건을 개선 완료했고, 73건은 정상적으로 추진 중이다.

방송작가들이 모여 작업할 수 있는 창작공간이 절실히 필요하다는 요청에 부응해
방송작가협회와의 협의를 통해 서울 목동 방송회관 내에
공간을 마련하여 방송작가 창작공간을 개관했다.
(2011년 5월 24일 한국콘텐츠진흥원에서 열린 방송작가 전용 창작공간 개관식에서)

생생한 간담회, 소통의 중요성

석 달에 걸쳐서 이뤄진 대국민 정책 보고회와 추가 간담회 등을 통해서 정책 고객인 국민들의 생생한 목소리가 담긴 정책 제안을 받은 것은 큰 수확이었다. 하지만 더 큰 수확은 국민들에게 소통의 기쁨을 줄 수 있었다는 것이다. 일방적으로 국민들에게 전달한 것이 아니라 정책 보고회를 통해 직접 참여하고 소통해서 얻은 기쁨이어서 보고회를 개최한 우리 자신도 뿌듯하게 느끼는 것이었다. 사실 현장의 목소리를 듣는다고 해서 모든 문제를 해결할 수 있는 것은 아니다. 그러나 정책 고객들이 원하는 것 역시 모든 문제를 단번에 해결하는 해결사 역할이 아니었다. 그들로 하여금 속 시원하게 이야기를 하게 하고, 진정성 있게 이를 듣고, 안 되는 것은 왜 안 되는지를 설명하려는 자세를 취한 것만으로도 달라진 모습을 보여 줄 수 있었다.

정책 보고회 때 약속한, 독립영화인들의 처우 개선을 위한 간담회가 2011년 3월 초 서울 종로의 한 막걸리 집에서 열렸다. 영화인들이 10여 명 나왔지만, 직접 만나기 전까지도 "진짜 장관이 나오느냐"고 궁금해했다. 현장에 도착한 뒤에도 처음엔 말문이 잘 트이지 않았다. 어색한 분위기를 깨려고 일단 막걸리를 한 순번 돌렸다. 그러자 이야기가 나오기 시작했다 "10여 년 경력의 촬영기사인데 연봉이 700–800만 원밖에 되지 않는다", "내가 죄가 있다면 영화를 좋아한 것뿐인데 너무나 처참한 인생을 살아야 한다"는 이야기가 쏟아졌다. 참담한 심정으로 "어떻게 해야 하냐"고 물었다. 독립영화계에는 기존 영화산업계와는 달리 직접개발비 지원이 필요하다, 사라져 가는 독립영화 전용관을 지켜 달라, 적어도 영화를 하는 사람들이 돈이 없어서 서로가 만든 영화를 보지 못하는 일이 없도록 영화인 전용 관람권을 마련해 달라는 구체적인 의견들이 나왔다. 현장에서 쏟아진 20여 건 요구 사항은 담당 부서와 영화진흥위원회 등과의 협의를 거쳐 대부분 어렵지 않게 해결되는 문제들이었다. 그럼 이제까지는 왜 해결을 못했을까? 결국 소통의 문제였던 것이다. 담당 부서는 현장의 목소리를 세세하게 귀담아 들을 기회를 열지 못했고, 정책 고객 측에서도 '얘기 해 봐야 안 된다' 라는 생각을 가지고 서로 진지한 대화를 나누지 못했기 때문이었다.

정책 보고회와 간담회가 열린 뒤 정책 고객들의 반응은 뜨거웠다. 현장에 함께 참석한 부처 직원들과 보좌관들을 통해 반응이 속속 전해져 왔다. 영화인 간담회가 열린 뒤 '영화인들 복지와 불공정 계약, 시나리오작가 양성의 필요성' 에 대해 언급한 신문기사를 보고 당시 간담회에 참석했던 한 시나리오작가는 "불공정 계약과 작가의 중요성에 대한 장관의 언급만으로도 파급 효과가 클 것이고, 그런 것만으로도 우리에게 큰 힘이 된다"라며 고마움을 담은 메시지를 보내왔다. 해외문화원 정책 보고회에 참석한 한 대학 교수는 "청와대나 국가브랜드위원회에서 외신기자들이 모이는 자리가 있지만, 장관이 이렇게 직접 외국인들과 기자들을 만나고 형식적이지 않고 허심탄회하게 쌍방향 소통방식으로 사전 각본 없이 이야기를 나누는 자리는 처음이었다. 특히 외국 기자들은, 가운데 자리를 양보하고 가장자리 자리에 서슴없이 앉아 이야기를 나누는 모습에서 진짜 외부의 목소리를 들으려 하는 오픈 마인드의 자세를 실감했다"고 전화로 전했다. 전(前) 문화체육관광부 산하 기관장 한 분은 예술정책 토

"가능하면 늘 현장에 있도록 하겠습니다. 이제 현장에서 대상으로 삼고 있는 조직이나 업계와 직접 머리를 맞대고 고민하고, 그분들의 소리를 듣고 그것을 정책에 반영할 수 있도록 노력하겠습니다."
(2011년 3월 8일 제일모직 사옥에서 열린 패션산업 정책간담회에서)

론회의 토론자로 참석한 뒤 "장관이 이념에 얽매이지 않고 균형을 맞추려고 하는 노력이 돋보이고, 그런 점에서 기대가 많이 되는 자리였다. 문화예술계에 알게 모르게 벌어진 틈새를 매울 수 있겠다는 생각이 들었다. 이전의 정책들이 현장에서 설득력이 부족했던 아쉬움을 극복할 수 있으리라 기대가 된다"라는 희망적인 메시지를 주었다.

정책 고객들의 토론내용과 제안사항들은 모두 한 권의 책 『대국민 현장 업무보고 결과 자료집』으로 발간되었다. 자료집에는 업무보고 때 이뤄진 토론요지와 참가자의 제안사항에 대한 문화체육관광부의 검토내용과 추진방안 등이 담겼다. 자료집은 대국민 현장 업무 보고에 참여한 정책 고객과 국회 등 관계 기관에 배포됐다. 또 대국민 현장 업무 보고 때 발표된 보고자료와 제안과제, 검토내용 등을 문화체육관광부 홈페이지(www.mcst.go.kr)에 게시했으며, 이를 통해 지속적으로 국민들이 제안한 내용의 실행과정을 지켜볼 수 있도록 하고, 추가로 의견을 제시할 수 있도록 했다. 장관 집무실에도 별도의 모니터에 237개 제안사항을 전부 기록하고, 안 되는 것은 왜 안 되는지, 되는 것은 어떻게 할 건지에 대한 로드 맵을 일자별로 그려 국민들이 제안한 237건이 어떻게 진행이 되는가를 직접 체크했다.

대국민 현장 업무 보고는 현장의 목소리와 생생한 정책 제안들을 바탕으로 문화체육관광부 장관으로서의 세세한 정책 방향들이 어떻게 나아가야 하는가를 깨달은 소중한 기회였다. 이를 바탕으로 그동안 깨달은 다섯 가지 문화의 힘을 실현하기 위한 기반을 마련할 수 있었다.

마치는 글

통합과 상생의 문화한국을 꿈꾸며

경기도 양평 시골마을의 농부였던 아버지는 초등학생이던 나를 서울로 보내시며 아들이 훗날 문화체육관광부 장관이 되리라고는 꿈에도 생각 못했을 것이다. 나도 그랬다. 상상하지도 못한 것을 꿈꿀 수는 없을 테니까. 중학교 때까지 전깃불도 들어오지 않던 그곳에서 까막눈이셨던 아버지 밑에서 자라며 그저 부지런히 땅을 일구면서 사는 것이 인생의 전부라고 여겼던 내게, 문화란 상상 저편의 영역일 뿐이었다. 서울에 와서도 영화와 연극을 말하던 친구들과 어울리지도 못했던 시골 소년이 우연히 접하게 된 연극을 시작으로 문화에 눈을 뜨게 됐고, 문화예술의 새로운 세상 속에 매료돼 한 나라의 문화정책의 수장인 장관에까지 이르렀다. 많은 세월이 흘렀고, 그 사이에 나도 많은 변화를 겪었다. 서울에 와서도 동네 만화방에나 가야 볼 수 있었던 텔레비전 속의 풍경을 신기해하던 시골 아이가 21세기 첨단의 방송과 통신 융합시대 미디어의 미래를 설계하는 「미디어법」 개정을 주도한 것은 '기적의 나라' 대한민국에서 일어난 또 하나의 기적이다.

10여 년간의 국회의원 시절과 문화체육관광부 장관을 거치며 줄곧 '문화'와 함께 달려왔고, 문화라는 한 우물을 파 왔다. 문화현장을 누비고 그 속에 있는 문화예술인들의 목소리를 들으며 문화가 가진 다섯 가지 가치를 깨달았고, 그 다섯 가지 가치를 현실 속에서 구현해 내는 것을 과제로 삼고 노력을 기울여 왔다. 그 세월의 경험과 함께 미래 지도자의 자질로 다양성과 수평적 소통, 그리고 상상력과 파격을 근간으로 하는 '문화적 리더십'이라는 키워드가 필요하다는 것을 깨닫게 되었다. 이제 그 힘을 우리 사회의 통합으로 이끌어 '문화강국 대한민국', '선진국가 대한민국'으로 만드는 초석으로 삼아야 한다.

문화적 리더십이 우리 사회를 어떻게 변화시키고 통합을 이끌어낼 수 있을까. 이 책을 끝맺으면서 오늘날 위기에 처해 있다고 여겨지는 한국 정치, 그 중에서도 보수 정치세력의 위기를 돌아보고, 여기에 '소통과 통합', '상상과 파격'의 문화적 리더십을 적용함으로써 그 해결방안을 찾아보자고 제안하고 싶다. 오랜 세월 동안 정치를 해오면서 진정한 보수가 무엇인가를 고민해 온 사람으로서, 보수의 현실을 돌아보고 그 과정에 문제가 있다면 그것이 무엇인지, 또 보수의 미래가 어떤 모습을 띠어야 하는지 고민하고 해결책을 찾는 것 역시 중요한 과제라고 생각한다.

보수란 무엇일까. 한마디로 딱 부러지게 정의하기 힘든 이 말을 규정해야 할 필요가 있을 때마다 어린 시절 아버지와 걷던 시골길의 추억을 떠올린다. 농사일을 마치고 집으로 돌아가는 먼 시골길, 포장도 되지 않아 돌멩이가 사방에 널려 있던 그 흙길을 매일같이 아버지와 함께 걸었다. 무뚝뚝한 아버지와의 걸음이 어색하기도 하고 심심하기도 해서 그냥 길을 걷지 못하고 길바닥에 있는 돌부리를 발로 툭툭 차며 다녔다. 그때마다 아버지께서는 함부로 돌부리를 걷어차지 말라고 하셨다. "길바닥에 있는 돌멩이 하나도 자기가 있어야 할 자리가 정해져 있다"는 것이었다. 어린 시절에는 무심히 들었던 그 말씀이 시간이 지나도 잊혀지지 않는다. 아버지의 말씀은, 돌은 돌대로, 풀은 풀대로 자기 자리를 지켜야 하고, 그 자리를 벗어나면서 생긴 자연의 혼란은 다시 제자리로 돌아올 때까지 많은 시간이 걸리니, 결국 세상 사는 순리대로 각자가 살아가야 한다는 뜻이리라.

나는 보수란 이런 것이라 믿는다. 세상의 순리를 함부로 거스르지 않고 모두가 지켜야 할 자리를 제대로 지키는 것. 그러나 여기서 '자리를 지킨다' 는 것은 아무런 변화도 용납하지 않는 무의미한 자리 보전이 아니라 순리에 맞는, 지킬 가치가 있는 것을 지킴을 말하는 것이다. 보수가 지켜야 할 핵심 덕목은 '엄격한 자기규율과 희생정신' 이다. 우리 보수정치가 지켜야 할 으뜸의 가치는 도덕성이어야 한다. 즉 보수란 도덕적인 가치가 있는 것을 지켜 나가면서 급격한 변화보다는 검증받고 확인받는 방식으로 점진적인 개선을 추구하는 것을 말한다. 내가 믿어 왔고 지켜 오려 한 진정한 보수적 가치의 믿음은 시장경제를 지키고 대한민국의 정통성을 지키면서도, 도덕적으로 문제가 있는 정치세력의 보전을 용납하지 않는 것이었다. 그런 믿음 때문에 젊은 시절 군사 독재정권, 정경유착 세력에 맞서 싸웠고 개인의 권리와 의무가 조화를 지켜야 한다는 신념을 지켜왔다.

지난 60년간 대한민국은 보수세력이 중심이 되어 나라를 이끌어 왔다. '공' 과 '과' 가 모두 있을 것이다. 어쩌면 '과' 가 더 많을 수 있다. 그러나 무게를 달아 보면 '공' 쪽으로 기울어질 것이다. 세계에서 가장 가난했던 신생 독립국가 대한민국을 선진국으로 진입시킨 공은 누구도 부인 못할 것이다. 이 땅의 보수는 자기 임무를 훌륭히 수행해 낸 것이다. 그러나 시대가 달라졌다. 보수와 함께 진보도 대한민국을 이끄는 한 축으로 당당히 자리 잡기 시작한 것이다. 바람직한 일이다. 이제는 보수와 진보가 함께 손잡고 대한민국을 선진강국으로 이끌어야 한다. 내가 말하는 보수의 개념은 어떤 정당이냐의 문제는 아니다. 우리 정치에서 지켜야 할 가치, 즉 자유민주주의와 시장경제를 근간으로 하느냐 하는 것이다. 우리나라의 정치 판도를 이런 기준으로 따진다면, 다수의 보수와 소수의 진보가 혼재돼 있을 뿐이다. 돌이켜 보면, 진정한 의미의 진보정당 출현은 17대 국회에 민주노동당이 비례대표로 국회에 진출한 역사적 사건에서 찾을 수 있다. 그러나 이념정당이 제대로 자리 잡기 전에 경제적 환경의 급격한 변화로 실용주의가 중요한 가치로 떠오르면서 보수와 진보는 정책적으로 차별화되지 못하면서 자신만의 색깔을 잃어버리고 있다. 이전 시대에는 보수와 진보를 나누는 개념이 북한에 대한 입장과 시장경제에 대한 태도에 따라 나뉘었으나, 이제는 더 이상 정책을 가지고 보수와 진보를 구분하는 것이 의미가 없게 되었다.

이렇게 변화된 환경 속에서 오늘날 보수의 세력이 차지하고 있는 위상은 실망스럽기 그지없다. 지난 2010년 지방선거를 기점으로 보수는 도덕적 · 현실적 우위가 소멸되어 가는 '정치적 변곡점' 을 맞고 있다. 2012년 총선과 대선을 앞두고 오늘날 대한민국 정치지형의 거대한 변화가 소리 없이, 하지만 거대한 파고를 형성하며 진행되고 있다. 그것은 단순히 보수나 진보의 판세가 어느 쪽으로 가느냐 하는 것뿐 아니라, 대한민국 정치기반을 형성해 온 정당정치의 근간을 인정하지 않고 제삼의 정치세력까지 요구하는 급진적인 형태로 나타나고 있다. 대중으로부터 권력을 위임받았던 정치권력이 다시 대중에게 권력을 내주는 시대가 도래한 것이다. 여기서 우리나라에서 보수나 진보를 내세우는 정치세력 모두가 거부당하고 있다는 민심의 흐름을 읽을 수 있다. 그러나 냉정하게 현 상황을 바라볼 때, 국민의 반감과 냉소의 대상으로 더 심각한 쪽은 보수이다.

건국 이후 한국 사회 곳곳에 포진하던 보수 헤게모니는 점차 약화되면서, 오늘날에는 진보 헤게모니에 밀리고 있다. 시간이 갈수록 현실에 안주하고 기득권을 유지하는 데만 몰두하려는 이미지를 주면서, 보수는 도덕적인 힘을 잃고 그 세력이 사회 각 분야에서 현저히 약화되고 있다. 외부적으로 드러난 현상만 놓고 보면 여전히 보수세력이 사회의 주류를 형성하고 있지만, 국민들은 더 이상 보수세력을 존중하지도, 인정하지도 않는다. 대중의 동의에 기반한 보수의 권위가 확실히 쇠퇴하고 있는 것이다. 지금의 흐름이 계속된다면 머지않아 진보가 우위를 점하는 사회로 변하게 될 것이다. 이제는 보수와 진보의 세력 판도가 몇 대 몇이라고 판단하는 것이 곤란하게 됐다. 중요한 것은 세가 어느 쪽으로 밀리느냐, 누가 우위에 서느냐의 문제에 국한되지 않는다. 물론 보수와 진보의 어느 한쪽으로 균형이 깨지는 것은 어느 쪽이든 바람직하다고 볼 수 없다. 이념의 좌와 우, 보수와 진보는 균형을 이루면서 조화로운 사회를 이루어야 한다. 지금의 지형도의 변화가 계속된다면 미래의 대한민국의 중심축은 한쪽으로 기울게 되고, 그것은 이념적인 위기라는 본질적인 문제에서뿐 아니라 일방적인 사회 의제(議題) 설정, 다른 한쪽의 극심한 반발과 사회 갈등을 낳아 우리가 바라는 진정한 선진국가로의 진입을 가로막는 요인이 될 수도 있다. 하지만 더 심각한 문제는 숫자적인 균형이 무너지는 것보다 대중들의 공감의 균형이 완전히 무너지고 있다는 것이다. 보수의 세력이 외형적으로 균형을 맞춘다고 하더라도, 그것이 대중들의 공감과 진심어린 지지에 근거하지 못한다면, 그것은 진보세력에 맞서서 건강한 균형을 유지하기 위한 힘을 발휘할 수가 없다. 의미 없는 균형인 것이다. 때문에 이런 상황을 맞게 된 보수의 통렬한 자기반성이 필요한 때다.

보수의 위기는 사회의 변화가 낳은 국민의 요구와 고민을 제대로 끌어안지 못했기 때문이다. 국민들은 2008년 세계적인 금융위기 이후 심각하게 진행되는 양극화와 일자리 부족문제 등으로 절체절명의 삶의 위기에 처해 있는데, 보수는 이를 심각하게 생각하지 못하고 정치의 영역 안에서 해결하려는 노력을 외면했다. 현실의 변화를 제대로 보지 못하고, 자신의 기득권만 고수하고, 과거의 구태의연한 방식에만 집착했다. 그 결과 대중의 삶은 날로 피폐해졌다. 그러한 대중들과의 소통 역시 실패했다. 그러면서 대중도 보수를 외면하기 시작했다. '능력 있는 엘리트'에서 '무능한 기득권층', '청산해야 할 구세대'로 보수의 이미지가 추락하고 있다.

지금 보수의 몰락과 위기는 마치 휴대전화의 절대강자였던 노키아(Nokia)가 몰락하는 과정과 흡사하다. 주지하다시피 노키아는 40퍼센트의 압도적 점유율로 2위와의 격차가 무려 20퍼센트나 되던, 넘볼 수 없는 절대강자였는데, '스마트폰'이라는 시장의 변화를 따라잡지 못하고 옛날 방식만 고집하다가 급속히 몰락하고 있다. 비대해진 노키아가 자기만족에 빠져 변화를 거부하면서 결국 소비자들에게 외면받았던 것이다. 그 결과 글로벌 휴대폰시장 점유율로 1

위를 구가하던 노키아는 2011년 2분기 스마트폰 판매량에서 애플이나 삼성전자보다 뒤져 3위로 처졌다.

그동안 보수는 반공주의, 국가주의, 민족주의, 권위주의에 기반해 왔다. 해방 후 50년대까지 보수는 반공보수였다. 안보보수가 대한민국을 지배하던 1960-80년대까지는 온 나라가 '레드 콤플렉스'에 빠져 있었다. 조금만 의견이 달라도 심각한 이념논쟁이 벌어지고, 진보로 정체성을 내세운 인물들은 사상적인 의심을 받았다. 정치적인 입장이 다른 편의 사람들에게는 이런 이념적인 덫을 씌우기 일쑤였다. 진보는 빨갱이 논쟁에서 자유로울 수 없었다. 김영삼 · 김대중 전 대통령이 이끌던 야당도 항상 자신들은 정통 '보수' 야당임을 수없이 증명하며 사상고백을 할 수밖에 없는 상황이었다. 1990년대 이후 20년간은 시장보수가 대한민국을 지배해 왔다. 이때는 온 나라가 '머니(돈) 콤플렉스'에 빠져 있었다. 모든 사람들이 경제적 부와 돈이 최고의 가치라고 믿으면서 주식투자, 부동산 투기광풍에 몸을 던졌다. 하지만 21세기 들어와서 영원히 지속될 것 같은 '레드 콤플렉스'가 극복된 것처럼, '머니 콤플렉스'도 서서히 약화되고 있다. 돈만이 최고가 아니고, 돈이 우리 삶의 모든 문제를 해결해 주는 것이 아니라, 삶에서 추구해야 할 보다 중요한 가치들이 있음을 우리 국민들이 인식하고 있다. 경제적으로 풍족한 삶뿐만 아니라 진정한 행복을 추구하는 인간적 삶이 더 우선순위에 놓이게 됐으며, 나 혼자 잘사는 것이 아니라 함께 잘사는 방법을 추구해야 할 필요성을 느끼게 됐다. 맹목적인 성장보다는 질 높은 삶과 복지를, 주류의 확신을 일방적으로 던지는 강력한 수직적 리더십보다는 다수의 목소리를 포용하는 수평적 소통을, 경제적 가치보다 사회문화적 가치들이 더 중요해진 시대가 온 것이다.

보수는 이런 사회와 대중의 변화에 유연하게 대처하지 못했다. 이제는 국민들, 특히 젊은층에서 보수의 가치와 방식에 대해 의문을 갖기 시작했다. 그들은 보수가 중시하는 개념들이 이 시대에 중요한 것이라는 문제의식이 약할 뿐 아니라, 보수들이 스스로 내세우는 가치에 충실한 행동을 보여 왔다는 것을 신뢰하지 않는다. 보수가 지금까지 도덕적인 우위를 주장할 수 있는 부분은 국가 안보와 경제적 성장이었다. 어떤 상황에서도 자유민주주의 국가라는 정체성을 지켜야 하는 것과 시장경제에 기반한, 자본주의 경제체제에 기반한 개인의 경제활동을 지켜야 한다는 신념이 두 가지 근간이었다. 사실 진보는 이 두 가지 이슈, 즉 안보와 성장에는 취약했다고 볼 수 있다. 그런데 지금 먹고사는 문제에 지친 젊은 세대들은 맹목적인 성장에 회의를 품고 있고, 안보 문제를 삶의 심각한 이슈로 받아들이지 않는다. 세계화와 신자유주의로 인한 양극화의 심화는 시장경제체제와 경제 성장이 최선만은 아니라는 사실을 절감케 했다. 국가의 경제는 성장하고 있다는데, 자본주의체제는 나날이 공고화되고 있는데, 개인에게 돌아오는 현실은 성장과는 거리가 멀고, 자본주의의 부작용인 실업문제, 양극화문제, 견고화되는 시장경제가 낳은 비정규직 문제 등 개인이 감당해야 할 문제점은 커져 갔다.

이런 경제상황의 변화가 일상의 고통과 맞물리면서 젊은 세대들에게 국가 안보의 문제는 와 닿지 않는 문제다. 분단체제가 장기적으로 지속되면서 남북 대치 상황과 통일에 대해 무관심해지고, 집값과 교육비, 취업의 문제가 더 심각하게 다가오는 것이다. 보수는 국가 안보문제에 대해 대중들의 가슴에 와 닿는 설득력 있는 소통에 실패함으로써 이 부분의 중요성을 인식시키지 못했다. 국가 안보의 문제는 어떤 상황에서도 국가의 최우선적인 순위에 놓여야 함에도 불구하고, 젊은 층들에게 보수세력들은 마치 정세의 유지를 위해서 안보라는 이슈를 제기하는 것처럼 비춰지고 있다. 이것은 심각한 문제다. 금융위기 이후 닥쳐 온 신자유주의의 부작용에 대한 문제에 대해서도 보수의 대응은 적절하지 못했다. 현 상황은 시장이 모든 것을 해결해 줄 것이라는 '시장만능주의'가 한계에 부딪혔음을 여실히 드러내고 있다. 이럴 때 시장에 일정한 질서를 부여하고 시장의 규칙을 만드는 것이 바로 정치의 역할이다. 불필요한 규제와 개입은 제거해야 한다. 이른바 '관치'로 일컬어지는 구시대의 유습들이다. 하지만 국민의 삶, 즉 '먹고사는' 문제는 물론 '꿈꾸고 도전하는' 그러한 삶을 위해 시장에 개입하고 규칙을 만드는 것은 정치의 가장 중요한 역할이다.

그런데 주도권을 쥐고 있는 보수는 우리 정치상황에서 이 점을 앞장서서 국민의 눈높이에서 해결하는 움직임을 보여 주지 못했다. 시장은 커지고, 글로벌 경쟁에서 1등만 살아남는 현실에서, 대기업은 엄청난 이익을 낳는데 일자리는 줄어든다. 고용 없는 성장시대 속에서 청년 실업률은 날로 높아만 가는데, 다른 한편에서는 일손이 부족해서 외국 근로자들을 수입해야만 하는 형편이다. 우리 사회의 약자들에게도 시장에서 공정한 경쟁을 통해 더 높은 곳으로 날 수 있다는 꿈을 꾸게 하지 못했다. 오히려 이 상황에서 보수세력은 자신의 기득권을 지키는 데만 급급하고, 사회적인 의무와 책임은 뒷전으로 두는 듯한 모습으로 신뢰를 잃었다. 시대는 기득권들에게 '노블레스 오블리주'를 요구하는데, 정치 기득권, 경제 기득권 당사자들은 자신들의 세력을 유지하려는 모습만 보인 것이다. 여전히 이념의 좌와 우에 얽매여, 의미도 없는 좌파, 우파 논쟁에 사로잡혀, '사회 통합' 역할에 앞장서서 다양한 사회계층들이 다양한 책임과 의무를 조화롭게 이행하게 하는 균형을 유지시키는 모습을 보이지 못했다. 이렇게 정치와 경제적인 측면 모두에서 보수의 기반이 되어야 할 안정감, 도덕과 정의, 공정성의 모든 면에서 보수는 힘을 잃어버린 것이다. 그 중에서도 '도덕성의 위기'로 평가받는 게 가장 큰 위기다. 보수가 지녀야 할 가장 중요한 가치가 도덕성인데, 국민의 입장에서 보면 도덕적이지 않은 보수를 보존할 필요성이 없다고 생각하기 때문이다. 현재 보수의 문제는 '보수적'이라는 데 있지 않다. '비도덕적이다', '시대의 변화를 외면한다', '기득권에 집착한다'는 점에 있다. 결국 그동안 보수의 우위를 뒷받침했던 기둥들이 지금 모두 위기에 빠지면서 보수는 순식간에 우위를 잃고 몰락하고 있다. 학계 · 언론계 · 문화계 · 보수종교계 · 대기업 · 권력기관 · 보수정당 등이 모두 위기에 빠져 있다.

특히 언론을 포함한 문화계에서 영향력 감소가 두드러진다. 이것은 국민들과의 소통에 실패했음을 증명하는 것이다. 요즘 젊은이들을 상대로 설문조사를 해보면, 스스로 진보를 지향한다는 답변이 70퍼센트 이상이다. 보수를 지향한다는 답변은 20퍼센트가 채 안 된다. 그러나 이념의 가치기준으로 테스트해 보면, 60퍼센트 정도가 보수 성향으로 나온다. 이것은 엄연한 왜곡이고 정체성의 혼란이다. 인간의 심리가 변화보다는 안정을 본능적으로 희구하기 때문이다. 그런 안정에 대한 갈망을 현실적으로 뒷받침하지 못했다. 이것의 큰 이유는 보수정당을 자임하는 한나라당의 메신저 이미지가 오염됐기 때문이다. 얼마 전까지는 사십대까지 보수지지층에 포함시킬 수 있었는데, 지금은 사십대 이하의 신주류층이 보수에서 빠르게 이탈하고 있다.

그 원인의 핵심은 인터넷과 스마트폰, 에스엔에스(SNS) 같은 소셜 미디어의 새로운 소통 구조 때문이라고 본다. 자신의 정치적 이념과 의견을 가감 없이 자유롭게 쏟아 내는 문화를 소셜 미디어들이 확산시키면서 이에 익숙해진 사십대 연령층까지 현실적으로 진보성향이 강한 20-30대와 연대하는 현상이 나타난다. 진보 연령층의 확산인 셈이다. 이런 기술적인 변화 역시 보수정당은 따라가지 못하고 있다. 2010년 2월 한나라당 사무총장에 임명되고 가장 먼저 했던 일이 한나라당을 '스마트 한나라당'으로 만드는 일이었다. 모든 사무처 직원들에게 스마트폰을 지급하고, 한나라당만의 어플리케이션을 개발하면서 명실 공히 스마트정당의 시스템을 구축했다. 그러나 오늘날의 현실은 당시 아무런 시스템을 구축하지 않았던 야당이 소셜 미디어를 더 적극적으로 활용하고 있다. 소셜 미디어 세대는 청년층뿐 아니라 중장년층으로 빠르게 연령층을 확산해 나가면서 혁신적인 소통방식, 그리고 그에 걸맞은 콘텐츠를 내놓기 바라는데, 보수정당은 적절히 대응하지 못하고 있는 것이다. 소셜 미디어를 새로운 상품으로 내놓고 기술적으로 발전시키는 것은 시장경제를 버티게 하는 대기업이고, 이들은 경제기득권층으로 보수적일 수밖에 없는데, 그 안에 담기는 콘텐츠들은 결국 진보 색채 일색으로 이들의 세력을 강화하는 방향으로 나가는 것이다. 결국 보수가 생산한 것을 활용해서 사회는 진보로 변하는 역설적인 상황이 벌어지는 것이다.

스마트 세대, 소셜 미디어 세대들이 원하는 소통의 방식과 콘텐츠는 무엇인가. 이들은 권위적이고 일방적인 기존 언론이나, 정치적이고 이념적인 구호에서 벗어나 상호 소통과 공감, 그리고 구체적이고 가슴에 와 닿는 사회적 · 문화적 이슈들을 같은 눈높이에서 이야기하기를 원하고 있다. 앞에서 강조한 '소통과 공감'을 통한 통합으로서의 '문화적 리더십'이 여기에서 필요한 것이다. 소통 구조의 변화는 그러한 사회적 · 문화적 이슈로 대중들의 의제를 이동시켰는 데 비해 이 이슈들에 대한 보수의 대응은 수세적이고 거칠다. 보수가 중시하는 안보와 경제 같은 것들이 추상적이라면, 이들 세대가 이야기 나누고 싶어하는 사회적 이슈, 예컨대 무상급식, 비정규직문제, 반값등록금, 집값문제, 교육문제 등은 구체적이고 개체적이다. 사회적 이슈들은 바로 대중들 자신의 삶의 직접적 고민을 담고 있는 이슈들이기에, 그만큼 인화성이 크다. 게다가 소셜 미디어는 다원화된 개개인의 직접적인 의견 표출이 순식간에 적나라하게 이루어진다. 그 속에는 '분노의 일상화' 조짐이 곳곳에서 드러난다. 1970-80년대 청년들의 급진성과 저항이 의식에서 비롯된 측면이 컸다면, 소셜 미디어 세대 청년들의 분노는 '머리'가 아닌 '몸'으로부터 나와서, 즉각적인 말의 표출로 흘러나온다. 그리고, 곧바로 투표나 시위 같은 집단적 행동을 순식간에 만들어 낸다. 지금은 일시적인 시위와 투표 같은 이벤트뿐 아니라 소셜 미디어를 통한 정치세력을 형성해 정당에 맞서자는 의견까지 나오는 지경이다. 미국의 외교전문지 『포린 어페어스(*Foreign Affairs*)』는 얼마 전 「오늘은 있지만 내일은 없어질 것」이라는 제목의 기사에서, 2040년이면 사라질 것 가운데 정당을 집어 넣었다. 유엔 미래보고서는, 정보통신기술의 발달로 직업정치인들이 사라지고 똑똑한 대중, 즉 '스마트몹' 이 스스로의 법과 문화를 만들어 나가는 소수민주주의가 부상한다고 예언했다. 정당정치를 기반으로 하는 정치인들은 자신들의 존재기반을 불신하는 대중들에게 어떤 변화의 몸짓을 보여야 할 때인 것이다.

소셜 미디어의 콘텐츠를 주로 이루는 생활 밀착형의 구체적인 의제들에 대해 이야기를 나누는 방식 역시 다른 접근을 원하고 있다. 기존 언론을 통한 일방적 의견 제시나 딱딱한 방식의 소통이 아니라, 부드럽고 문화적인 방식, 또 소셜 미디어에서처럼 자신들의 요구에 즉각적으로 반응하고 귀를 기울이고 있다는 것을 표현하며, 의견의 상호 교류가 필요한 것이다. 안철수 · 박경철 씨 등이 주도하는 「청춘 콘서트」처럼, 대담과 노래, 웃음이 공존하는 부담 없는 형식이 젊은 층을 급속히 파고들고 있다는 점을 직시해야 한다. 자꾸만 아프다고 하는 청춘들의 신음을 못 들은 채, 원칙만을 앞세운 권위 있고 강력한 리더십의 가부장적인 보수가 아니라, 기꺼이 어깨를 내주고 손을 잡아 주는 자애로운 아버지의 모습을 띤 공감 어린 소통의 방법을 연구해야 한다. 90년대 유행했던 드라마 〈사랑이 뭐길래〉의 대발이 아버지가 이전 시대의 가부장적인 가장의 상징이었다면, 이제 21세기 가부장의 권위는 〈엄마가 뿔났다〉에서 엄마의 가출로 인해 도전받고, 〈시크릿 가든〉에서 부모의 의사와는 전혀 상관없이 제 갈 길을 가는 자식들에 의해 거의 사그라든 상태다. 새로운 가부장의 모습은, 이런 새로운 가족들의 눈높이에 맞춘, 대화를 할 줄 아는 아버지여야 하는 것이다.

우리 앞에 놓여진 차가운 현실은, 이런 상태가 계속되면 보수에 대한 사회적인 공감과 신뢰가 무너진다는 것이다. 보수의 위기를 방치하고, 한 사람의 인기나 말초적인 감성에만 의존한 정책 한두 가지를 내세워 국민의 신뢰를 회복한다는 것은 불가능하다. 사실상 보수진영은 지금의 위기를 한순간에 일소시킬 스타도, 귀에 쏙 들어올 만한 정책도 키우지 못했다. 일대 혁신 없이는 백전백패다.

작금의 갈등의 정치, 분열의 정치는 정치에 '국민'이 부재하기 때문이다. 공급자로서 '정치세력'이나 '정치인'의 사적인 욕심이 더 강력하기 때문이다. 이제 정치가 '국민'을 끌어안고, 국민의 목소리를 더 많이 듣는 소통을 과감히 도입해, 통합의 정치로 나아가야 한다. 공정한 경쟁이 이루어질 수 있도록 균등한 기회가 주어져야 하고, 설령 한두 번 낙오했더라도 다시 일어설 수 있는 '패자부활전'의 기회가 주어져야 한다. 그래야 청년들도 실패를 두려워하지 않고 도전하게 되며, 사회에 혁신의 바람이 불고 활력이 돌게 된다. 지금은 그 누구도 감히 '도전'하려 하지 않는다. 한번 실패하면 영영 낙오될 수 있기 때문이다. 사회의 역동성은 약화되고 있고, 대중들은 그 누구도 의지할 데 없는 상황에서 각자의 삶을 연명해 가려는 데 안간힘을 쓰고 있다. 그런 와중에 60여 년을 이끌어 왔던 대한민국 정치의 근간인 정당정치의 기반마저 부정하는 정치의 위기가 생겨나는 것이다.

보수의 위기는 우선 보수의 최고 가치인 도덕성을 회복하고, 상상과 소통의 '문화적 리더십'으로 진보와의 갈등을 넘어서려는 노력에서 시작되어야 할 것이다. 진보 정치세력에 대해서 다름을 인정하고, 상대방을 인정하는 소통의 리더십, 필요하다면 보수의 틀을 깨는 파격적인 생각의 변화를 수용하는 리더십으로의 변화가 절실하다. 이를 위해서는 창조와 상상력을 가지고 기존의 문제점들을 혁

나는 오늘도 꿈꾼다. 우리가 먹는 것을 세계인들이 먹고, 우리가 부르는 노래를 그들도 따라 부르고, 우리가 즐기는 방식대로 온세상이 즐기는 시대를.
(2011년 10월 18일 남한강변의 자전거도로에서)

신적으로 바꾸어 보겠다는 사고의 전환이 필요한 것이다. 여기에 이 시대가 요구하는 소통의 틀을 받아들이고, 어떻게 하면 국민과 같은 눈높이에서 공감을 이끌어 낼 것인가에 대한 부단한 연구와 노력이 뒷받침되어야 한다.

나는 그동안 한나라당 내에서 '미래연대'나 '새정치 수요모임' 등을 통해 치열하게 토론하고 주변 사람들의 견제나 소외를 당하면서도 당내에서 변화를 이끌기 위해 노력했다. 당내에서 개혁파 소장파로 몰리는 것은 힘들고 외로운 길이었지만, 당의 변화가 어느 때보다도 절실하게 요구되는 지금, 그런 변화의 노력들이 틀리지 않았다는 것을 새삼 확인하게 된다.

지금 다시 의정활동을 하게 되면서, 의원 시절 초기의 그런 치열함이 많이 사그라지지 않았나 하는 생각을 하게 된다. 당 사무총장, 문화체육관광방송통신위원회 상임위위원장, 문화체육관광부 장관을 거치면서, 차츰 경력이 쌓이게 되면서 나도 모르게 내가 제기했던 문제에 대해 더 날카롭게 접근하지 못하고, 타성적이고 타협적으로 조금씩 변해 버린 측면도 있으리라는 반성이 앞선다. 그렇지만 지금 이 시점에서 다시 깨닫게 된 것은, 혼자의 힘으로 어떤 변화나 개혁을 시도할 수 없다는 것이다. 장관 시절 혼자서 무언가를 바꾼다는 것이 얼마나 힘든 일인지를 깨달았다. 고민을 나누는 사람들이 모여서 서로의 의견을 존중하고 나누면서 함께 가야 한다는 것을 느꼈다. 다시 강조하지만, 상대를 인정하고 다름을 이해할 때 서로 대화할 수 있고 소통할 수 있는 것이다.

이제 대한민국은 문화적인 리더십을 통해 갈등의 정치를 끝내고, 통합의 미래를 열어야 한다. 상대방을 인정하고 다양한 의견과 문화를 포용하는 소통과 공감의 필요성을 최우선적인 가치로 내세울 때, 이념의 차이와 정치권의 다름을 뛰어넘고 불필요한 갈등을 마감할 수 있다. 상상과 창조의 리더십으로 사회를 바라보면, 신자유주의의 폐해와 경제적인 양극화에 따른 국민의 고통에 대한 획기적인 해결책을 낳을 수 있다. 젊은이와 청소년들이 생존의 문제, 일자리의 문제로 절망하고 있는 현실에 대해 과거 세대들이 생각하지 못했던 기존의 틀을 깨는 파격적인 사고방식과 창의적인 안목으로 새로운 희망을 불어넣어 주어야 한다. 스마트시대에 달라진 소통의 도구와 태도, 그 속에 담긴 새로운 콘텐츠로 오늘날 세대의 목소리를 귀 기울여 듣고, 그들의 눈높이에서 그들의 언어로 대화하며 공감해야 한다. 이런 노력으로 얻어진 국민의 목소리를 정치로 끌어안아야 한다. 경제적 기득권층과 대기업들은 보수의 도덕적 가치를 지키면서도, 열린 자세로 진보적인 대중의 존경을 받기 위해 책임과 의무를 다하며 상생과 공존의 지혜를 발휘해야 할 때다. 계층과 세대, 지역과 이념의 벽을 '소통과 공감', '상상과 파격' 의 '문화적 리더십' 으로 뛰어넘을 때 대한민국은 힘찬 미래를 맞이할 수 있을 것이다.

나는 오늘도 꿈꾼다. 우리가 먹는 것을 세계인들이 먹고, 우리가 부르는 것을 그들도 따라 부르고, 우리가 즐기는 방식대로 온 세상이 즐기는 시대를. 그 꿈은 결코 멀지 않다. 아니 이미 그 꿈이 눈앞에 펼쳐지고 있다. 세계는 지금 한국의 매력에 빠져들기 시작했다. 드디어 우리 문화가 세계의 문화가 되어 가고 있는 기적은 시작되었다.

정병국 문화활동 연표 2000-2011

2000년

10월 국정감사 정책자료집 『한국의 얼굴, 용산 새 국립중앙박물관 건립의 올바른 방향』, 『21세기 관광한국을 위한 여론조사 보고서』, 『목조 문화재의 흰개미 피해와 대안 제시』 발간.

11월 소득세법중개정법률안 제출(문화예술품시장 보호 장려를 위해 서화 및 골동품 양도차익을 과세 대상에서 제외하려는 내용).

12월 문화예술 분야 세제 개혁을 위한 공청회 공동 주최.

이때부터 2001년까지 국회 문화관광위원회 국립중앙박물관건립지원소위원회 위원으로 활동.

방송법중개정법률안 제출(방송위원회 독립성 및 대표성 제고를 위한 내용).

2001년

5월 프랑스, 스페인 등 선진관광산업단지 시찰(국회문화관광위원회 공식 방문).

애니메이션산업 진흥 대토론회(제1차 필름애니메이션 시스템 구축 방안) 공동 주최.

6월 문예진흥원 발전 방향 모색을 위한 공청회 공동 주최.

7월 애니메이션산업 진흥 대토론회(제2차 방송애니메이션산업의 현황과 과제) 공동 주최.

9월 국정감사 정책자료집 『우리나라 문화재 보수정비 문제 현황과 정책 대안』, 『관광산업 활성화를 위한 정책 제안서』, 『애니메이션산업 활성화를 위한 정책 제안서』, 『2002년 월드컵 Korea/Japan의 성공적 개최를 위한 한국과 일본 국민의식 비교 설문조사』 발간.

10월 문화예술진흥법중개정법률안 제출(문화지구 활성화를 위한 내용).

12월 한국영화인회의로부터 감사패 받음(영화진흥법개정 등 한국 영화 발전에 앞장선 공로 인정).

한국삽살개보호육성법안 제출(토종개인 삽살개의 관리와 혈통 보존을 위한 내용).

2002년

2월 프랑스 하원 초청 「프랑스와 유럽 영화의 미래」 세미나에서 '한국의 영화정책과 스크린쿼터시스템' 이란 제목으로 주제 발표.

4월 도서관및독서진흥법중개정법률안 제출(병영 내 진중도서관을 설치하여 장병들에게 자기계발 촉진의 기회를 제공하고 병영문화 향상에 이바지하기 위한 내용).

5월 아시아태평양 문화다양성 수호 국제의원연대(초대의장 정병국) 결성 기념 「아시아태평양 국제문화포럼」 개최.

9월 문화재 관리정책 개선방안 모색을 위한 공청회〔민간문화재보호기구(문화재 119) 설립을 위하여〕 공동 주최.

국정감사 정책자료집 『우리나라 문화재 보존 관련 정책 제언』, 『우리나라 문화재 보존 및 보수정비 실태 백서』, 『한국 축구 백년대계를 위한 축구정책 발전방안』 발간.

체육시설의설치이용에관한법률중개정법률안(체육시설 회원 권익 보호를 위한 내용).

2003년

2월 저작권법중개정법률안 제출(저작권제도 개선을 위한 내용).

부가가치세법중개정법률안 제출(공연장 대관료에 포함되는 부가가치세를 면제하여 공연문화를 활성화시키고자 하는 내용).

7월 관광진흥법중개정법률안 제출(관광산업 활성화를 위한 내용).

관광산업진흥기본법중개정법률안 제출(문화산업 활성화를 위한 내용).

9월 국정감사 정책자료집 『문화유산 보존 및 관리에 관한 종합정책 질의 자료집』 발간.

11월 민간문화재보호기구(문화재 119) 설립을 위한 토론회 주최.

2004년

4월 스크린쿼터에 대한 정책토론회 개최(한나라당 스크린쿼터TF팀 등 공동주최, 스크린쿼터TF팀장 정병국 의원).

5월 스페인 바르셀로나 포럼 참가(「한국의 시청각산업 현황과 문화다양성의 중요성-한국의 스크린쿼터제도를 중심으로」라는 제목으로 주제 발표).

6월 한나라당 언론발전특별위원회 위원장에 임명됨.

7월 영화진흥법중개정법률안 제출(스크린쿼터 현행 유지를 위한 내용).

10월 국정감사 정책자료집 『장애인 도서관 서비스 개선을 위한 정책 제안서』, 『무료신문시장의 실태에 관한 정책보고서』, 『효율적 해외문화 홍보를 위한 정책제안서』, 『문화재보존 및 관리효율성 제고를 위한 정책질의 자료집』 발간.

11월 문화유산의 보전과 활용을 위한 언론의 역할 토론회 주최.

-국회 문화관광위원회 한나라당 간사

2005년

2월 국립시각장애인도서관 건립을 위한 공청회 공동 주최.

4월 「문화다양성협약, 각국의 문화정책을 국제법으로 보장할 수 있는가」 세미나 공동 주최.

도서관및독서진흥법 일부개정법률안 제출(국립시각장애인도서관 설치를 위한 내용).

한국전통문화대학교법안 제출(한국전통문화학교 발전을 위한 내용).

6월 가수권리찾기 공청회(1차) 공동 주최.

9월 방송광고판매제도 개선 토론회 주최.

국정감사 정책자료집 『문화산업의 효율적 진흥을 위한 방안』(문화산업위원회 설립을 위한 제언), 『문화유산부 설립이 필요하다』(문화재의 올바른 관리, 보존 및 활용을 위한 제언), 『디지털융합시대의 KOBACO와 미디어렙에 관한 정책적 진흥방안』 발간.

10월 조세특례제한법 일부개정법률안 제출(체육단체 지원을 위한 내용).

국민체육진흥법 일부개정법률안 제출(체육단체 지원을 위한 내용).

12월 「서울의 문화공간 재배치 입장에서 본 근대문화유산(덕수궁 석조전) 활용방안」 토론회 공동 주최.

영화인대책위로부터 감사패를 받음(스크린쿼터 유지와 문화다양성협약 비준 노력 인정).

2006년

2월 국민체육진흥법 일부개정법률안 제출(대한체육회 지원을 위한 내용).

문화산업진흥기본법 일부개정법률안 제출(공예문화산업 지원을 위한 내용).

5월 효율적인 공예정책 마련을 위한 정책토론회 공동 주최.

10월 국정감사 정책자료집 『관광자원 개발 관련 전국 지방자치단체 공무원 여론조사』, 『목조문화재 화재 예방을 위한 정책자료집』, 『홈쇼핑 거래실태 개선을 위한 정책 제안서』, 『영화산업 주요 현안에 대한 일반 국민 여론조사』 발간.

12월 「21세기 한국 차(茶) 문화 부흥운동을 위한 학술세미나」 주최.

2007년

2월 궁중다례의 발전적 전승을 위한 간담회 주최.

3월 문화다양성협약 발효의 의의와 한국의 적극적 참여를 위한 방안 토론회 공동 주최.

가수권리찾기공청회(2차) 공동 주최.

5월 문화재의 효율적 보존을 위한 문화재 수리업의 방향 토론회 주최.

10월 국정감사 정책자료집 『참여정부 문화예술정책 평가』(문화예술 정책 방향 모색을 위한 문화예술인 여론조사) 발간.

영화및비디오물의진흥에관한법률 일부개정법률안 제출(영상물등급위원회 개선을 위한 내용).

11월 유네스코 문화다양성협약이 문화예술에 미치는 영향 토론회 공동 주최.

2008년

1월 해외반출문화재 현황조사와 반환을 위해 미국 방문(뉴욕, 보스턴 방문).

2월 한나라당 문화재관리제도개혁특별위원회 위원장에 임명됨.

5월 한나라당 미디어산업발전특별위원회 위원장에 임명됨.

10월 국정감사 정책자료집 『저탄소녹색성장의 핵심동력, 게임산업 육성을 위한 정책 제안서』, 『효율적인 네트워크 고도화를 위한 통신산업 구조 개편 제안서』, 『비인기종목 활성화 방안』 발간.

11월 프랑스 정부 초청 '아비뇽포럼' 참가, 「주권국의 문화정책을 위협하는 자유무역협정」이라는 제목으로 주제 발표.

저작권법 일부개정법률안 제출(온라인 자료 관리 활성화를 위한 내용).

도서관법 일부개정법률안 제출(지식정보취약계층의 도서관 이용 활성화를 위한 등의 내용).

12월 불법음원근절국민운동으로부터 감사패를 받음(불법음원 근절에 기여한 공로).

2009년

1월 미국 라스베가스 CES(세계가전제품쇼) 전시회 방문.

5월 유엔이 정한 문화다양성의 날 기념토론회 공동 주관.

6월 국회태권도동호회 3대 회장 취임.

9월 숭례문과 이 시대의 장인들의 역할 토론회 주최.

10월 국정감사 정책자료집 『IPTV 콘텐츠산업 활성화를 위한 정책보고서』, 『안전한 인터넷 보호를 위한 DDos 공격 대응 정책』, 『숭례문의 올바른 복구를 위한 정책 제언 자료집』 발간.

예술인복지법안 제출(예술인 복지제도에 관한 내용).

11월 한국도예협회 명예회장 취임.

태권도진흥및태권도공원조성등에관한법률 일부개정법률안 제출(태권도 활성화를 위한 내용).

독서장애인도서관진흥법안 제출(독서장애인 지원을 위한 내용).

12월 한국방송작가협회로부터 감사패를 받음(방송작가 권리 지원 공로 인정).

2010년

2월 전통기법을 사용한 문화재 복구를 위한 특별세미나 공동 주최.

11월 가수협회로부터 감사패 받음(가수권리찾기 지원 공로 인정).

* 2000년부터 2009년까지 십 년 연속 시민단체 및 언론이 선정한 국정감사 우수의원.
* 2010년 국회 문화체육관광방송통신위원회 위원장(임기 2년)으로 선출되어 위원회 상임위 회의 주재.

2011년

1-9월 문화체육관광부 장관 역임.

11월 『문화, 소통과 공감의 코드』 출간. 이를 기념하여 서울 충정로 NH아트홀에서 북 콘서트를 가졌다. 게스트로 작가 이외수, 연극인 박정자, 김형준 명지대 교수, 나승연 평창유치위원회 대변인, 사진작가 김중만, 뽀로로 제작사인 아이코닉스 최종일 대표 등이 함께했다.

정병국(鄭柄國)은 1958년 경기도 양평 출생으로, 서라벌고등학교를 거쳐
성균관대학교 사회학과를 졸업하고, 연세대학교 행정대학원에서 행정학 석사학위를,
성균관대 대학원 정치외교학과에서 박사학위를 받았으며,
조지타운 대학교 객원연구원을 지냈다. 1987년 민주화운동으로 옥고를 치르고
1988년 김영삼 총재 비서관으로 정계에 입문하여 1993년부터 오 년간
대통령 비서관을 역임했으며 2000년 제16대 국회의원(경기도 가평·양평)이 되었다.
이후 십여 년간 문화체육관광방송통신위원회에서 활동했으며,
2010년 문방위 위원장을 거쳐 2011년 문화체육관광부 장관을 역임하고,
현재 환경노동위원회 소속 삼선의원이다.

문화, 소통과 공감의 코드

정병국의 우리 시대 문화 이야기

초판1쇄 발행 2011년 11월 10일
초판2쇄 발행 2012년 1월 10일
발행처 동랑서원
경기도 파주시 교하읍 문발리 520-10 파주출판도시
전화 031-955-7000 팩스 031-955-7010 yhdp@youlhwadang.co.kr
등록번호 제16-1593호 **등록일자** 1998년 1월 26일
회장 李起雄 **편집실장** 조윤형 **편집위원** 백태남
북디자인 엄세희 **인쇄 제책** (주)상지사피앤비

*값은 뒤표지에 있습니다.

ISBN 978-89-951007-3-8